アンネマリー・シンメルの

# パキスタン・インド歴史紀行

アンネマリー・シンメル 著
大澤隆幸／平井 旭 訳

大学教育出版

BERGE, WUSTEN, HEILIGTUMER: Meine Reisen in Pakistan and Indien by Annemarie Schimmel.


Published by permission of Verlag C. H. Beck oHG, Munchen throught Tuttle–Mori Agency, Inc., Tokyo

アンネマリー・シンメルの

# パキスタン・インド歴史紀行

目次

# アンネマリー・シンメルの
# パキスタン・インド歴史紀行

# 序

拙著『パキスタン――千の門を持つ城』が、一九六五年にチューリヒで出てからほとんど三十年が経った。私は執筆を一九五八年に開始し、初めてのパキスタン旅行の印象を忘れないうちに書いた。私は子供のときからインドのイスラムに魅せられていて、大学生の頃イクバール（一八七七～一九三八）に熱中した。この詩人はゲーテの使命を、他方でペルシャの神秘主義の大詩人マウラーナー・ルーミー（一二〇七～七三）の使命を自分の故郷のインドで融合させ、総合へと導いた。一九四〇年当時、私が『東方からの知らせ』という分析を読んだとき――それはペルシャ語詩集で、その頂点で彼はゲーテとルーミーを天上で出会わせ、純粋に分析的な知性にたいする創造的な愛の優位を告知させている――その詩人哲学者が、十年前の一九三〇年に、初めて、せめて北西インドのムスリムのために自己国家を持つという考えを表明していたことを私はむろんまだ知らなかった。それは実際、当時、インド連盟（一九〇六年結成のムスリム利益のための政党）が本来呼ばれることになっていたバーラット Bharat（インドは自国でこう呼ばれる）から一九四七年に離れて、（しばらくの間）空路で千五百キロ離れた二つの地域から成り立った国のことである。当時人々は、その新しい国家にほとんど注意を払わなかった。ヨーロッパ、特にドイツは、戦後の始末にあまりに忙しかったし、古くから知られていた〈インド〉と今や対立している、新しいイスラム国家は本当になじみがなかった。

亜大陸は、初めの頃何度か旅をして以来、私をもう離さなかった。私は一九六六年、六九年そして一九七三年からは毎年そこへ――たいていはパキスタンへだが、ますます頻繁にインドへも行った。けれども、一九七一年に苦痛に満ちた過程をへてパキスタンから分離したバングラデシュとは、やっと一九八六年に再会した。たいていはドイツ文化関係機関との共同活動での講演旅行だったが、それらは大学、カレッジ、ラジオやテレビ放送の催しという、ほとんど見通しがきかないほど盛り沢山のプログラムであふれていた――私は、たいていは短い間を置きながら、大学関係の求められた義務を果たすだけでなく、その地をめぐり歩き回ろうとした。シンド地方の砂漠地帯からシルクロードまで、カシミールから南インドのデカン地方まで、過去の遺跡を求め、数知れない人たちとの友情にどこででも支えられた。その人たちからいつも新しいことを学んだ。

特に私の興味を引いたのは聖者霊廟と巡礼地だった。イスラムの神秘主義者のスーフィー修行僧グループは、ご存じのように亜大陸のイスラム化に最も重要な寄与をしたからである。ラホールにあるカレッジでのイクバールの師サー・トーマス・アーノルド〔一九三〇没〕が、一八九六年に初めて出した本『イスラムの伝導』でもう断言していたように。シンド地方とパキスタン北部、ラホールとデリー、ビハールとデカン地方にある大小の聖地――それらは、インド・イスラム史について強大な城砦や都市設備よりもずっと多くを語り、訪れた人に温かい神秘主義が持つ敬虔さの世界への洞察を開いた――は、厳格な掟を抱く宗教の主張者からは批判されたし、されてもいる情緒面に重心を置いた信心であるが、無数の人間を引きつけ、慰めた。人気のある聖者崇拝にたいする、民衆に支持されたヒンドゥー教が持つ驚くべき折衷主義への影響も、イスラムのスーフィーズムの理想とヒンドゥーの「バクティ」〔帰依信仰〕運動の相互への影響も見逃してはいけない。後者の場合には、同じシンボルと同じアレゴリーの使用が両宗教に波及した形で現れている。そして驚くことに、そう、時には驚愕とともに、何人ものスーフィー指導者の政治での役割を観察できた。自分らが生き、また教えた地域での民衆語を使って小さな、しばしば簡素な詩句で、より高度な文学と非宗教的な散文というメディアへとまさにこれらの民衆語が発展してゆくことに寄与したのは、いたる所に散在する墓廟に埋葬された神の友〔聖者〕らであった。そういうことで、私はスーフィーズムのこのような中心にたいして――宗教史と文学研究の観点から――二重の関心を抱いた。

そのことは世間離れしていると思われるかもしれない。政治行動の分析をした方がいいのではないか（ひょっとして、W・フェルドマンが一九七二年のパキスタン本の表題『危機から危機へ』で暗示しているように、何らかの結果に達するべきではなかろうか）。スーフィーズムが信奉されている中心地の経済構造を、イスラムの教育施設の誕生と没落の問題を調査すべきではなかろうか。あるいは、インドでもパキスタンでもますます深刻になっている人口増加を研究し、解決案を探すべきではなかろうか。パキスタン専門家あるいは現代イスラムに興味を持つ人が取り組むことができる、多くの他の重要な問題がまだある。しかし私は政治学者でも社会学者でも民族学者でも財政問題専門家でもないので、自分が愛した国々を私の立場から考察し、数百年来インド・イスラムの歴史と文化の特徴を作り出したし、依然作り出している諸価値を認識しようと努めた。私には、ムスリムの長くて錯綜した歴史・文化史を少なくともある程度知っているなら、亜大陸がかかえる今日の諸問題をよりよく理解できるように思えるからである。

読者は本書で一連のオリエントの語彙を見つけるだろう。私が思うにそれらは、ドイツ語にはぴったり対応する語がない。例えば、〈ダルガー〉〔聖者墓廟、聖廟、廟〕というのはスーフィー修行者の〈修道院〉ではない。スーフィー修行者は独身生活を送る必要はなく、〈サッジャーダサーヒブ〉という「祈りの絨毯に座っている人」すなわち〈ダルガー〉の指導者は、一般に家族とそこに暮らしている。そして、長いイギリス支配は、そもそも現代のインドとパキスタンで英語使用が実に普通であるように、数多くの英語表現の使用に、特に、行政面に現れている。例えば、D・Cとサーキット・ハウスが本書に出てくるが、それらはなじみのない概念すべてと同じく巻末の語彙解説で説明される〔本書では省略。訳文中に取り込むよう努めた〕。語りの流れがあまり頻繁に中断されないようにするためにである。本来なら、パキスタンやインド特有の真のローカル色は英語で――それもできるかぎりあのやや単調に歌うようなインドの英語でしか――表現できない。ドイツ語ではほとんど無理である……この理由で私は名前を英語流に表記した。

本書はより大きな関連を暗示し、ある意味で小さな鏡に映して捉えようと試みているけれども、非常に個人的な体験を描いている。そのことでこれは感謝の書となった。私は、同伴し助けてくれた人たちみんなの名を挙げたかったが、その数は多すぎる。私に残されているのは、感謝の念を総括して書くことである。まず第一に私たちのドイツ外交代表機関と、どんな政治路線を取っていてもパキスタン政府に感謝する。彼らは私をあらゆるやり方で支援してくれた。私はドイツの文化施設でいつも心からの歓待を受けた。パキスタンとインドの大学、カレッジ、さまざまな文化センターは私の滞在を快適にするよう努めてくれた。もちろんパキスタン文学アカデミー、シンディー語アダビ委員会、多くの都市のイクバール・アカデミーもそうしてくれた。そして私は、どうしたらドイツ、パキスタン、インドの私の〈家族たち〉に、彼らがいつも新たに示してくれた誠実さに十分に感謝できるだろうか。

けれども、PIAのパイロットと、名前をしばしば全く知らないが——一杯のお茶で、ひとすくいの水で、自分で刺繍したハンカチで——私を喜ばせてくれた多くの人たちのことを思わないのは不当だろう。私のベッドに元気づけるモーニング・ティーを持って来てくれて、旅でくたびれた私の衣服を手入れしてくれたルーム・サービス係、親切に自分の義務を、義務以上のことを果たした運転手たち、そして実に大胆に体を曲げながら一枚、もう一枚と〈グループ写真〉を撮ろうと骨折った写真家たち……というのは、彼または彼女がシンド地方にある小さな都市の真ん中で思いがけなく、あの共に過ごした日の〈グループ写真〉の載った青金色の写真帳を手に入れれば、誰が心を打たれて感謝しないだろうか。その写真帳は、開くと、「エリーゼのために」が鳴るのである。

パキスタンへの新たな出発の前日に。ボンにて。一九九三年十月。

# 第一部　パキスタン

# 1　シンド地方と砂漠地帯への旅

## 1　ヒングラージュへの巡礼

「手伝えることがまだありますか」とジア・ウル・ハック大統領は言った。イスラマバードでの昼食後である。私は、「はい、ヒングラージュへぜひ一度行きたいんです」と言った。大統領は、私を少し驚いて見つめた。「ヒングラージュ——一体どこですか。」彼は、客人たちがいる中で周りをぐるりと見回したが、みんなが首を振った。「聞いたことがない……。」最後に、私の公式の招待主であるラッバーニー（パキスタン文学アカデミー事務総長）だけが言った。「はい、それはマクラーン地方のあたりです……。」それで事は落着したようだった。

その後すぐ私はデリーへ飛行機で行った。そこでとハイダラーバード（インド・デカン）で講演し、ヴィジャヤナガールを訪れ、バングラデシュへも二十五年ぶりにようやく行けた。バングラデシュでは多くの旧友と出会った。彼らの思いやりは、一九七一年以来起こった政治の変転、東西パキスタンの分離によってもそこなわれることはなかった。私は、プログラムの端まで詰まっていた予定を終えた後に、ジア大統領とのランチから三週間後であるが、ダッカからまたカラチへ飛んだ。ラッバーニーが飛行場に立っていた。「ヒングラージュへ行けますよ」と彼は言った。

「それはうれしい」と私は言った。「やっと行けるんですね。」「本当です」と彼は付け加えた。そして私は、彼の顔色が見る間に青ざめるのを目にした。「そうです。でも……ラクダに乗らなければいけません。」ラクダに乗り揺さぶられると、気分が悪くなることがある」「その方がずっといいです」と私は感極まって叫んだ。必要なことは何でも用意してくれるように彼に頼んだ。

カラチでは集中して取り組まなければならない時が、何日かあった。特に、十二年来シンディー・アダビ・ボードで気をもませていた私の本『インダス川からの真珠』（シンド地方の文化史論集）が、とうとう洗礼盤から持ち上げられた。市内にある実にエレガントなホテルで盛大に祝っている間に、バラをいっぱい載せた大きな銅皿から、ついに最初の一冊が引き上げられた。その気のきいたジェスチャーは、この出版が私に与えていた多くの不愉快な思いにもかかわらず、うれしい気持ちにした……。

それは、いつもと同じカラチでの日々だった——講演、パーティー、パーティー、講演。もちろん、マクリー・ヒルの墳墓群の丘への遠足も欠かせなかった。私たちはタッタ近くのキンジャル湖へちょっと寄り道をした。そこは、伝説ではシンドの支配者ジャーム・タマチ王とその恋人である漁師の娘ヌーリーが楽しんだ、あの湖である。ヌーリーはシンディー語伝説の唯一のヒロインで、その恋が死んでやっと実現するというのではなく、「平安の中の魂」の象徴として、自分の人生すべてを愛の献身のうちに送る。なぜあの強大な王が、よりによって貧しい漁師の娘である彼女を選んだのかといつもあれこれ考えながら。

タマチ王は十五世紀に生きた。それ以来美しい伝説が民衆の間で生き続けていたのだろう。今では、その湖の一部はカラチの貯水池になっている。そこの岸辺には、同国の有力な女性建築家ヤスミン・ラリが裕福なパキスタン人のための保養地として、いくつかの魅力的な住宅を建てた。

それからその日が来た——一九八六年十一月十二日だった——ヒングラージュ行きという冒険が始まることになっていた。なぜ私はそこへ行きたいと思ったか。二十五年来私は、その秘密に満ちた場所を訪れようと努力してきた。そこは数世紀、ひょっとして数千年の間ヒンドゥーの人々の大事な巡礼地だった。聖者伝は、ヒンドゥーでない相当数の人々もそこへ巡礼したと主張している。その人々の中にはシンディー語の最大の神秘主義詩人、シャー・アブドゥル・ラティーフ（一七五二没）もいた。この人は十八世紀早くにヨガ行者のグループと一緒にそこへ行った。今日までムスリムにもヒンドゥーにも高名を得ている連詩である『リサーロー』で、彼は自分にとって神探求の完璧な手本であるヨガ行者たちを歌った。行者らが世の中を、意志もなく「川の流れに漂う南瓜のように」流れ、すべての世俗のことが消え去る「天上の丘にある村」へとさらに進んで行くのを彼は見る。

天上の丘にある村を
　見分ける彼ら、
彼らは、求めて神の近くにいるために、
　田畑と脱穀場を捨てる……

天上の丘にある村、
　一度そこの香りを受けとった人は、
求めて神の近くにいるために、
　色豊かな衣服を捨てる……

天上の丘にある村――、
　一度そこを目した人は、
　求めて神の近くにいるために、
自分の体を否定した……

鳥たちがもう進む道を見つけないところで、
　火光が突然あがる――
　　誰がそれに灯すことができようか、
　修道僧の群れでないとすれば。

六〇年代の初めにこの詩句を読んでから、私はヒングラージュを夢見てきた。――そして今、この夢が現実になろうとしていた。カリン・ミットマン――頼もしい旅の同行者で長い長い年月の間私の友人であり、八〇年代に国賓として行った私のほとんどどの旅にも政府から世話役として付けられた人――が、イスラマバードから来た。それから飛行機が私たちをクウェッタへ運んだ。私はそこで、多くの年月が過ぎる前に一度ドイツ人の知人らと復活祭を過ごしたことがある。今回は街をぶらついたり、赤や黒色の絨毯を眺めて感嘆したり、豊富に並べられた見事な果物を楽しむ時間がなかった。車が待っていた。私たちはボラン峠を下った。ハイバル峠と並んで、イランの高地からインダス流域への南の山越え地点としてしばしばたっぷりと敵も味方ももたらしたあの峠である。川のすぐ脇をものすごく古い鉄道があえぎながら登っていった。ここ数週間のうちに、普通ではない豪雨が、水量を普段の四倍にも膨れさせていた。荒天が何カ所もの橋を壊し、道路もあちこちで損壊していた。けれども、両側で奇妙に形造られた山々は、そのことに我関せずでそびえ立っていた。

メヘルガールで私たちはお茶の休憩をとった。カッチ Kacchi 平原がゆっくり始まるところで眺めは広くなる。パターン族の表現では「河川の父」であるインダス川の遠い息吹きが感じられる。メヘルガールは西亜大陸で最初の集落のひとつだったのだろう。

そこで数年来発掘をしているフランスの考古学者たちは、今でも信じがたく思える住宅と魅力的な小像を発見をしたし、今もしている。洗練された髪型の優雅な女性たちは、紀元前五〇〇〇年のものと考えられている、高度に発達した文明を推測させる。それでこの集落はモヘンジョダロ――紀元前三〇〇〇年にここより南のインダス渓谷で発達し、今日まで先史時代文化の全く偉大な証言のひとつとして、特に、実に巧みな、それどころか現代の都市計画の模範として見なされているモヘンジョダロ――の先駆けらしい。私はほぼ一九五八年から、何度もそこへ行った。私たちは何と熱心に、アーヘン測量チームの作業を追ったことか。それからこのチームは、堂々とした展示会で、自然の力――いつもくり返される川の流れの変化と塩害――によって、前から危険にさらされていた世界をドイツで紹介した。

私たちはメヘルガールの広野を渡った。――いくつかのわずかの石や煉瓦から一軒の家全体とかかまどの場や墓を見分けるのは、むろん考古学者でない者にはいつも難しい。だが太陽は暖かく照り、私たちはさまざまな話に耳を傾けた――メヘルガールの古い住民の話でなく、バローチスタン **Balochistan** 地方の家系間で最近起こった反目の話である――大昔のバラードからでも出てきそうな話だ……。

それから私たちはさらにスィビーに向かって車を転がせた。そこはパキスタンで一番暑いところで、温度計が夏には五〇度以上に上がる。今回十一月は、快適な三〇度だった。私たちは、Ｄ・Ｃの建物での歓待がうれしかった（Ｄ・Ｃとは政府派遣副知事で、やや大きな県の有力な行政官である）。私たちは古い城砦のある町を少し見回り、早めにベッドに入った。翌朝八時に軍用基地に行くことになっていた。

ちょっとした薄霧が木々にかかっていた。生暖かい朝の穏やかな光の射す中で私たちを待っていたのは、ラクダではなくて、ヘリコプターだった。大きくて騒々しい、そういうのでなく、アルエット、小さな「ひばり」だった。それは、ちょうど五人の座席を提供していた。フォルクスワーゲン車よりたいして大きくなく、前の方はすっかり防風ガラスでできていて、中に座ると透明な半球にいるようだった。カリン、ラッバーニー、それに整備士が二列目にぴったり寄り添って体を詰め込んだ。私の方は、操縦士の隣に、しっかりベルトを締めて座った。この人は空軍中佐で、本来は、カラコルムの救助飛行の専門家だった。ひどく風邪を引いていたのに、私たちのために勤務を引き受けてくれた。それから不思議が始まった……。

眼下では、はるかにインダス平原が広がった。ゆっくり山々が近くなった。——遠くからは幾重にも襞をとった灰色の絹の布地に見える山々が……一層近く……その間にちっぽけな緑の場所があって、その他は全く孤独である。私たちを運んでいた鳥は、このようなメールヘンの国へ浮遊して漂っていった。私は驚きのあまり、叫び声を上げないように指を噛んだ——子供の頃時々、月の風景、霊界の風景、妖精界として夢想したのとそっくりの、そういう風景に圧倒されて——ひょっとして私は、風に運ばれたソロモン王の王座に座ることが許されたシヴァの女王だったのだろうか。これはすべての夢が実現した瞬間だったのか。アルエットは山腹と山襞の間で、目に見えないベルト地帯を浮遊するように飛行した。単独の岩山ヤギが山頂から逃げ出そうとして向きを変えた。私は知っていた。もし墜落したら、誰も私たちを見つけられないだろうと。——絶対の孤独、絶対の幸福。神的なものが現れるときの〈mysterium tremendum 畏怖させる神秘、mysterium fascinans 魅する神秘〉、神の威力と美の恩寵。それがここで、ガラス製の王座に座っている私には、融けてひとつになっていると思えた。あの道に赴く探求者についてシャー・アブドゥル・ラティーフはどう言っているか。

欲しないこと、それが彼らの家だ。
存在しないこと、それが彼らの小屋だ。
他の富を探し求めることもなく、
満足していることは彼らの王国だ……。

たっぷり二時間経って、山々が開いた。高原が私たちの前に広がっていた。私たちはまだ全部は出来上がっていない飛行場に着陸した。地元の名士らから心からの歓迎を受けた。たった今、クズダール Quzdar に達したことを教えられた。その名は、オリエント文学に通じている人なら誰にでも知られている場所である。十一世紀に、ラービア

Rabiaという女流詩人がここを最期の地に選んだ。そのアラビア語ペルシャ語の詩断片がまだ残っている。そこの歓迎委員会の人たちはこの歴史上の事実をよく知っていた。私たちは水を一口飲み、「ひばり」にも新鮮な燃料を補給するだけにしたかった――そうはいかなかった。私たちは、かなり離れたところにある、新しくて大変洗練されたゲストハウスを訪れ、お茶を飲み、政治、経済状況のニュースを交換しなければいけなかった。このような不毛な渓谷から夏のシーズンの間毎日五十台のトラックが、ザクロ、葡萄、メロン、他の果物を載せて、荒涼とした景色の中を山間平野へと下って行ってることは、ほとんど信じがたく思えた……。

深紅のゼニアオイが一本、窓の前に咲いていた。灰青の山々を背景に色のついた点として際立って見えた。

とうとうヘリコプターに戻ってさらに南西に向かった。山々はとてもゆっくりと前より平たくなり、大きな砂丘に似てきた（実際それは第三紀の粘土、石灰の高地で、浸食されて奇妙な形になった）。地平線は、高く昇る太陽光線を受けてきらきら輝いていた。私たちは舗装された道――ラース・ベラーとバローチスタン北部を結んでいる大きな新しい貫通道路――の上を超低空で轟音を立てて飛んだ。そこを走行していた、たった一台の車が大変驚いていた。さらに二時間の飛行後ベラーに着陸した。

若くて活発な副知事のアリー・ラザーが私たちを歓迎してくれた。アフガニスタンのハザーラ族地域の出身である機転のきくこの男は、英語の他にパシュトー語、ペルシャ語、シンディー語、ウルドゥー語を話した。彼とその部下たちは、私たちがまず小庭園に座り、冷たい飲み物をもらえるように気を使ってくれた。

そうだ、それでいつヒングラージュへ行けるんですか。ああ、それですか……それは難しい。だってもう午後になってるし……それにフライトはかなり長くかかる……それに、ヘリは暗い中を飛んではいけない……皆さんはひとまずくつろいだらいいでしょう。明朝です、神の思召しがあれば《インシャラー》……。

親切なパイロットはこの遅れを残念がってはいなかった。彼はこの危険な区間を初めて飛行したので、やはり少々気掛かりだったのだ。

私たちがこの延期に同意するともう、何もないと思っていたところから自由奔放に見える人物たちが現れた。男や女、それに異性服装着用愛好者であるトラヴェスティーの者までいた。彼らは民族舞踊を踊ってみせ始めた。太鼓が響き、ステッキ――ヒンドゥーの人たちに特に愛好されているステッキダンスをやってみせた――が、ぶつかってカタカタ鳴った。女性は、長い色彩豊かなスカートに身をくるみ、軽快に踊った。踊り手のひとりが跳びはね、でんぐり返り、こちらと思えばまたあちら――このアクロバットに比べると、ちょうど当時アメリカで人気上昇中のブレークダンスも穏やかな羊の跳ね回りだった。私がそのとき分かったのは、アラビア海沿岸のこの地に住んでいるアフリカ奴隷の子孫たちである黒い肌のマクラーニの人たちが、楽士や踊り手としてどうして有名か、どうして好んで結婚式に招かれて、そこで彼らの芸を披露するかである。

遅い昼食は、こういった興奮させることと（もちろん踊り手たちの）奮闘の後では、特別においしかった。

「すばやく山に行ってきましょう」と食後にアリー・ラザーが言った。もう彼の車が準備してあって、私たちを短時間のうちに、天国の仕立屋がいつも新たな形で折り畳んだ灰茶色の布地の感じを今度もまた与える風景に連れて行った。レース刺繍――風化した山の峰々――さえ欠けてはいなかった。マクラーン地方の地質学上若い山々は、たいして高くない。一番高いのでもせいぜい一五〇〇メートルだが、それらはその奇妙な形によって威嚇するようで、不気味で、それでいて異国の客人には魅惑的な感じがする。私は最初のアラビア人征服者たちの報告を考えた。彼らは、預言者ムハンマドの没後数年もしない六四〇年頃、陸路でインダス渓谷に達しようとし、マクラーン地方でその望みを捨て、メディナへの帰路、カリフに簡潔に説明した。

水は不足、果物は不良、盗賊は破廉恥です。軍勢が小さいなら、それはおそらく破滅です。軍勢が大きいなら、おそらく飢えと渇きで命を失います。

道は大きな源泉へと曲がった。そこの温泉沈殿物が岩石をクリーム状の白い層で覆っていた。小旗が聖者墓でのように立てられてあった。わずかの小さな墓石が、茨の垣根で囲まれていた。

「これはファルハードとシーリーンの墓です」とアリー・ラザーが言った。だとすると、ここにペルシャ伝説の二人の気高い恋人が葬られているということだった……岩壁を覆っている沈殿物は、伝説に通じている観察者には、建築師のファルハードが、アルメニアの王女である恋人シーリーンを得るために、かつて岩山の岩石を削り導いた乳の川に思われたからである〔乳しか口にしない彼女は、それを手に入れるのが難しくなって困っていたが、彼に乳の運河を掘るように頼む〕。マクラーンの人々の伝説の方が、私たちがペルシャ・トルコ世界でニザーミー〔ペルシャの叙事詩人。一二〇九没〕やその無数の模倣から知っているようなペルシャ版よりも情がある。古い伝承では、ファルハードは、自分の恋仇、ササン朝のホスロー王〔五九〇〜六二八在位〕が、シーリーンが死んだと偽報を彼にこっそり渡させると自殺する。イラン西部のビーストゥーン山〔ケルマンシャーとハマダーンの中間〕の洞窟の岩壁絵画だけが、彼のことをまだ知らせている。しかしここバローチスタンのこの人気ない片隅で、二人の恋人は死んで結びつき、眠っていると、民衆はとにかく信じている。

時折、岩の隙間から見える流れが、王子が妖精と恋におちたというサイフル・ムルクのメールヘン湖と不思議な仕方で結びついていると、民衆はこれも信じている。それはパキスタン北部カガーン Kaghan 渓谷の高い雪山の中にある湖〔標高三五〇〇m〕である。

私たちはベラーへ戻る際に、百年以上も前にそこで死んだあるイギリス将校の寂しい墓も訪れた――ご存じのように大英帝国は一八四三年にシンドと隣接地域を征服した。それらの地域はアフガニスタン作戦行動のための斜堤として役立った。

そうこうするうちに、アリー・ラザーの建物の庭は人であふれていた。町のヒンドゥーの名士たちが、ヒングラージュについて私たちに知らせるためにやって来ていた。二人のドイツ人女性が彼らの世界に関心を持ったことを大変に喜んでいた。彼らは喉の奥から出てくるようだが分かりやすいシンディー語を話した。私たちは、ヒングラージュが大母神カーリーの聖地であることを聞いた。この女神はかつて——ここにはさまざまな神話があった——そこで怪物を退治し、切り刻んだ。数千年来、巡礼者が春に全インドから来て、聖所の下の泉で水浴する。そうです、女神は実に実に威力をお持ちなので、この神さまの超能力は、ドイツまでもとどきます……カリンと私は感銘を受けた。

参詣者たちはたいてい裕福な商人だが、晩に寺院に来るように私たちを招待した。私たちは喜んで招かれた。バローチスタン、マクラーン、それに前はシンドもシヴァ神崇拝の中心地だったことを私はよく知っていた。そのことをセフワン **Sehwan**、古くはシヴィスタン「シヴァの場所」という名前が証明している。そこでは、踊り、破壊する神の不気味な威力の何かがまだ感じられる気がする。しかし、ベラーの町の中心で、ここの狭い小路で、多くの大小の寺院が見つけられるというのは驚きだった。マクラーン地方のヒンドゥーの人たちは亜大陸分割後にもインドへ移住しようとはしなかった。彼らはラース・ベラーを故郷と感じ、ムスリムの同胞と協調して生きていた。

最大の寺院——モダンだが魅力のない造りだ——で私たちは快く歓迎された。コカ・コーラやそれに似た、聖なる場所ににあわない飲み物がすすめられた。一種の祭壇に堂々とした書が載っていたのに気づいたとき、我が目が信じられなかった。それはすぐに、シィク教徒の「聖典《アディ・グラント》」だと分かるものだった。それは神々の像のように薫香が焚かれ、人々はその書を朗唱していたのだ。あらゆる点でカーリー崇敬と呼ばれたヒンドゥー教、シィク教の書物崇拝。それらの間の密接な関連は、宗教学者にはそれ自体考えられないことだが、ここでは日常の実践であった。男も女も、勤行に出ていた多くの子供も、彼らの宗教歌を歌った。〈バジャン〉という讃歌である。それは、スーフィーの人たちがムスリムの聖域で歌っていたあの旋律に実に似た響きである。最後に、私は翻訳と注釈がついている『バガヴァッド・ギーター』の新版を差し出された——大変にうれしい。たいていの国々で現代の信心文学を明らかに特徴づける、口で言えないほど俗悪な挿し絵は別として。

D・Cと警察官、それに私たちを担当し、いつも側にいなければならなかった政府派遣の人たちは、彼らの初めての（おそらく唯一の）、愛想のいいヒンドゥー同国人の寺院訪問に明らかに強い印象を受けていた。

カリンと私は、十分に設備が整った国立のゲストハウスで、短時間ぐっすり寝た後に新しい冒険を試みる気になっていた。けれどもラッバーニーにとても恐れられていたラクダはどこにいたのか。

その朝は沿岸地方への飛行にはもってこいに思えた。しかし、見かけは安全だが実はそうでない霧の層が大地を覆い、やや低い泥土火山の山々や、その他、海岸地帯の平面にそびえるものすべてにかかっていた。私たちはたっぷり一時間後に無事にアグホル Aghor に着いてほっとした。そこはちっぽけな集落で、密輸取り締まりの兵隊が何人かとどまっていた。密輸犯らは、ここアラビア海の沿岸で巧みに品物を陸へ持ち込んでいた。別の一味は、パキスタンの品物をよく分からない方法でイランや——陸路で——アフガニスタンへ運んだ。何といっても、メソポタミアの大河河口まで広がっているこの海岸は、はるか大昔からインダス川地方とメソポタミアを結びつけていた。そのため、ここは数百年来密輸天国として繁栄し、依然、政府も取り締まれないのだった。

お茶をすばやく一口飲んだ後に、大地から生え出たように、またもラクダではなく、力強いランド・ローヴァーが現れ、私たちを山へ運ぶことになっていた。乾いた川床を渡った——そこの砂は荒く強い黄色だった。道は砂ぼこりの中をうねり、巡礼者たちのための古い休憩地まで高く高く登っていった。そこで、またしても何もないところから、ビン詰めの清涼飲料が現れた。それから薮とそびえる木々の中をもう一段高く抜けた……「これ以上はもう行けない」とアリー・ラザーが笑いながら言い、ランド・ローヴァーを止めた。

私たちは小さな開けた平坦部をじっと見た。そこには堂々とした木々の下に、憧れていたラクダがいた——十九頭のラクダ。どれも髭を生やしたバローチスタンの人々に引かれていた。私は一番厳かな、つまり一番髭の長いリーダーに任された。その大きな動物によじ登り、狭い山道を穏やかに落ち着いた足取りで上へと揺られて運ばれて、この上なく幸せだった。ラクダのいろいろな詩句が頭に浮かんできた。リュッカート〔ドイツのオリエント文芸翻訳者。一七八八～一八六六〕の詩ではこう始まる。

シリアの国を男がひとり、
ラクダの手綱を引いて行きました。
ラクダは何を思ったか急に怒って、
気がたち始めました。

この物語は『マハーバーラタ』中のある物語に基づいていて、くり返しイスラム世界の詩人や思想家に、軽率さ――それでもそれは生きることをいちおう可能にする――の例として引用される。ラクダの引き手は怒った動物から逃げて井戸の中に這い込み、途中に生い出ている木イチゴの低木にぶらさがる。上では興奮したラクダ、井戸底には大蛇がいて彼が落ちるのを待っている。しがみついている木の根を二匹のネズミがかじる。進退極まっていると彼は小人に気づき、それが木イチゴの茂みからうなずいている、そこに生えている木イチゴを摘む。男がしがみついた低木の中にいる小人が「昼」と「夜」をアレゴリー風に表しているネズミたちにかじられ始めるまでには、数日か数時間の問題にすぎないことを知っていても。

この感じのいい物語が、私たちに子供の頃からなじみで、この物語がある意味で、古代インドからイスラム世界をへて西洋へ通ずる心の懸け橋であるから、私にはそのときにぴったりであると思えた。

けれども幸いなことに、私の乗った動物は怒りの行動はとらなかった。おそらく、と私はさらに考えた。おそらく、マウラーナー・ルーミーが神の愛を、鶏の住まいに招待されたラクダにたとえたことは、正しかった。その巨大な動物の一歩だけで鶏の家を破壊する。神の愛が人間のうちにある俗世のこと一切を破壊するように。……この穏やかな騎行では隠喩や逸話がいつも新たに浮かんできたが、一体どうして五人のところに十九頭のラクダなのか、考えても何も思いつかなかった。この旅では何も「首尾一貫した」ところがなかったからだ。

それらの大きな動物は、脚を石の間に注意深く置いた。時折、茨の藪と奇妙な形の石塊が、道をすっかり塞いでいるようだった。険しい岩壁が高くそびえていた。周囲は沈黙だった。とても深く静まり、ラクダの足音さえ聞き取れなかった。私たちの小さなキャラバンは、時々木々の梢の間にパッと輝く青空の下で、時間も空間ももうない国へ向かって行ったのだろうか。

四十五分後にラクダの幅広い脚は、石と細流、茨と木々の間をもう進むのをやめた。私たちが下りると、アリー・ラザーが言った。「ここです。巡礼者が犠牲の動物を捧げたところです。」岩壁の乾いた暗い色の血痕が、ここで無数のヤギが数百年の間に命を失ったことを証明している。休憩所近くにある、奇妙な形の、小さな穴のあいた岩塊は、ガネシュであることが分かる——象の姿をした富と幸運の神だ。それはくぼみに半ば隠れていて、それに精通している者にしか分からない。

さらに少し上へ小川に沿って登った。藪の茂みと高い草を抜けて、岩壁の間を上へと向きを変えていたその狭い小道がかなり快適だったことに、私たちは驚いた。後で聞いたところでは、アリー・ラザーが二日前に私たちのためにそこを整備させたのだった……。

それから私たちは、左の岩壁の中に洞窟を見た。それは本来聖殿だった。ひょっとして前は、もっと大規模な寺院があったのだろうが、今は、私たちは小川のために滑りやすい岩塊の上でバランスをとらねばいけなかった。私たちは老神官によって厳かに迎えられ、低い洞窟の内部に導かれた。そこは、ああ、とても醜悪な現代の印刷物で飾られていた。カーリー神とか腕や頭が沢山ある他の神々を描いたものである。神官は祈りの文句をつぶやき、その場の恵みを伝えた。私たちは石の上で敬虔にしゃがんでいた。小さな香炉から立ち登る、そこの清浄の香りを少し吸おうと思って。

極めて古い聖なる場所が持つ要素すべてが、ここでひとつにまとまっていた。洞窟。そこでは人間がすっかり世の中から身を引いたとき、霊感を、啓示を受け取ることができる。流水。それは探求者を清める。樹木。それは働き続ける神威のしるしだ。山間の孤独。これは、真に厳しく探求する者にだけ、長い修行の奮闘後、最も神聖なものに近づくことを可能にするものである。古代の敬虔な人たちは、ここ以上に雰囲気あふれた空間を見つけることができなかったのだろう。けれども私たちは、地下の池の上に開いていて、身を清める浴場へ通ってゆける狭い隙間に、無理して体を押し込めたくなかった……。

そこの洞窟の飾りつけと、聖域の何もなく白く塗られた外側の支え壁に半ば感動し、少し幻滅して、私たちは、夢に見てきた目的地を去った。しかし次に驚かせることがあった。洞窟前の岩塊の上に大きな絨毯が敷かれてあった。それは意味深くも、女神カーリーの目印である、荒れ狂う虎の絵で飾られていた。私たちがそこに腰を下ろしていた間に、茶碗――実に繊細な日本の焼き物だ、合成樹脂ではなかった――を持った給仕係が現れ、お菓子とともに熱いお茶をすすめてくれた。なぜ十九頭のラクダなのか、私はそのとき分かった。彼らは姿を見せない奉仕団を先に送り、贅沢に食べたり飲んだりするものが入っていた荷箱を運ばねばならなかったからである。私たちがあの寺院にいた間、彼らはこの山に登っていたのだった。でもこういったことすべてはどのようにしてこの孤独の地へ持って来ることができたのか。どのようにしてアリー・ラザーは数時間もしないうちに、このキャラバンを組織したのか。ひょっとして彼は一瞬のうちに、あらゆる霊たちが隷属したソロモン王に変わったのだろうか。今度も私は、愛のシヴァの女王のような気が少しした。

これはパキスタン人が客をもてなすときに即興芸で見せる不思議のひとつであり、不合理な点で忘れがたいもので、私がほとんど二年前イエメンでした別の不合理な体験よりも愛すべきものだった。私がドイツの大会社の実に重要なマネジャー・グループを連れて、まさしくシヴァの女王の王国へ、マーリブの古代貯水池へ行ったときである。そこは、何もないところの真ん中で、サナアから何時間もかかるほど離れたところに「インターコンティネンタル」の冷房車が現れていた。それは歴史遺跡である貯水池跡の砂上に止まっていたが、旅行者たちにはロブスター、サケ、シャンパン、そう確かに椅子とテーブルも出されていた。ヒングラージュへの私たちのピクニックはあれよりすばらしく、同時により心がこもり、より人情にあふれていなかったか。

忠実なラクダは、私たちを山を下って運んだ。その動物の長い首が滑り台のように下に伸びているのを見ることほど、ラクダの背で崩れるバランスを保とうとすることほど、大きな楽しみはなかった。私たちが靴を脱いで大きく弧を描いて投げ捨て、カーリー神に犠牲として捧げた間に、宇宙の主たちである男たちもラクダから下りる方を好んだ。それからまたランド・ローヴァーである。そうこうしていると下の川辺に、ごちゃごちゃと色を塗ったバスが止まっていた。その中からヒンドゥーの巡礼者がどっとあふれ出て、そこで身を清め、巡礼服を着ようとしていた。車の車輪が半分もぬかるほどの灰色の火山灰を抜けてもう一行程。アグホルでの鶏の小足ほどの歩き。……その後私たちの「ひばり」は飛び立ち、輝く青い色の中を海岸に沿って飛んだ。時折、小さな、ぶくぶく泡を立てている泥火山の開口部をのぞき、銀のあらゆる色調を見せてきらめいている海洋を越えてカラチの町に近づいた。かつては中心地からとても遠く離れている〔約二十五キロ〕ように思われたホークスベイ海岸では多くの外国人が海辺の家を持っていたが、今ではほとんど住宅の海に押しつぶされている――カラチは今では一千百万の都市に膨れ上がった。

私たちがそこで何年も前に十月の月明かりの夜に巨大亀の産卵を見学したことを思い出させるものはもう何もなかった。動きの遅いあの動物はそのような晩に上陸し、戦車のような跡を残しながら、小さな砂丘を掘り、体を半分沈め、卵を生む。――テニスボール大の丸い卵で、長い紐につながっている。あの動物たちの砂がべっとりついた目は、産卵の苦労で涙がいっぱいあふれていた――心を動かされる光景だ。海岸の野犬が、卵や、そこから這い出たちっぽけな子亀を食べようとひたすら狙っていた……。

私たちは午後遅くに、カラチのシンディー語を話す〔私の家族たち〕の元にまた到着した。いくつかの極めてつまらないインタビューとそのような夕食を終えた後、夜にルフト・ハンザの旅客機の座席に腰を下ろした。そのジャンボな鳥は、私を無事にボンへ運んだ。けれども私の魂はまだ長い間、あの小さな「ひばり」と、ラース・ベラーの友人たちのところに残っていた。そこは、

天上の丘の村であり……
そこでは、鳥たちももう進む道を見つけない……

## 2　タール砂漠で

ジャムナ川沿いに北インドを通ってラクナウ東の古い聖者廟までの旅。それをとてもわびしく憂欝にした雨は、シンド地方には恵みの雨だった。五年来、インドのラージャスタンとパキスタンの南東国境になっているタール Thar 砂漠では、雨が一滴も降っていなかった。人は知らず知らずのうちに、心をとらえる雨歌をくり返し思っていた。亜大陸のムスリム詩人たちが雨を呼び出し、生命を恵む雲を歌った歌を。例えばそれは十八世紀のシンドのシャー・アブドゥル・ラティーフである。

雲よ、お願いですから、渇いている者らに保護の手をのべてください。
　穀物をもっと安くしてください。
乾いた池を満たしてください。
この地を豊かにふくらましてください。

農夫が喜ぶように。

だが敬虔な人々には、雨雲は祝福と豊穣のしるし以上のものだった。それは預言者の象徴となった。雨雲はコーランでは「世界の住人にたいする慈悲」（スーラ21の107）と呼ばれていて、乾燥した大地を生気づけるように、ひからびた心を元気づける。だからシャー・アブドゥル・ラティーフは歌う。

今日も北から風が吹く。
　郭公は歌う。
農民は鋤をつける。
　牧童は楽しげに畜群を見る。
　雲の衣裳を、
今日、恋人はまとう……

そして十八世紀のシンディー語詩人はその見事な雨歌で、裁きの日に自分の信徒のためにとりなしをしてくれる預言者への信頼を不意に表現し始める。それと同じように、このシンディー語神秘思想家の後一世紀半して、ムフシン・カコーラウィ（一九〇五没）も――彼の州であるラクナウから私はちょうど戻ったところだ――最も有名な詩『ベナレスからマトゥラーまで行く』で雲を呼び出し――純ヒンディー語とヒンドゥー流の象徴主義だけで著された導入部の後で――いつも新たに変奏されたムハンマドの頌歌に移った。その頌歌は、イスラム神秘主義の伝統的である実に豊かなイメージを含んでいる。彼の技巧をこらした雨歌が、最後の審判の日に、自分に許しを確実にしてくれることを確信して……彼が大天使ガブリエルの求めに応じて復活の際にそれを朗唱するならば……。

私がデリーから飛び立ち、早朝にカラチに到着したとき、そのような考えが頭をよぎった。ところが私は、世話になっているシンディー語家族が、まだ飛行場にいるうちに私を驚かすとは予想もしていなかった。「さあ急いで積み替えてください。今日の午後私たちはミッティに行きます。」幸いに〈シャルワル・カミース〉〔足首が狭い幅広ズボンと長いブラウス状シャツ〕は、ご存じのように手入れが簡単だった。旅行カバンから次のカバンへ順序よく詰め込むことができた。私はもう乗っていた――残念ながら、エアコンで冷蔵庫に変わっていた――当時シンド州の教育大臣だったピュアル・アリー・アラーナの車に。

私は彼の家庭とは数年来知り合いである。この人の愛すべき父は、長いことカラチ市長であり、アガ・ハーン〔イスマーイール派最高指導者〕の密接な協力者だった。彼の美しい家では、シンドの伝統――シンディー語の文学と音楽――が、前々から大事にされていた。そして今回は私は、ピュアル・アリーと砂漠へ旅行することになった――長いこと望んでいた旅だ。カラチから北東へ向かい、ミールプール・ハースに着いた。当時は中規模の都市であった。私たちを受け入れる人たちがもう待っていた。古い時代のように、思いやりと押しつけがましくない裕福さが私を囲んだ。宗教指導者であり、同時に政治家である有力な大土地所有者の人の家で――この結びつきは、パキスタン史で、特にここシンド地方ではもう伝統になっていた。

私はそこの家族は少ししか知らなかった。「私の」家族の子供らは、この迎えてくれた家の子供らと交差結婚していた。息子がそこの娘と、娘がそこの息子と。そういうことはかなりたびたび行われている。このやり方は両家をより近づけ、娘を失うことを嫁を得て埋め合わせする。

私はカラチで数日の間、結婚式に同席したことがある。――それは楽しいヘンナ〔染料をとる指甲花〕の夜だった。花嫁の両手両足が赤いヘンナで、レースそっくりに装飾模様で飾られる。娘たち――花嫁の女友達や親戚だ――もやはり体に模様をつけ、最後に歓声を上げて、赤い粘つくそのペーストを投げ合う。ヘンナには、ご存じのように不幸を払う効果がある。特に、ちょうど結婚式のような移行儀式の際に、邪視や似たような危険から守る。老人の白髪、白髭にもヘンナがつけられる。ある意味でそれは生命の源の血液を強めるからだ。

……あの二組同時の結婚式には、花嫁の両親は三週間毎晩およそ三百人のための宴を開いた。男女の間はもちろん厳しく分けてである。大きなテントが張られ、決して尽きそうもない料理が湯気を立てて準備してあった。火をおこして鶏肉や他の肉料理がじゅうじゅうと音をたて焼き網で焼かれ、音楽が演奏された。女性の側では、マクラーニの女があの激しい踊りを踊った。重い宝石で飾った、品位ある中年女性たちも時折その踊りに参加した。疲れ切った花嫁が新郎の家に連れて行かれることになっていた最後の朝に、私はまた彼女を見た。既婚女性のしるしの大きな鼻輪を付けていた彼女が、朝食のテーブルに来た。彼女は睫毛をとても黒く塗っていたので、何も見えなかった。義姉妹たちが、彼女が少し食べられるように手伝った（鼻輪は、「目の見えない彼女」が何かを見つける邪魔をしたからだ）。それから彼女は多くの抱擁とキスとともに嗚咽する家族によって車へと導かれた。そういう風にするように儀式が定めているのである。背が高く立派な体格の人である招待側の主人は、幅広い「シャルワル」のために一層堂々たる感じを与えて、用意された部屋に私を案内した。それは、全部そろっている現代風住宅の大きさだった。浴室の敷居に小さな蛙がいた。ここ数週間の長雨でパキスタン中が蛙であふれているようだった。

数日後に、ラホールの画家ラヘールの家で、華やかに盛り付けられた夕食の食卓越しに、大物がドアからドアへ跳びはねなかったか。それは見事な技量で、すぐにもオリンピックに出場できるほどだった。歓喜からではない（と私は思う）けれども、居合わせた女性たちの大きな叫びを引き出した。

……ミールプール・ハースでの私の小蛙は愛想が良かった。私にたいする彼の敬意は、夜にひょっとして踏み潰すかもしれないという不安とほぼ同じくらい大きかった。いや、それは、パシュトー語の諺で「蛙が牛糞に上り、叫んだ。『カシミール』を見たぞ。」と言われる、そういうほら吹き蛙ではなかった。彼はおそらくカーディー・カーダン〔一一五五一没〕の古いシンディー語詩句を知らなかったのだろう。

池の中深くにいる蛙、

彼らが蓮の花のことを知っていればなあ——
下の泥の巣穴に
座っている必要はないのにな。

それはまた、魔法をかけられた王子でもないようだった。古いシンディー語メールヘンで、「高貴なお嬢様」と呼びかけないで結婚の申し込みをする者なら誰でもののしる蛙淑女でもなければいいと私は思った。そしてあの蛙は、小生意気にクァクァ鳴く。

おまえの母さん、おまえの姉さん、蛙だろ。
私は本当のレディー、本当の上品なご婦人よ、
だから、金持ちの殿様が私のご主人になるんだよ。

この小蛙は最後にネズミと結婚したからである……。

翌朝は早く始まった。本来の砂漠に入る一番手前の村で、本当に美味な朝食が私たちを元気づけた。作りたてのバター、精製したての蜂蜜、それに甘い果物。

それから冒険が始まった。私たちが乗った車が巨大な水溜りにはまり、立往生のスタートだった——砂漠へのドライブの不吉な序幕だ。しかしこの雨は、これまで生命のない砂漠をすっかり変えていた。草の柔らかく細い茎が芽生えていた。それらはむろんわずかだが、砂の上に軽やかな緑のほのかな光を置くには十分だった。時折何頭かのラクダを、時には、穏やかに盛り上がった風景の中に何人かの人も見た。ときたま小さな村々を通過した。両手を象牙の腕輪で肘まで覆っていた暗い肌の女性らが、丸い形の小屋の前に座っていた。私たちが写真を撮ろうとすると、彼女らはレンズから逃げた。牛が一頭と何匹かのヤギが、円錐形の小屋の周りの、茨で囲まれた場所で草を食んでいた。

この地域は蛇使いの出身地だと私は知らされた。〈ムルリー〉というあのメランコリックな管楽器は、いかにもシンド地方らしい。彼らはヒンドゥーだった。タール砂漠のインド・パキスタン間の国境は、ほとんど確定していなかったのである。そのうえタール砂漠のヒンドゥーの人たちは、しばしば、ムスリムのピール──今回私たちに饗応してくれた人もそうだった──の忠実な信奉者だった。

私たちが銀緑色の砂漠を走っていた間、ここが昔はフル Hurr の逃亡地だったことを思い出した。シンド在英国行政官H・T・ラムブリックが、はらはらさせるノンフィクション小説『テロリスト』で描いたように。フルというのは、イスラム修行僧の特別部隊だった。彼らは師であるキングリー Kingri のピールに（一般にはピール・パーガーロー「ターバンを巻いた男」として知られている）身命を捧げていた。彼らが初めてシンドの歴史に登場したのは、一八二七年である。バレイリのサイイド・アフマド（一八三一没）と、シャー・ワリーウラー（神秘思想家。一七〇三〜六二）の孫イスマーイール・シャヒード（一七八一〜一八三一）が、〈ジハード〉という信仰の戦いをパンジャーブと北西辺境州で支配しているシィク教徒に行ったときである。当時、ピール・パーガーローは彼らに、自分のエリート部隊を提供した。後にこのフル、「自由な者たち」は、イギリス人相手にくり返し小さな作戦行動に参加したが、一番大きな活動を展開したのは三〇年代だった。第二次世界大戦の直前とその間である。彼らは、例えば、ハイダラーバードからボンベイに通ずる鉄道路線を爆破しようと試み、殺人もしりごみせず、自分らの州のイギリス人ばかりでなく、政敵に絶えず不安を与えた。イギリス将校として彼らの追跡と終局の経過に関与していたラムブリックは、その本で、シンディー語の記録とフルたちの通信連絡から構成される展開を息詰まる光景として描いた。私は車に乗っているときに、あの忘れがたい場面を思い出した。道に迷ったひとりのフルが、タール砂漠で渇きのあまりほとんど死にかかるが、若い娘に救われる──恐ろしい戦いの中の穏やかな小事件だ。

そのドライブは決して終わってほしくなかった。車には、アラン・ファキールが乗っていた。シンディー語を話すスーフィーの人々の中で最も傑出した歌い手だ。私たちは、見たところ道のない砂漠を走っていた。その間に彼は憧れの歌を、〔神性〕という――道なき砂漠の中で決して終わることない探求についての古い歌を歌った。彼がベーディル〔一六四九～一七二一〕の詩句を知らなくても。それはこういう詩句である。

あなたに会いたいという憧れから、見て下さい、胸という砂漠で、
移動砂丘がときめいている、まるで疲れきった心のように。

午後早くに私たちはミッティに着いた。そこはタール砂漠の真中で、繊維製品生産の中心地でもあった。特に挙げるべきは、ここで紡がれていた、きわめてさまざまな赤の色合いを見せる木綿生地である。その際に、砂漠のまぶしい陽光を受けて簡単に見分けられる、暖かいブルゴーニュワインの赤が他の色よりも多く見られた。それらは小さな押し型を使ってプリントされ、私の経験では明らかに消えない。私たちはいくつかの織り物工場と布地プリント場を訪れた。そこでは、当時まだ、実に単純な道具で作業が行われていた。できた製品は、「現代の」好みに全く影響されていなかった。私に贈られた布地に一面に散っている白黒の小さな模様だけが、ちっぽけな飛行機と何となく似ている感じがした。

大臣とその付き人が、政治と経済関係の諸施設の視察に向かっていた間に、私は休憩所の巨大なベッドに横たわっていた。私は、ドア全体にかかっていた葦でできた垂れ幕が、どうして実に規則正しく穏やかに穏やかに動いていたのかを何も不思議に思わなかった。いつも私の上に、優しい微風が滑るように吹くのだった。私は、とても多くの民謡で歌われている、いかにもシンド地方らしい揺すりベッドの中にいたのではなかったか。いや、違っていた。起きて私は、覆いの下からのぞいていた一本の足指を見つけ、貧しい雇われ者がその足の指で一時間かもっと長く、紐で結わえられていた覆いを揺すっていたことに気づいた――休みなく、また調子を変えることなく、見かけは疲れたふりを見せずに、彼は自分の務めを果たした。

日は沈んだ。私たちはゲストハウスの前でお茶を飲んだ。アラン・ファキールは、いかにもシンドらしい〔アジュラク〕にくるまっていた――それは全能の布である。いつも変化する暗い青、暗い赤、黒白の模様の形で、菩提樹の木でできた小さな型でプリントされ、時にはターバン、時にはショール、時には袋、時には祈りの絨毯として使われる――アラン・ファキールは、彼の単純な弦楽器を手にとり、歌い、パントマイムをやった。彼は村娘に変じ、想像した雌牛の乳を絞り、私たちに昔ながらの民謡の旋律とすばらしい恋歌を聞かせた。満月が昇っていた間に、彼の一番美しい歌、シャー・アブドゥル・ラティーフの「スール・サムーンディー **Sur Samundi**」つまり「海の歌」を私たちは聞いた。穏やかな波の揺れ動くリズム。心配事がみんなゆっくり静まる。心がより平穏になる。こういったことがその歌では反響している。

友人たちは翌朝、ナガル・パーカルへ行こうとした。カッチ湿地 **Rann of Cutch** のインド側国境からすぐのところだ。そこは孔雀で有名な地域だ。たぶん彼らは、小型カモシカのガゼルも見るだろう、それどころかチータも見るだろう。両方とも昔はこの砂漠でしょっちゅう出会えた……ひょっとして、砂漠のインド側からこちらへやって来ることはめったにないが、すばしっこい野性ロバも見るだろうと私は思った。……どんなに私も一緒に行きたかったことか。けれども私には義務が――もしかしたら講演も――ハイダラーバードであったので、晩遅くにミールプール・ハースへ戻らなければならなかった。どんなにか私もメールヘンのような都市、ビーカネールやジャイサルメルを見たかったことだろう。あの二つの都市は国境の向こうにあり、そこの歴史はタール砂漠の生活といつも結びついていた。

しかしそれは夢だった。私たちの招待主の息子とランド・ローヴァーで戻った。武装した二人の男が後部に乗っていた。襲撃がないと安心は決してできなかった。もちろん当時のシンド州は、後の八〇年代、九〇年代初めよりずっと安全だった。その年代の頃は州の農村地域が一部で完全に入域できなくなり、その土地の女性たちさえも、夕暮れになると道路に出ようという気はおこさず、訪問者は、警察や軍の強力な護衛を受けてだけ内陸部に向かうことができた。親切な友人があのとき、私が誘拐されたら、強盗一味がどれくらい身代金を求めるか、計算してみせた……。

一九七五年秋のあの夜のドライブは夢の旅だった——満月が砂漠の砂を、銀色の真珠母のように輝かせた。柔らかな草が、大地に秘密の記号を書いていた。茨の藪が地平線に黒く立っていて、ひとつの章のきわめて芸術的なイニシャルに思えた。私たちは、パキスタンで現代にふさわしい神学部を設立する可能性について、さらに必要性について話した。アンカラのイラヒヤト・ファキュルテシ〔神学部〕と似たものを。そこで私は五年間——女でムスリムでもないのに——比較宗教史を教えた。若いイスラム神学者に西側の学問を、種々の信仰形式を、哲学と社会学を、同じくコーラン解釈とイスラム法を身近なものにしようとした。

それからまた沈黙の数分、雨で変わってしまった砂漠が見せる驚嘆の数分間。アラン・ファキールが私たちと一緒だったら、彼はおそらくシンディー語伝説のヒロインであるモーマルの歌を歌い始めただろう。その話はこの地域が舞台だ。シャー・アブドゥル・ラティーフによって、シンディー語伝説がみなそうであるように神秘主義の立場で〔探索すること〕の詩情あふれたアレゴリーに変えられて。愚行から恋人を失う美しい女性が、最後には彼を自分の心中に見いだす——魂が、長い道の果てに、恋人の姿をした〔神〕と自己自身のうちで、魂の甘美な客人として再会するように。月のように輝いて、愛人ラーノーは、この上なく幸福に歌うモーマルの前に現れる。

どこへ私はラクダを向けようか。
　周りは満月の輝きがあふれている。
私の心にはカークの秘密の小部屋がある、
　私の心には春の木立と葉環がある——、
　恋人がすべてになり、
今では他の呼びかけは残らない。
どこへ私はラクダを向けようか。
　周りは満月の輝きがあふれている。

私の心には、カークの秘密の小部屋がある。
私の心には彼の席、彼の顔がある。
好きで好きでたまらない人よ。
そしてあの人の他には誰もいない。　〔カークはラーノー王子の居城地〕

翌朝も、シャー・アブドゥル・ラティーフの詩情は依然消えないでいた。そうだ、まさしく手でつかめるほどだった。ピール・サーヒブ〔一・フサムッディーン・ラーシュディー。一九八二没〕と私はオマルコートへ行った。そこはシンド州のインダス東側部分の旧都である。オマルコート——ここで後のムガール皇帝アクバル〔一五五六〜一六〇五在位〕が一五四二年に生まれた。父フマーユーン〔一五三〇〜五六在位〕が、兄弟や敵から逃げて、短期間シンドに避難し、非常に若いハミーダ・ベグム〔一五二八〜一六〇三〕と結婚した。アクバル自身はシンドの音楽が大好きだったという。宮廷年代記作家バダーウーニー〔一五四〇〜一六一五頃〕がその宮廷にシンディーの楽士が来て、「胸を引き裂く」旋律を歌ったことを伝えているのに、オマルコートは最大の息子につつましい記念広場しか捧げてない。

私たちは、シンディー語を話す者なら誰でも〔オマルとマルイの物語〕から知っている古い城砦に招かれた。オマルコートの君主オマルは、水汲みをしている若い娘を連れ去り、彼女と結婚する。けれどもホームシックになった彼女は、自分が魅力的に見えないようにし、彼を拒むためにどんな策略でもごまかしでも使う。彼女の心は、村の同郷人マルたちのものだったからである。とうとう君主は失望して彼女を家に帰す。その伝説の民衆版では、彼女は殺されている。自分が純潔であると断言しても全く信じてもらえなかったからである。ラティーフの版では、その結末はオープンである。けれども聴衆はここで、数百年来その国で語られている他のどの物語よりもさらわれた娘の憧憬を聞く。彼女は故郷を失い、胸が引き裂かれるほど激しく泣く。それは、ルーミーのペルシャ語の偉大な「マスナヴィ」

〔本来はペルシャ語詩形を意味する〕で、葦笛が失った故郷への憧れを語るのと同じだ。

私が故郷の葦原から切り出されてからは、
世の中すべてが、私の鳴らす音とともに泣いている。

シャー・アブドゥル・ラティーフも、ペルシャ文化の影響下の地域にいる神秘思想家にとってコーランにも等しい地位を占めるルーミー詩の暗示を挿入した。しかしマルイはシンディーの人々には、「最初の恋人」、真の故郷へ憧れる魂の象徴であるだけではない。彼女は郷土愛のシンボルである。預言者のものとされている言葉が示すように、「郷土愛は信仰の一部である」からである。私の友人たちは、音楽に満ちた下流インダスへの私の愛を表現しようとして、上手に私の名前をアンネ・マルイと変えてくれた。

だからこういう風にして私たちはオマルコートに来た。この小さな都市の名士らが私たちのために新たな驚きを準備していた——そう、どんな場合でもシンディーの祭りに必要な音楽だけでなく、料理も準備していた。それはシャー・アブドゥル・ラティーフが『リサーロー』で述べていたように、食べ物、薬草、イチゴと果物が出されていて、本当に美味だった。

# 3　チョリスタンで

アーフタープ・シャーが私に大きなナイフを差し出した。「神の名において《ビスミラー》」と彼は言った。私はなるべく上手に巨大なケーキにナイフを入れようとしてみた。バハワルプルでそこの家の息子が、一歳の誕生日を迎えて祝った。その家族にとり、ドイツの著名人に参加してもらい、その人が誕生日のケーキにナイフを入れ、色彩やかに着飾った女性たちと会話し、お茶を飲む様子を撮影するために、途方もなく長いフィルムを使うこと以上に興奮させることがあろうか。——しかも、これらすべてがほこりっぽい旅行服（普通の〈シャルワル・カミース〉）のままなのだ——、私たちはちょうど、チョリスタン砂漠への日帰り旅行から戻って来たばかりだった。

チョリスタン。タール砂漠の北側につながる——パキスタンとインドを分ける（あるいは結んでいる）——砂漠地帯は、私の興味をいつも引いてきた。私は北部パキスタンに数週間滞在し、すばやくラホールのパンジャーブ知事を訪問した後で、また飛行機に乗ることになった……。午後五時頃ムルターンに着陸した。私が一時間後に、そこのずっと郊外にあるバハーウッディーン・ザカリヤー大学で講演をすることになっていることは、到着して初めて知った。翌朝、南東に向けてバハワルプルへ行った。私たちはサーキット・ハウスに荷物を置いた——このエレガントに仕上げられた建物群は、以前はまず第一に視察旅行の高官のためだった。それから私たちは快適なランド・ローヴァーで冒険としてチョリスタンの砂漠へ出発した。

バハワルプルはサトレジ川の東側に位置し、何世紀も経つうちに実にさまざまな支配者を迎えた。それは独立国家として一七四八年に地図に現れた。北部シンドのダウドポタ族 **Daudpotras** がここに小さな国を築いたときである。彼らはアッバース（伝説では預言者の叔父だという）の系統を引くと主張したので、アッバシー朝とも呼ばれる。イギリスによる一八四三年のシンド併合、一八四九年のパンジャーブ併合以前に、支配者らは一八三八年にイギリスと〔提携条約〕を結んだ。今世紀にバハワプルは、――パキスタンに加わることに決めた最後の藩王国に数えられる――一九五五年来パキスタンに統合されている。

インダスと藩王国の臣属地域の東にある地域は、現在ではインド共和国との境になっているが、ほとんどずっと砂漠である。例えば、この地域では、古代の地理学者と中世のムスリム学者は、「シンド」と「ヒンディー」間の国境を見ていた。「シンド」は彼らの専門用語では、パキスタン南部の同名の現在の州だけではなく、パンジャーブのことも言っていた。五つの流れの国。それらは最後には、アバーシーン「大河の父」――インダス川のことである――と結びつく。パンジャーブが肥沃であるのは、巨大な流れ――チェナーブ、ジェルム、ラーヴィ、サトレジ――のおかげであるが、それらはそこの平たい土地を氾濫で荒廃させる可能性で迫ってもいる。それにたいし、「ヒンディー」または「ヒンドゥスタン」は、インダス川を越えた地域全体である。それは、ジャムナ川とガンジス川沿いの今日のインド北部にほぼ相当する。ちなみにインドの南は、ダカンつまり「南」と呼ばれる。だから今日の「デカン」地方である。

私が数年前にタール砂漠を車で通ったとき、そこは激しいモーンスーンの雨の後で、夢のような景色になっていたが、今回は反対のことを体験した。二年来雨が一滴も降っていなかった。それでもともと少数の住民の大部分は、運河が人間と動物の生き残りを少なくともある程度は保証してくれる、砂漠の周辺地域に退いていた。多くの家畜や耐久力のあるラクダのほとんど（ラクダ飼育が住民の主な仕事だった）が、もう死んでいた。そして、シンド地方やタール砂漠と同じくここでも、長い詩がその土地の文芸として存在した。生を恵む雨への憧れか水の恵みにたいする感謝が、いつも形を変えて表現される。チョリスタンを通って旅するならば、ああいう歌を読んだ後にやはり感謝の気持ちを抱くべきだろう。

クワージャ・グラーム・ファリードは一九〇一年に没したシライキ語の詩人である。彼は愛する故郷について書いた——詩人たちに霊感を与えたのは、都市の咲き誇る庭園だけではなくて、砂漠と草原の広くわびしい風景もである。シンド地方と同じようにチョリスタンでも、砂漠の旅の終わりへの憧れが、唯一で最後の恋人へ通ずる道という、生の旅の終わりへの憧れと混じっている。

朝に私たちは立ち去って行くだろう。
それからあの場所は人影なく立っているだろう。
——遠路に向かう雁のように——
二日の間、私たちはこの人々のもとにいる。
けれどもこの地は何て、何て、異国なんだ。
偽りの上に束の間の領地が築かれている。
友となる人は男も女もここにはいない。
誰が私の苦痛に満ちた嘆願を聞いてくれたのか。
この世では運命が私をほんろうした——
そうでなければ、誰が大地に向かうだろうか?
私は美の都に旅立つ——。
神よ、じきに私に私の目的地を見せてください。

神様、祈り願います、
まもなく私を最愛の方と一緒にしてください。

しかし私たちには、血の通った人であり考えられる中で最適な案内人、私たちのホストであるアーフタープ・シャーがいた。彼は〈チョリスタン開発プロジェクト〉を率いていた。それはペシャワルに本部を持ち、砂漠地域の経済と文化の発展に専念していた。それで、アーフタープ・シャーは、どんな木でも——たいてい曲がった小さなギョリュウ——砂の未舗装道路上や横にある思いがけない砂丘でも知っていた。彼は車に乗っていた間にいつも新たな話題で私たちを楽しませ、教え、また愉快にした。

もちろん、私は砂漠の始まるところにある最初の見物として、小動物園を訪れるとは予想していなかった。とにかく、ラール・スハンロの新しく設けられた自然保護地域は、なかなか関心をそそった。この公園はさらに拡張されるとのことだった。休暇客のレクリエーション施設として使われることになっていた——そのことはもちろん、動物の本来の習性をある程度そこなうことも意味した。私たちはすっかり魅せられて、まず第一にここの砂漠にもともと住んでいる動物たちに限っている数少ない収容動物を見た。そこには、大きくて青くて多色の孔雀、美を意識した白孔雀ばかりでなく、キジの大きさでうっとりさせる砂色の孔雀もいた。絹でできたおもちゃの動物のように愛嬌があった。……私たちを、雄山猫が意地悪く見つめていた。ほぼメーンクーン・キャットほどの大きさだった。オオヤマネコに似て、耳のところに印象深い毛の房があった。当然私は格子を通してそれを撫でたかったけれども警備員が警告した。「だめです、マアム、大変危険です。それは三匹の雌猫を食らったばかりです。」それほど残酷な行動をするとは納得いかず首を振って、私たちはさらに進んだ。ついに私は大カモシカも見た。それを私はムガール時代の細密画でしか知らなかった。ほとんど牛の大きさの、青っぽい灰色のレイヨウ〔カモシカの一種〕の何頭かは、わりと小さくほっそりした頭で、口元に限りなく穏やかな——見かけは、私のことを知っているような微笑を浮かべていた。彼らは自分用に広いフィールドを与えられていて、やっとためらいがちに格子にやって来た。

私はその動物たちにバナナをやった。そのとき、なぜこの愛想のいい生きものがムガール画家をあんなにも引きつけたのか分かった。大カモシカは以前はチョリスタンでわりと大きな群れで暮らしていたが、今ではその動物群は、長期の乾燥によってばかりでなく、さらには——たいていアラビアの——訪問者によって危機にさらされていた。彼らはここが鷹狩りに最適な場所であるのに気付いたのである。そして、タール砂漠と同じく、ここでも、珍しい動物の数は、例えば、トラップというノガンの一種は、はなはだ減少していた。けれどもアラビアの狩人は、確かにその地に多くのお金をもたらしていた。

砂漠は銀灰色に輝いていた。茨の茂みが見かけの単調さを破っていた。わずかの集落は見捨てられていた。人間もラクダもいない。やっと私たちは、少数のこざっぱりとした低い粘土住宅に来た。そこにはまだ何人かの女性がいた。壁には巧みに幾何学模様が描かれてあった。簡単な炊事道具が光っていた。つつましい住宅の中のわずかな道具一式の調和は、思いがけなかった。

ここには以前はもっと大きな集落があったに違いない。まだいくらか、現代風の低いコンクリート壁の残りが見えた。少し離れたところに、粘土でできた大きな砦が、巨大な砂丘の下でほとんど埋もれていた。悲しみのせいで曲がった何本かの木々が、ちっぽけな釣瓶井戸の周りにあった。そこからラクダが水を飲んだのだ。その塩分を含んだ水は、ずっと深い所から汲まれねばならなかった。

なぜ、十七、十八世紀のペルシャ系インドの詩人らがくり返し〈レーギラワーン〉「移動砂丘」について語るかが、ここで分かった。彼らの行く手をさえぎり、そして現実のどんな小部分でも――それが何を意味しようとも――絶えず新たに覆いつくし、孤独な遍歴者の混乱をますますつのらせ砂漠をさまよわせる。その一方でわずかの井戸は、ゆっくりと埋められていく。

私たちは高い砂丘で休憩した。しばらくの間さっき見た生活の小さなしるしをじっと眺め、道がどこにあるのかほとんど予想できない砂漠の中を進んだ。砂漠の銀色は、沈む太陽の中でゆっくり明るい金色に、それから波打つバラ色、ラヴェンダー色に変わった。

「ここがチャンナ・ピールの聖廟です」とアーフタープ・シャーが言った。私たちが寂しいところに小さな霊廟を見たときである。「これはここらあたりの人たちには、宗教の中心です――男たちが来て、子供を、当然ながら特に息子を授かるよう願うのです。祈りが聞き届けられると、幸せな父親は、チャンナ・ピールの次の時期〈ウルス〉一命日〕）にここへ来ます。女性の服装をしています。聖者のために踊るのです。」

インド・イスラムの神秘主義詩人は、彼らの文芸で好んで自分をシンディー語、パンジャーブ語の民衆伝説のヒロインと一体化する、だから「女性」として話すということはなるほど知られていることである。魂〈ナフス〉は、アラビア語では女性名詞であるからである（そのことは、女性を「悪へそそのかす魂」（スーラ12の53）との無数の有り難くない比較へとつながった）。神秘主義者というものは、自分の魂が、「悪へそそのかす」魂から「非難する」魂へ、最後に「安らぎを与えられた」――やっと愛する主の下へ戻ることができる――魂へと展開する過程を終了する。こういった表現すべてはコーランに基づいているが、神秘主義思想では全く独自の重要性を獲得した。そして女性としての「魂」というイスラムに基づいた思想と、憧れる恋人〈ヴィラヒニ virahini〉のインドの伝統との魅力的な混合の形で、この象徴主義はインドのイスラムで、特に民衆文学で展開されたものである。有力な神秘思想家が女性の服装をし、愛する神である主のために歌い、踊った例は本当によくあることである。けれども、こういうことが、息子を恵まれたことの感謝として行われるというのは私には本当に初耳だった。

まもなく私たちは国道に達した。その道は思いがけないことにすばやくバハワルプルに連れ帰り、私が誕生日のケーキ切り分け役の義務を果たした後に、私たちは高級宿舎、バハワルプル藩王の旧宮殿に戻った。しかし私たちが迎えた晩は、砂漠が静かだったようには落ち着いてはいなかった。ひっきりなしに訪問者がなだれ込んだからである。その中には、威厳をたたえ、長髭のスーフィーのシャイフという長老もいた。その人と私は――友人たちがその必要がないと言ったけれども――朝にもう一度短時間会った。イスラム神秘思想のいくつかの問題に関する彼の論議は、私にはかなり興味深く思われたからである。後に彼が私に大量の長い手紙を、神秘主義思想に関する質問とともにハーバード大学へ送るだろうとは、そう、予想できなかった。私は同伴者たちの意見とは違って、彼を実際大変感じがいい人だと思った。……この地域では、彼が神学の問題を語ることができる相手となる人間は、確かに多くはいなかった。

翌朝に私たちをランド・ローヴァーは砂漠のもっと奥へと運んだ。今度は前より少し南側である。たっぷり二時間走って、何もないところから突然巨大な砦がそびえていた。正方形の造りの灰黒色の囲壁が、頑丈で半円の防御塔で側面を固められていた。――どの角にも塔がひとつ、そしてどの側にも十本の塔があった。それは威嚇しているように見えた。

「これはデラーワルです」とアーフタープ・シャーが言った。「でも人々はジラーワルと発音しています。」――「確かに、魅力的とか愛されたを意味する〈ジラーワル〉にはほとんど見えない」と私は思った。「どれくらい古いんでしょうか。」「確かなことは分かりませんが、建設がラージプートのバティア **Bhatia** にさかのぼることはかなり確実です。私たちは、ご存じのように、ここでラージャスタンとの国境にいるのです。それからバハワルプルのアッバシー朝藩王らがこの砦を引き継ぎ、拡大し、再三改築したのです。」

重苦しいほど暗く、恐い思いをさせる砦があり、後に何軒かの低い家があった。その後方に白い大理石でできた極上の美しさの小さなモスクがあった。たっぷり装飾された青いタイルが輝いている。きちんと手入れされて（でも誰にだろうか）それは、砦の脇で、無垢な白い花のように立っていた。誰がこのモスクを大きな王朝の洗練された都市文化から遠く離れてここに建てたのだろうか。いつそれは建立されたのか。ひょっとして十九世紀早くだろうか、ひょっとしてもっと後だろうか〔このモスクはイギリス出身王妃のためのものである〕。

私たちは優雅な祈りの間に入った。祈りの壁龕《ミフラーブ》には、隅に、初めはそれと分からない小さなドアがあり、そこを通ってバルコニーへ出た。それはちょうど四人に十分の広さだった。私たちはそのような対照に当惑して、しばらく日陰に座り、冷たい飲み物で元気づけた。バルコニーの下には、かなり狭い小路が見えた。その後に砦の灰色の囲壁が立っていた。

「壁龕のドアは何のためにあるんでしょうか」と私はきいた。「とても簡単です。学者とか王子が、狙われたことがよくあったということです。政治の理由とか、説教師として支配者を傷つける発言をしたという理由からです。誰かを罰しようとすると、いつでも理由は十分あります。……それからモスクが包囲され、狙われた人はこの逃げ道を通って逃げようとすることができました。」アーフタープ・シャーは、デラーワルについて語られた恐ろしい出来事のいくつかを知っていた。後で私たちが砦の中に入ったとき、私たちは、そこで起きたはずの悲劇をいくらか想像してみた。逃げ道があった。薄暗い地下小部屋があった（噂では、そこに王の未婚の娘らが隠れていたという）。城壁通路があった。崩壊していても、その建物は息が詰まるように、恐ろしそうに見えた。――それはほとんど、デカン地方にあるダウラターバードの巨大な砦以上だった。周囲の水のない砂漠がどんな逃亡でも不可能にしたからである。ひょっとしたら近くの墓地に横たわっている人たちは、ここで一番幸せだった。そこの墓碑と、輝くほど青いタイルを持つ小さな霊廟は、茨の茂みの間で息苦しい風景に少し色彩をもたらしていた。

私たちが後で、先史時代のものである、赤っぽい破片で覆われた丘から、もう一度あの砦を見ると、ラクダの長い列が霊界の隊商のように通過していった。おそらく、彼らはあの破片の時代であるハラッパー期の前代であるほとんど六千年前にもう、ああして通過していたのである。ひょっとしてあの当時に砦は、まだ砂漠にはなっていなくて農業国である国土を守っていた。そうだ、あの時代に国土に生命を恵んで貫流していたという川はまだ地下に依然存在すると推定されている……。

いくつかの小さな村落を通って、イスラムの信心の古い中心地であるウッチへの走行は、私たちに別の考えを抱かせた。パンジナッドのレストハウスの涼しい庭にある高い樹木の下でお茶を飲んだとき、私たちは救われた感じがした。デラーワルは、すでに過ぎ去ったものの影の後に沈んでいった。ここパンジナッドでは、パンジャーブの大河の最後の大きな合流がある――最初はずっと北部で、チェナーブ川とジェルム川がひとつになった。それからそこにラーヴィ川が注ぐ。パンジナッドでサトレジ川が、堂々たる大河として流出し、最後に約百キロ南で、ミタンコート近くでインダスと一緒になる。ウッチは、流れが絶えず変化したにもかかわらず、古代から重要な交通の分岐点だった。前にそこを訪れたとき、人々は誇らしげに私たちにアレクサンダー大王の船団が初めて錨を投じた場所を教えた……

その陽気な晩もむろん邪魔が入らずには過ぎなかった。ラホールのひとりの女性が、その地でもう私に狙いをつけていた人だが、私たちをずっとバハワルプルから追いかけていて（私たちは予想もしてなかった）、今度は私たちが落ち着いた休息所にいるのを見つけた——そこで赤ワインの秘密の貯えを発見していた私たちは、ワインがアレクサンダー大王のものであると思い込み、楽しむのを邪魔をされたくなかった——パキスタンは、そう、公式には「禁酒《ド》法実《ライ》施」である。その女性には、私がもう寝ていると知らせた。

カリンと私は翌朝、アーフタープ・シャーとボートで堂々たる流れを少し上った。チェナーブ川とサトレジ川が合流して、いわば、巨大な川でできた砂漠とでもいうものになっているところを見るためである。私は十六世紀のカーディー・カーダンのシンディー語詩句を思い浮かべずにはいなかった。

大船小船が、
　いくつも渦を巻いているところで難破するのに、
小さなボートでも、やはり、
　あなたの恵みで岸辺に達した。

私たちのボートも無事に、レストハウスの大きな水門の上手にある岸辺に達した。ところがそこにはもうあの追跡者が立っていて、私のために世話してくれるグループの人たちと言い合い、説得しようしていた。人生にとって重大な理由から私に会わなければいけないと。人生にとって重大な理由とは、彼女の息子、かなり感じの悪いティーンエージャーのために、絶対にハーバード大学への入学許可をもぎ取りたいとのことだった。私が彼のために専門家として勧告めいた意見を出しさえすれば、すると彼はもう受け入れられるという……。それはまさに緊張に満ちた場だった。ほとんどつかみ合いになった。むろん、そういうことは決して一度だけのことではなかった。良き母親たちが、そういったことを試みて、もし私が彼女らの子弟たちをハーバードへ連れて行きさえすれば、しばしば、パキスタンとインドの財宝すべてを私に約束することがあった。……この件でとても気まずいのは、彼女が、バハワルプルでのあの髭を生やしたスーフィー修行者の友人だったことだ。そういうことで――この女性とその息子にお手伝いできないと言って彼を幻滅させることは、私にも大変残念だった。彼女は私たちをさらにムルターンまで追った。けれども、そこの大学で協議を片付けた後に、飛行機が私を――追跡者を乗せないで――カラチへ運んだ。砂漠への遠出は夜間着陸で終わった。私は照明で照らされた飛行場の美しさに魅了されて、ボーイング737の操縦室からその着陸を見守ることができた。

カラチで予定の詰まった一日を過ごして――当時の首相ジュネージョーとのランチ、シンディー語家族の庭で七十人の夕食――私はチョリスタンの冒険の四十八時間後にまたボンに着いた。夢の中で、私が体験した光景が混じり合った。誕生日のケーキはとてつもなく大きい砦になり、野性の猫と断固行動するスーフィーの女性は溶け合ってひとつになった。砂漠の銀光の中で大カモシカが微笑んでいた。これらすべては夢にすぎず、蜃気楼だったことを知っている顔で。

# 2　イスラマバードと周辺

私が一九五八年一月下旬にパキスタンを訪れたとき、まだ誰もイスラマバードのことは予想していなかった。カラチが首都だった。人々はそこで、一九四七年八月の新国家の誕生後、苦労してあれこれを整備していた。イギリス人によって大規模に、首都そして行政官庁所在地として築かれたデリー。短い中断はあったが、ほとんど八世紀の間イスラム・インドの心だったデリーはインドのものになっていた。そのため新国家は、バラック、仮設建築、避難民であふれた臨時宿泊所で満足しなければならなかった。行政、銀行制度、多くの他の経済部門は、大勢のヒンドゥーが引き揚げて最初はマヒしていた。私はいつも、どうして生活がわりとスムーズに――幸福な未来という根拠ある希望に支えられたのだろう――送られていたか、不思議に思った。もちろん、元からいたシンディーの人たちとインドから流入したムスリム避難民の間の緊張は、もうその当時からあった。

古典時代のアラビア語の呼び方で言われたような、〈ムハジール〉「逃亡の仲間」というのは、本来は、六二二年に預言者ムハンマドとともにメッカからメディナへ移住した人たちにふさわしい。パキスタンのムハジールは、大部分が都会知識人であった。まもなく行政と教育で重要な役を果たした。一方、インダス川下流のシンド州は、主に大地主によって影響されている。それは古くから敬われ、影響の大きいムスリム聖者であるピールの家系に属していることが稀でない。

さらにムハジールたちはウルドゥー語を話す。それはさまざまな雑多な言語を持つ多様な部族にたいし一種の統一を可能にするためにパキスタンの国語と宣言された。諸州には——一番重要なものを挙げるだけにするが——、インドの基盤に基づいたシンディー語、パンジャービー語、この重要な両言語の一種の橋渡しをしているシライキ語、加えてイラン系の言語であるパシュトー語とバローチー語、それにドラヴィダ系のブラーフーイ語があるからである。それらに、北部の山岳地帯ではまだ、ほとんど見当がつかないくらいの数の、わりと小さく、言語学上実に興味深い方言が加わる。

けれどもウルドゥー語は、（西部では以前はたいていヒンドゥスタニと呼ばれていた）十八世紀以来、少なくとも北インドで一般にムスリムとヒンドゥーに使われていた言語だった。確かに、それはデカン地方でもハイダラーバードのニザームの王国でも、数百年来文学語として用いられていた。パキスタンの諸地方の「過度の異国化」に、特に、当時まだパキスタンに属していた東ベンガル（現バングラデシュ）の住民が抵抗した（ウルドゥー語は東パキスタンではほとんど通じない）。自分たちの抜群に豊かな言語と絶妙な文芸を誇りにしていたシンディーの人々も抵抗した。

人々は回顧してみてたびたび自問する。イクバールが一九三〇年十二月に全インド・ムスリム連盟で演説し、「大英帝国の内部あるいは外で」ムスリムが多数派となる地域を持ちたいという希望を述べたとき、そもそも彼は次のことを考えたことがあったのだろうか。数多くの交渉と誤解の後、一九四七年になされた亜大陸分割が、あれほどの流血、その地域の一部から隣国へのあのような大量移動、あれほどの不信と誤解を両側で背負いこむことになるとは……。カラチは、急速に発展してゆく国家の首都として残れなかった。大きく活発な港湾地域、インダス川の扇状に大きく広がったデルタ、インド方向にほとんど開かれているタール砂漠。こういった状況にあるカラチは、敵からの想定できる攻撃にたいしてはかなり無防備だった。そこでアユーブ・カーン（一九〇七〜七四）の下で、インドとアフガニスタン国境からずっと遠く離れている新首都を——カラコルム前方の低い山脈近くで、大統領の郷里に——築くことが計画された。それはイスラマバード「イスラムの都市」と呼ばれることになった。この都市はイギリス人によって拡大され、軍事基地として使われたラワルピンジーに十分近いところに置くことになった。そこの飛行場は今でも首都に役立っている。私は何とたびたびそこの直線の空港道路を通ったことか。毎回その道に沿って新しい住宅地、新しい建物が見つけられた。

私が一九六六年イラン、アフガニスタン経由でインドに旅行して、イスラマバードに短い滞在をしたとき、そこは巨大な建築現場だった。私はすぐに大好きなラホールへ逃げた。私はその間に何度もその国へ行っていたけれども、その都市と再会したのは七年経ってだった――それから一九七三年に私はあの大きな驚きを体験した。そこは考えて計画された都市で、樹木が本当に樹木らしく見え始めていた。そこにある私たちの大使館は、年々ますます美しく開花する庭園で有名になっていた。まさしくそこは、それから後の年月の間、私が大使館職員やそこの感じのいい女性たちに贅沢な思いをさせてもらって、イスラマバードの「我が家」となるはずだった。

イスラマバードは、一辺の長さがそれぞれ一マイル（一・六キロ）である正方形をした各地区からなる、製図板上で設計された都市である。中心地である官庁街は、城砦のように、マルガラ丘陵と、カラコルムの前山脈のいくつかの末端部で形成されている〔壁龕《へきがん》〕の中に防護されて位置する。そこから真っすぐな大通りと道路が走っている。多くの緑地帯や立派な邸宅がその都市を魅力あるものにしている。特にそれは、暗い色の山々を背景にこの都市を眺めるときである。その山々の前に、今では中心道路の終点に、ファイサル・モスクが立ち上がっている。

私が短い訪問をし終えたばかりの一九七三年に、政治情勢が激しく変わった。国土は小さいものの人口がより多い東パキスタンが、バングラデシュとして分離することにつながる不幸な戦争の後、ズルフィカリ・アリ・ブットーが権力を握った。私は彼をアメリカで専門教育を受けた行動的な外相として知っていた。その魅力ある娘ベナジルは、私たちのハーバード大学に在学していたので（私たちは、同じ「寄宿舎」であるエリオット・ハウスに所属していた）〔その大学の経済学教授、元インド大使のガルブレイズの支援を受けて十六歳の彼女は、一九六九年秋から四年過ごした〕、私はラワルピンジーでの定例のお茶訪問の際に彼を喜ばせることができた。それは彼女がその全行動によって、政治や経済への関心をこれまではほとんど専らインドに集中させている数多くのアメリカ人にパキスタンを近代的な、発展してゆく国家として理解させることにどんなに貢献したかを伝えることによってである。

会話では私たちを彼の故郷シンドとそこの言語、文芸への共通の関心が結びつけた。彼はある日私に一冊の本を勧めてくれた。それを私はすぐにむさぼり読んだ。それは、ピール・アリ・モハンメド・ラーシュディー（シンディーの政治家）の『あの日々、あの獅子（がどこにいったか？）』である。私は、この著者の家族——北部シンドのそこの所有地は、ブットー家の土地の近くにあった——と、数年来大変親しくしているので、この見事に書かれた、一部では非常に意地悪いが、常に機知に富むこの書を楽しんだ。この作品では、第二次世界大戦前のシンド州の状況が記述され、実に多様な視点から解明されている。自分も狡く賢い政治家である著者が、人間を、単純な村人を、あらゆる階層あらゆる階級の男女のさまざまなタイプを叙述する数節が、たぶん最も美しい箇所だ。——民族学者にとっての宝庫だ。しかし私はまた、パキスタンの政治に関連して私に興味深く思えるある部分にも出くわした。ラーシュディーはそこで、シンディーの大土地所有者である〈ワデーロー〉と、彼自身もその一人である、その国の宗教指導者である〈ピール〉の政治劇を物語る。

一九三五年にボンベイからシンドが分離した後、ただちに、ワデーロー・サーヒブ（サーヒブは敬称）たちとピール・サーヒブたちが彼らの富のおかげで、そして村落行政機関の影響の下に、あるいは〈ピーリとムルディ〉（師と弟子）の関係を用いて、シンドの政治生活に暗影を投じた。彼らは自立した政党を誕生させず、政治の主軸を何らかの倫理の基盤に基づかせることもしなかった。自主独立のシンドの政治活動がその上で展開し始めた原則は、簡単に表現すると次のようなものである。

1 どんなことがあっても大臣にならなければいけない。大臣になったら、絶対にずっと大臣でいなければならない。この目標を達成するのに、どうしていくつかの政党を取り替えていけないことがあろうか。約束や言うこと、それに原則を二、三度変えていけないことがあろうか。

2大臣でいる間は、自分を強力にすること、力をつけることに専ら没頭すべきだ。

3シンド住民の幸福繁栄はそもそも問題ではない。政治の専門語で「民衆、大衆」と呼ばれるものが、実在するとは知覚されないからである。これらの政治家の意見では、シンドの人間は三つのグループから成り立つ。
(a)ピールとワデーロー。彼らの先祖伝来の権利は、大臣であることと統治することである。
(b)協力者。彼らの世襲の相続財産なるものは、ムスリムの選挙リストのために使われること、そして彼らがそうした後で、さらなる援助の努力をすること、他方で彼らの体の幸福を心配することである。
(c)外に立ち、裸で飢えている数十万の村民。彼らには、ピールとワデーローの影が絶えず不断に彼らの頭上に落ちていることが、十分に、無上の至福を意味する。
4政党を結成してはいけない。政党が結成されると、それは大衆の方向を向くだろう。しかし大衆が政治に参加し始めると、ワデーロー体制の独占の欠陥が明らかになるだろう。だからそのような毒性を持った植物は少しでも生えさせてはいけない。

5このような原則に従い、当座の利益を上げるために、時折権力に上昇してくる者たちを偶像のように崇拝することをためらってはいけない。――この権力がヒンドゥーの会議派であれ、ムスリム連盟あるいは誰か個人の短期間の任務であれ。要するに、これらすべてから利益を引き出さなければならない。そして、政治の水のごく一滴が誰の水源から来ていても、そのときは、自分のくちばしをその中に浸さなければならない。


このような慣例はシンドだけに通用したのだろうか。

イスラマバードが年々大きくなるのにつれて友人の数も増えた。都市の外れ、前山脈の丘陵近くにカーイディ・アーザム大学があった。この大学はこれまで女性学長により二度も指導力を発揮された。私がそこで名誉教授の称号を受けた日は忘れがたい（一九七五年の、とてもよく組織され楽しいシンド学学会を機に、シンド大学で同じ顕彰を受けた一年後である）。そっけない感じを与えるコンクリート建築物のある大学キャンパスを、植木鉢の助けで少し緑化しようとしていたが、その鉢は祝いのために輝くほど赤く塗られていた。それは、数年後にハーバード大学での学位授与の際に、私が誇らしくまとった、大変に写真写りのいい重たい、絹のガウンのように鮮烈に輝く赤だった。……その間にアラマ・イクバール・オープン大学もあった。これはフィルムとテレビで新しい授業方法を展開していた。そこを私は好んで訪れた。そしてゆっくりと、あの国際的なイスラム大学が成長してきた。そこの教授陣は学生と同じく、実にさまざまなイスラム諸国から来ていた。そういう施設ではよくあるように、教授陣ではエジプト人の割合が一番高かった。

そのイスラム大学はファイサル・モスクのすぐ隣にあった。このモスクは長年続いた建設後にその都市のシンボルマークになった。トルコ人建築家の設計になるもので、四つの方形屋根で頭部が飾られている。四本の高い尖塔は深く岩盤に固定されて、凝った構造の建物をこの地域では稀ではない地震から守っている。訪問者は白い大理石の建物に入ると、超モダンな（ドイツから来た）シャンデリアのある巨大な礼拝ホールで迷いそうだ。淡い色の絨毯と、窓が多い壁に張られたタイル製の明るく輝くモザイクは、その空間を一層大きく見せる。そこは中庭を含めて一万人の礼拝する人を収容できる。本来の人目を引くものは、当然そうであるように、〈ミフラーブ〉という礼拝用の壁のくぼみである。それは、たいていのモスクのようにメッカの方向を示す一種の壁龕《へきがん》にとどまらず、開いたコーランの巨大な模写である。その〔書〕のページそれぞれ「一枚」は白い大理石製である。その真中で青金石《ラピスラズリ》で輝く「アラー」の文字が並び合う。その二枚の「紙」には、コーラン五五章からの詩句〈スーラト・アル・ラフマーン〉「慈悲深いお方」が、中世様式で金で書いてある。それは、私が知っているミフラーブの最も天才的な現代流の処理法である。芸術家であり多才で創造力豊かなグルジェ（パキスタンの一流の画家）が、当然の誇らしさを浮かべてこの自作を私に見せ説明してくれた。集会室は大理石が敷かれた広い構内の下にある。階段がさまざまな階を結んでいる。この大胆な構造は水槽に映る。それで、この一風変わったドーム形式は一層はっきりと見分けられるものになる。けれども入り口では、古風に仕上げた文字でカリグラフィーの浮き彫りが見られる。それは預言者の箴言である。「天国は母たちの足元にある。」

このモスクは、灌木で覆われた丘陵を背景に輝いてくっきりと立つ。そこの丘では今では、実に美しい場所にあるレストランが人を引きつけていて、そこからラウル湖やイスラマバードの市街全体を見渡せる。モスクの隣には、一九八八年以来ジア・ウル・ハック元大統領が葬られている。彼はその年の八月に不可解な飛行機墜落事故で、随員とともに命を落とした。私が彼と最後に会ったとき——彼が私のために一九八七年十一月に催してくれた夕食会の際に——私たちは食事前に長いこと［マウラーナー・］ジャラールッディーン・ルーミーの神秘主義と文芸について語り合った。この詩人の思想はムハンマド・イクバール——パキスタンがその精神的な父として讃えるあの男——の活動的な信心の態度に影響した……。

このパキスタンは、私が初めて訪れてから過ぎ去った三十年のうちに何と変わったことだろう。ムハジールとシンディーの緊張は増大した。アフガニスタンの悲劇は、数百万の避難民をもともとかなり貧しい国にもたらした。ジア・ウル・ハックの軍事支配開始後、一九七九年四月のブットー処刑後に、全土で緊張が先鋭化した。「原理主義」の色彩をより強めたイスラムの主張者が、最初にこの大統領のイスラム化政策を讃えた。友人たちの何人かは、髭を顔あるいは心に——敬虔なイスラムのしるしだ——加えた。私は何度もイクバールの詩を思った。

私は居合わせた。そして神が「天国にムラーを入れよ」と命じられた。
そのとき私は口をつぐむことができなかった。
私は遠慮がちに述べた、「神よ、お許しください、
フールもワインも彼には気に入らないでしょう。
天国は喧嘩沙汰の場ではありません。

けれども、争い、論争が彼の持ち前なのです。
彼は民衆を、宗派を互いにけしかけるのです。
あそこの上には確かに寺院はありますが、礼拝はないのです。」〔ムラーは律法学者、フールは天国の処女〕

それにもうイクバールの三世紀前に、ムガールの皇太子ダラー・シコー〔一六一五～五九〕が、ペルシャ語の詩でため息を吐いていた。

天国は、ムラーがいないところにある……。

信者たちの強調された「兄弟のちぎり」は、しばしば、〈ひとつの〉宗教方向、政治の方向が別の方針を取った基本政策へ変わるという極端な反応に至った。純粋で素朴なイスラムではなく、イスラム主義を狂信する声高な主張者と、そのような活動にたいしてより静かに反対する人たちの間で緊張が強まることになった。古い政治構造が再三突然戻って来て、政党の新たなグループ化が企てられ、そのグループの力は民主化の努力の過程でますます大きくなった。ムハジールとシンディーが、パターン人〔北西国境に住むアフガニスタン系部族〕とパンジャーブ人が奇異な同盟で出会い、その同盟は絶えずグループ再編が行われた。かつてパキスタン形成の推進力であった〈ムスリム連盟〉が再び現れ、また分裂した。

ジア・ウル・ハックの死後、選挙でベナジル・ブットーが勝利者として登場した〔一九八八〕。彼女はハーバードとオクスフォード〔一九七三～七七〕で教育を受け、西側のジャーナリズムからは真の民主主義の保証人として歓呼して迎えられたが、それは夢だった。短期間の後彼女もその座を譲らねばならず、ナワーズ・シャリーフに受け継がれた〔一九九〇〕。初めて、ワデーローや軍人層でなく、商業、産業界から出た政治家である。彼もまた政治劇の犠牲になった。私がこれを書いている今、ベナジルが再び権力についた（一九九三）。

訪問者にとっては——毎年少なくとも一度はパキスタンを訪れている者にとってさえ——錯綜した政治劇は、どの政治路線の友人も、解説作業を行う努力をしてはくれるものの、かなり不透明である。あるとき訪れると、ちょうど刑務所に入っていた何人かの知人たちが次の機会には指導的地位についているのがまた見つけられ、あるいはその逆だった。そして回転木馬はますます速度をあげて回っているようだった。暴力が、特にシンド地方で増加し、アフガニスタンの悲惨な状況と関連して、武器密輸はほとんど計り知れないほどの規模に達し、麻薬密輸があらゆる予防策、あらゆる罰則の脅しにもかかわらずますます行われる様を、人々は悲しい思いで目にした。そうだ、密輸は独自の経済力になり、誘拐は目下大変に頻繁となった。カラチの裕福な家庭は、子供たちが通学の帰りにさらわれないようにボディーガードを雇った……。

それでも私はそこの民衆が、その地が大好きだ。政治問題が私を大変に興奮させ、しばしば衝撃を与えたけれども——人々の温かい思いやりは、あらゆる政治の交代劇にもかかわらず、ずっと変わらないでいる。

私はまさしく非現実の世界で動いていた。自分がしっかり意識にとめていた諸問題から遠く離れてだった。私は時には国賓だった。青いライトをつけた警察車両とかオートバイが車両での移動すべてに付き添った。私は彼らをその騒音から愛情こめて「私の小夜鳴き鳥」と名づけた。彼らは私と一緒に一、二、三枚の〈グループ写真〉に写されたとき、喜んだ。あるいはまた、多くの他の人のように、私の署名を彼らの子供たちに見せるために小さなサイン帳を取り出して、こう言うのであった。「お願いです、マム、私の小さな娘のために適切な助言を。」……「お願いです、イクバールの詩の一節を。」私は、あのいつも手を貸してくれる男たちのそういうつつましい願いを喜んでかなえてやった。

イスラマバードはここ数年にさらに新しい呼び物を加えた。むろん悲しい理由からである。毎金曜日朝にジュマ・バザールがある。今では金曜市場でアフガニスタン避難民も絨毯、装身具、その他考えられるものは何でも売りに出していた――絨毯の魔法の世界が開く。誘惑に負けないで意志強固でいようという特別な決心をして早朝にそこに行っても、「ああ、なんて安い！」のが一個小籠に入り込んでくることはどうしても避けられない。それは、飛行機や戦車、銃や他の戦争道具が、ハイバル峠の彼方のかつてすばらしい国だったところでの厳しい現実をはっきり示している、そういう当世風の絨毯ではもちろんない……。

少なくともここ数年は、ラワル湖畔の情緒豊かな小さな庭園でお茶を飲み、パキスタン音楽に耳を澄ますことができた。民俗学の中心であるロク・ヴィルサという博物館へ入ることができた。そこでは、国のさまざまな地方からの楽器、衣裳、装身具、あらゆる種類の家事道具を嘆賞し、パキスタン民族音楽のカセット数個を持たないで戻ったことは稀である。

イスラマバードはやや大きな遠出にぴったりの中心地である。ラワルピンジーから飛行機でスカルドゥ、ギルギット、チトラールへ飛べる。マリー Murree〔標高二二六八m〕の美しい位置にあるゴルフ場は、ゴルフをしない人にも山並みのすばらしい眺めを見せる。マリー自身は、かつてイギリス人の大事な〈高原避暑地《ヒル・ステイション》〉であったが、もうあまり心をそそらない。もっと印象が深いのは、ナティア・ガーリである。霞む森があり、気持ちよさそうな休暇客用山小屋がある。そこでは晩に暖炉の火のそばに座ることができる。ごく最近そこに上品なホリディ・インが建てられ、舞台の書き割りそっくりにだんだん高まってゆく山々の、息をのむほどの眺めが見渡せる。それらの山々の上を遠くでナンガー・パルバット大山塊〔標高八一二五m。裸の山、の意〕が飾っている。

## 1　ソルト山地

訪問者は南方へも行き、私たちが以前したように、ロータス砦を訪れることもできた。それはちょうど水位が低く流れている川――雨しだいの、深く黄土地帯に刻み込まれた名のない川床――の浅瀬を通って、ある意味で冒険とも言えるドライブだった。その地域を強大な丘陵から見下ろす城砦施設が、シェール・シャー・スーリーによって一五四〇年頃に築かれた。ムガール皇帝フマーユーンが彼から逃げていたあの時期である。

ビハールとベンガルの当時の君主であるシェール・シャーは、見たところ無限の精力をふるって、今日のアフガニスタン国境からビハールまで〈大幹線道路《グランド・トランク・ロード》〉〔G・T・ロード〕を築かせただけでなく、この道を数多くの砦で守り、踏み段のある井戸と隊商宿《サラーイ》で旅人の便宜をはかった。この才能あふれた組織者の功績が一度もきちんと評価されなかったことは不当である。このロータスの砦は、一五五五年に再びデリーに戻ったムガール皇帝たちにも使われた――彼らはそこから、しばしば反乱を起こしたガッカール **Gakkar** 部族を抑えようとした。それからこの砦は次第に荒廃した。しかし壮麗な入り口門、灰青っぽい砂岩でできた、簡素だが大変に端正な形の建物、いくつかのパビリオンは、――渓谷の眺め、遠くの前山脈の丘陵へつながる緑褐色の、少し動きのある風景と同じく――今も強い印象を与える。ここはコンサートにうってつけの場所ではないかと私たちは聞いてみた。インド・イスラムの芸術祭典に、歌と文芸、古典舞踊と朗唱で。けれども私たちが帰路にもう少し広げてみたこの夢を実現するのは、ほとんど不可能だろう。私たちは、乗った車が危険をはらんだ川に押し流されず、イスラマバードの美しい官邸に無事にたどり着けて実際まずは感謝した。

ロータスはポトワール卓状高地にあり、ソルト山地への途上だった。その高地はインダス川とジェルム川の間で広がっている少し山がちなあの地域で、地質学者が見て分かるように、地質学上、無類の野外博物館である。

私たちはチャクワール Chakwal 経由で地形の動きの多い高地地帯へ入った。まもなく、今では見捨てられているヒンドゥー寺院で有名な地域に達した。それらの寺院は十七、八世紀のものなのだろう。重い黄灰色の角柱形切り石でできた古い建物は、親切な家族に住まわれていて、私たちが、なかなか注目すべきこの建築物の特に興味深い細部を撮影するために入場を求めると、喜んで許してくれた。ひとりの親切な男――彼はその地の教師だった――が、私たちがさらに行う走行に適切な助言を少ししてくれた。彼は私をテレビで知っていたのである。

それからカリンのフォルクス・ワーゲンはがむしゃらに跳ね回り、急な丘を大胆によじ登っては下り、太古の世界に河川だったところのひからびた川床を通り、垂直の岩壁の間を抜けた……。

「ここです。これは西に広がっていて、ずたずたに裂けている灰色岩石の多い高原台地です。最近、石油掘削が始まって、成果がありました」とカリンが言った。「もし時間があれば、チャクワールを越えて、西の方向へミアンワーリー Mianwali へ行くことができるでしょう。そこは普通には見られない特別な景色です。そこはまた巨大化石が発見されたことで有名な最大規模の場所です。世界中から古生物学者がやって来て、信じがたいものを見つけます――数年前に象が一頭丸ごと発見されました。あなたはワニやサイ、それに亀も見つけられます。たいていかなり地表に近いところでです――私たちは時々そことか近くの地域へ行きます。そこでは本当に美しいアンモナイトを集めることができます……」――「次回にしましょう、インシャラー」と私は言った――でもこの次回はまだ来ていない。

私たちはまた進み、低い灌木地帯を抜けて急傾斜の峠を越える。これは私たちをその日の目標地カッラカハル Kallakahar に導いた。ここは昔バーブル〔一五二六～三〇在位〕がさらに北インドに侵攻する前に、兵士に忠誠の誓いをさせたところである。ここで彼は昔庭園を作らせた。しかしたいていの外国人は、おそらくパキスタン人も、この地域がまず第一にすばらしい狩猟地域、特に鴨と他の鳥類の狩猟地であることを知っている。敬虔な人には、何といってもカッラカハルの主な魅力は、ある聖者の霊廟である。そうだ、碑文を信じるならば、ここで一一七〇年にバグダッドの偉大な聖者アブドゥル・カーディル・ジーラーニー〔一一六六没〕の二人の孫息子が、不信心者を相手にしての戦いで倒れた。その小さな聖廟は丘の上にあった。それは現代風の小綺麗なガラス装飾で飾られている。けれども最も大事なのは、そこが孔雀に「支配」されていることであった。人が言うには、数百羽の孔雀が、丘の上にある霊廟の小さな庭に餌をもらいに来て、そこで踊るのである。秋の初めは、そのような見せ物には都合のいい時期ではなかったが、霊廟の塁壁上部で桃色の夕空に切り抜き絵のように際立つ、何羽かの優雅な鳥たちのシルエットは、私たちを魅了した。

カッラカハルが狩猟のすばらしい起点として有名なのは当然であることを、私たちは翌朝知った。それは、政府のレストハウスで私たちに巨大な何皿かの――孔雀ではなかったが――味よくグリル焼きしたウズラが最初の朝食に出たときである。私たちがそれをかなりの量をたいらげたことを私は認める。夕方までまた何か食べるものが見つかるか、あるいはいつ見つけられるか、私たちはしっかりとは分からなかったからである。

車はまた急傾斜の斜面をいくつも登り、とうとうキウラ **Kewra** に着いた。そこは塩坑道の入り口近くで、ちっぽけなトロッコが止まっていて――それはおもちゃのように見えた――私たちを坑内に運んだ。そこには地球最古の塩の層があった。キウラは、世界最大の塩採掘場であるという。私たちは、掘削して作られ、時々塩水が暗い小さな湖に滴っていた巨大ホールを進み歩いたとき、そのことを容易に信じることができた。どんどん深く山中に食い込み、数多く枝分かれし、もつれているような通路の中で、突然に開けて広場があった。そこに鉱夫らがちっぽけなモスクを建てていた。祈りのために境界を定めた空間である。その材料は、さまざまな色の塩塊でできていた。弱いランプの光を受けて白、ピンク色、黄、やや緑とその他の多くの色できらめいていた。その小さな祈りの場所には俗界の物はひとつも付着していないようだった。それはある意味で諺どおりの「忠誠の塩」でできていて、見かけるところ灯りが何もなくても輝いていた。

この光景に感動した私たちはさらに丘や森を抜け、時々村落を通った。亡くなって数十年にもならない聖者の輝くほど美しい霊廟が全く思いがけなく、ジャラールプールの粘土家屋の間に現れた。私たちはしばらくの間敬虔な番人の語る、そこに葬られた人の話に傾聴し、屋根付きの涼しい遊歩道から回廊の尖頭アーチ越しに丘陵地を見つめ、熱くほこりっぽい世界から数分間消えていた。

ここジャラールプールでは、ポトワール卓状高地が下降していて、広く豊かな五河の国パンジャーブが旅人の前に広がる。はるか北東にマングラ人造湖が予想できる。それはカシミールから流れるジェルム川をせきとめている。その川に沿ってもう一行程――それから私たちはまたよく知っている国道に達し、それがイスラマバードに連れ戻した。

首都から別の側、北西を向くと、マルガラ丘陵近くのタキシラはどの観光客にも一番人気がある目的地である。ここは、紀元前後の数世紀に仏教の中心があったところであり、ギリシャとインドの諸要素が彫刻で融合してとても魅力的なものになり展開されたところである。それで、展示品の豊富な美術館がいわゆるガンダーラ芸術へ案内する。私には草地と遺跡――仏教の大きな〔僧院大学〕の半ば草木で覆われた跡、〈仏舎利塔《ストゥーパ》〉という円錐形の石製の聖遺物容器――を通った道の方がもっと美しく見えた。静かに澄んだ空気の中で、ここで昔どんなに熱心に宗教生活が営まれたに違いないかを思い浮かべてみた。この文化の名残りは、はるか上方のスワート渓谷にまで見つけられる。それで、土地は仏教の熱心な活動に満ちていて、ペシャワルや周辺では庭を掘り返しただけでもう、仏像の小さな頭部や石の手、衣服の断片が見つけられる。だから盗掘も行われる。「アショカの庭」であるタフティ・バーイとマルダーンの村民は、美しい発掘品を観光客や外交官に売って儲けたいと思っているからである。

イスラマバードからタキシラへ行く前に、首都の近くにスーフィー修行者の聖廟が見つけられる。そこを私は何度か訪れた。

首都の中の首都と言える地区にあるドイツ大使館から数歩と表現したい距離にあるヌールプールのような奇妙なところではない。ヌールプール――それは多くの聖域がそうであるように、さまざまな宗教の積み重なった層を証言している。そこにはゾロアスター教の火光崇拝の痕跡がまだ見られる。敬虔な仏教徒もそこで瞑想した。その地域がイスラム化した後は、ムスリム聖者が崇拝された。時代が経つうちにそこは、奔放なエクスタシーの中心に、インド中から聖者祭に来た売春婦の集合場所になった。——鬱蒼として暗い樹間。少し丘陵状の敷地にある、鏡で飾られた小さな聖廟サイド・バリに通ずるこみ入った小道は恐ろしい感じを与える。だから、そこを訪れるのは必ずしも勧められない、特に女性には。けれども堅い正統信仰が躍進した七〇年代後半に、ヌールプールも「清められ」、道はアスファルト舗装され、たいていの樹木が切り倒された——それで今ではその場所は退屈な感じを与える。以前——たとえ思わしくない意味であっても——そこで感じられたあの暗い神秘めいた威力はない。

スーフィー聖廟の方はイスラマバードの西の市外区域にあって、私は数回行った。それはゴルラ・シャリーフである。どちらかというと現代風の建築物群で、過去数十年のうちにますます大勢の信者を引きつけ、そうこうするうちにパキスタンで最大の社になったという。そこへは毎年数十万人の巡礼者が押し寄せる。

ゴルラ・シャリーフが私の興味を特に引いた理由は、ここに葬られたスーフィーの師、メヘル・アリー・シャーと、さらに、一九七四年に亡くなった息子グラーム・ムヒディーン（バブジェーと呼ばれた）が、マウラーナー・ルーミーの大崇拝者だったからである。トルコのコニヤの友人たちが、依然として驚嘆し感銘して語ってくれた。バブジェーがある日一団の門人を引き連れて、カーディリー教団の修行者長老《シャイフ》の完全な祭服をまとって、アナトリアのその都市に現れた様子を。偉大な神秘主義詩人ルーミーに敬意を示すためである。ゴルラの見事に建設された巡礼広場は、巧みに管理されていた。巡礼者から受け取ったお金は、実際的な事柄に、例えばバス交通に投資された。その脇には、拡張された農業経営場と家畜飼育場がある。巡礼者に食事を与えるためである。彼らは、良き古きスーフィーの習慣で三日間の食料を聖廟の、出入り自由な厨房からもらい、その後支払いをしなければならない。巡礼者が宿泊できる安いホテルもそこにはある。

私は、大きく枝を張った木々の下の、水槽が設けられたそこの広い境内が好きだった。ピールのいくつかの部屋では興味深いさまざまな訪問者に会った——私たちに優雅なアラビア語で自分の宗教理念を説明してくれた、南米から来たムスリム神学者を思い出す。私は、亡くなった師の聖遺物が保管されている部屋も訪れることができた。衣服、眼鏡、入れ歯。私は感動しまた少し滑稽に思った。しかし結局のところ、確かにブッダの歯は仏教世界で最も貴重な聖遺物のひとつである……。

タキシラを後にすると、静かな道を行き、変化の多い景色を抜けて――そこの山々は高まって一五〇〇メートルになっている――タルベラ人造湖に行ける。その際にシリコート Sirikot で一休みできる。そのつつましい場所には小さな聖者墓がある。それはすっかりガラス小片で覆われている。その隣に好ましい墓地がある。そこの墓石は、この地域で切り出されるような暗い色の粘板岩である。でも粘板岩の板には故人の名前ばかりでなく、彼らの職業のシンボル（水車、秤、そのようなもの）も刻まれている。それはまた、魔術の特質を持った太古からのしるしが、星占術で重要な意味を持っているように思えるのと同じである。女性の墓石は装身具の線描を見せているが、それはカラチ近くのチャウカンディー墓地と似ている。そこでは、品位ある女性であることをはっきり示すために、砂岩に豪華なアクセサリーを彫っている。

墓石の多くは――最古のものはたぶん十九世紀半ばのもので、最新のものは今世紀の五〇年代の日付がある――倒れている。これは、太古からの考えが生き続けていることを研究するような民族学者には興味深い場所であると私たちは思った。誰がまだ、時に太陽に似た、時にはルーネ文字にそっくりなしるしの意味を知っているだろうか。私たちはやっとのことで藪で覆われた墓地での、そのいろいろ暗示する刻み込みや、不思議な形像から離れることができた。私たちと同じく数匹のヤギだけが、それに興味を持っているようだった。風が乾いたほこりを吹き上げ、枯葉と戯れていた。

死ぬことは、ほこりになることだ。
そしてほこりは吹き上げられる――

ああ、この道でさえ、
　いつも新たな目的地があるのだ……。

風景が広がった。遠くから、トルコブルーの青を見せるタルベラ人造湖が見えてきた。それに沿って私たちはしばらく進み、休憩所に着いた。そこでカリンの友人たちが私たちを心から歓迎してくれた。

私は、インダス川がせき止められ、一九七八年に完成した人造湖を、旅客機がペシャワルへの道の上空で大きな弧を描いて旋回するたびに、空からもう何度か見ていたが、それがどんなに堂々としたものであるかは、三・二キロの長さの堰堤を越えて渡ると初めて感じとれる。これは石と土で築かれた世界最大の湖とされている。その人造湖は八十一キロの長さで、約二百五十四平方キロの広がりがあり、十三・三立方キロメートルの水を貯えることができる。これは発電に使われ、また複雑な運河網によって広い地域の灌漑に役立っている。だが、インダス川を少し制御しようとしている、すべての広範囲に掘られた運河の仕組みにもかかわらず、依然、十六世紀の詩人カーディー・カーダンの詩句が通用する。

インダス川が高潮を運ぶと、
どの運河もあふれ出る――
恋人の愛も、
私の魂には大きすぎる。

## 2 ペシャワルへの道

イスラマバードから西への道路は、往昔のさまざまな思い出で縁どられていた。内陸アジアの荒々しい山地と草原から、パンジャーブの豊かな大河平野へ侵略してきた歴史のすべてが含まれている思い出で。そこは、亜大陸の北西国境地帯が仏教のガンダーラ文化を生み出したように、イスラム史でも重要な役割を果たした。ガズナのマフムード〔九九九～一〇三〇在位〕がもっと南のボラン峠を使わなかったかぎり、西暦一〇〇〇年からアフガニスタン発の征服進軍のときここから亜大陸に侵入した。ゴール軍、それからチンギス・ハーン〔一二二六没〕、チムール〔一四〇五没〕、その子孫たち、ムガール皇帝ら。これらの戦士もここを通って進んでいった。

イスラマバードから来てタキシラの後北西に進むと、ハサン・アブダールに達する。ここはカンダハルのバーバー・ハサンを崇拝しているムスリムにとってだけでなく、それ以上にシィク教徒にとって重要なかつての巡礼地である。ある聖なる泉がグル・アルジュン〔一六〇六処刑〕の働きかけのおかげとされている。シィク共同体の設立者グル・ナナク〔一四六九～一五三九〕の五本の指を押した型が見られる。

以前はハサンからスリナガルへ道が真っすぐ通じていた。ムガールの年代記が、君主らが豪華絢爛にラホールから来て、象や馬、全廷臣を引き連れて、この地からカシミールの涼しい山地へ向かったと記している。そこは一五八九年にムガール帝国に併合されていた。けれどもカシミールの美しさは、ペルシャの詩人らがもう十二世紀から歌っていた。その土地が十四世紀早くにシャーミール朝〔一三三九～一五六一〕の下でイスラム化されるずっと前である。

クブラーウィー教団の偉大な聖者サイイド・アリー・ハマダーニーは――言われるところでは〈サイイド〉という七百人の預言者の子孫とともに――、平和なその地に移り住んだ。それはチムールがその軍勢を東西に送り、つい一世紀半前にモンゴル勢に荒廃させられたイスラム世界を、インドとアナトリアの間でもう一度戦火にさらしたときである。チンギス・ハーンの時期にもチムールの時代にも、数多くの学者や敬虔な人々が逃亡した。元来イランの出であるサイイド・アリー・ハマダーニーは、カシミールで自分の説教を聞かせた。彼はそこで『王侯のための助言』という書を著した。この神秘主義者は、世俗の支配者に神の御心にかなう生活を助言しないわけにはいかないとしばしば感じていたからである。ひょっとしてこの有用な書のために、イクバールはハマダーニーの霊を敬って〈アミール・カビール〉「偉大な君主」と呼び、彼の幻想的な叙事詩『ジャーヴィードナーマ』中で天国に登場させている。

アリー・ハマダーニーは一三八五年スワートで死んだが、彼の名は生き続けた。スリナガルで彼の命日の〈ウルス〉を体験したら、人々がどんなに彼を信奉しているかを感じる――一九八二年の涼しい十月の午後にジェルム川岸辺のそのモスク近くに数千人の人々が座っていた――。そのモスクは、パキスタン北部で広まった木製彫刻の洗練された手本であり、先が尖っている屋根は、早くにもう中央アジアの感じを少し与える。男も女も音楽を楽しんでいた。偶然に訪問した私たちは、聖者の祝福を授けてくれるというお菓子で元気づけられた。彼に指導されたクブラーウィー教団の信奉者は少数とはいえ、チベットにさえいる。おそらくラダック（かつてカシミール王国の一部だった）を越えて、そこに達したのだろう。

パンジャーブ平野へのジェルム川の道は、今では、亜大陸分割以来、そしてカシミールのムスリム（当時住民の九七％が決めた）がパキスタンを選んだにもかかわらず、彼らの意に反して一九四八年に行われた国境線引き以来、途切れている。私が一度、スリナガル近くの木に覆われた山地の真中にある、グルマルグの三〇〇〇メートルの高地で、バーバー・リーシー（ヒンドゥーのあだ名だけれども、十六世紀の有名なムスリム聖者である）の墓を訪れたとき、その若い川の流れは涙であるように思えた。そびえ立つデオダルというヒマラヤ杉の下で奇跡を行う隠者が、自分の地方のムスリムたちがパキスタンの兄弟姉妹と今では別れ別れになっていることに流す涙。それは一八四九年にイギリス人によってヒンドゥーのドグラ家出身支配者の任命で始まり、もうイクバールが分割前のインドで、再三、悲しみ立つ詩句で非難した状況を最終的に引き起こした政治紛糾の結果である。ドグラ家支配は、早くも十九世紀後半に数多くのムスリム家族にカシミール渓谷からパンジャーブへの移住を強制していた。むろんまだカシミール人は——彼らは美形と色白で有名である——ラホール住民の重要な成員である。

人々は自問する——北西インドのムスリムのために、自分らの故郷となる国を熱望したイクバールと、後のインドの初代首相であるパンディット・ジャワルラル・ネルー（一八八九〜一九六四）の二人が、カシミール出身の家系であることは、悲劇的ではなかろうか。そして、パキスタンが決して認めない国境付近でいつも新たに起こる局地的な戦いの後、カシミールのインド地域での抑圧がここ数年にさらに悪化した。その地のパキスタン側にあるアーザード・カシミールにある避難民収容所が、インドの楽園とたびたび讃えられた地における悲劇を証明している。

私たちがハサン・アブダルを通るごとに、この道で皇帝ジャハーンギール（一六〇五〜一六二七在位）が画家たちに、通る道で出合う珍しい植物、奇妙な動物ならどんなものでも描くように命じたことを思い出した。そのおかげで今私たちは、十七世紀初期の細密画のアルバムにあの地域の植物相、動物相を忠実に記録している豊富な絵を持っている。知識欲旺盛な皇帝の日記は、自然現象なら何にでも関心を示したことを証言し、科学者のような厳密さを示すきめ細かな観察を含んでいる。あの時代の最も美しい細密画のひとつは、秋の金色に紅葉した葉を広げる巨大なプラタナスに登っている元気なリスの姿を見せ、いかにもカシミールの風景らしい樹木の魅力すべてを表現している。ペルシャの詩人らがよくプラタナスの葉を人間の手に比べていなかったか。祈りのために上に上げた手、あるいはルビー色のワインの注がれた高杯をつかもうとしているようにも見える、そういう手と。

カシミールは十七世紀には、ペルシャ語で書く宮廷詩人に人気ある滞在地でもあった。彼らの頌歌と叙情詩では、時にはその地と庭園の美しさが、詳しくは描かれず、ほのめかされている。けれどもカシミールは冬はいい場所ではない——私は十月に何日か過ごしたときもう寒すぎると思った。その大学の同僚たちが、ホールが寒すぎて私のいくつかの講演を、正午の太陽がもう少し力強くなる時間ちょうどに移してくれたけれども。私はむしろ街を歩き回りたかった。だが詩人カリーム（一六五一没）は、そのことをもっと強く感じたに違いない。彼の詩句のいくつかは、第二の故郷の厭わしい粘土と泥土について苦情をいい、凍った湖の茶色っぽい鴨は、当時デカン地方でもカシミールでもはやっていた、大理石模様の紙でできた絵によく似ていると彼には思えた。

当時トルコでも大理石模様紙はよく知られていた。トルコの芸術家が、たいていさまざまな色彩模様を、「基礎」として数多くの成分で準備したゼリーのような塊に吹きつけ、これらの色彩部分を櫛、針、筆その他の道具で望んだ図案に引き出し、それから色づけられる一枚の紙をその上に広げ、それを取りさる。これにたいしインドの芸術家は好んで、画像のモチーフを茶色っぽい色調でゼリーに描き、人間、動物それに場面全体を書き写した。するとその地の白い紙とはっきりした光景として対照的になり、さらにしばしば、少し金を使って際立たせられた。もちろん、カリームの『大理石模様紙の鴨』はそう説明される。

貧しい詩人の身にそのようにこたえた寒さをふせぐには、そうだ、貴重なショールがある。実に細かい羊毛でできたショールの製造は、賢明なスルタン、ザイナル・アビディン・バードゥシャー（一四二〇～七〇在位）によって導入されたのだろう。彼は――自分の狭い国を侵略行為で拡大する代わりに――、使者をサマルカンドとブハラに送り、紙製造の技を、特に、混凝紙の製造技術を学ばせた。そして飾りがたっぷりある軽い材料でできた魅力ある工芸作品、小さな椀、筒、盆にどんな旅人が抵抗できるだろうか。そこの狭い谷間は農業にはほとんど利用できないので、紙製造とショール織りがカシミール経済の基盤になった。今日までショールにはよく繊細な刺繍がついているが、この地方からの最重要の輸出製品である。伝統的紙製造はほとんどもう行われない。先を見る目があるバードゥシャーが、アクバル皇帝よりたっぷり一世紀も前に、古典サンスクリット語文学の作品をペルシャ語に翻訳させたことは、しばしば見落とされている。それにたいし彼の国の厳格に信仰を守る歴史家は、後にアクバルの場合と同じく、彼をそのような「異教徒的な」行為のために非難した。

ラホールからハサン・アブダールを経てスリナガルへ通じる道は、今では閉ざされている。それで、パキスタンから来る訪問者は、デリー経由の面倒な回り道をしなければならない。それでも、この地域の栄光あふれる過去を、〔ワーの庭園〕――アクバルがそこを見て、歓喜の叫びを「ワー、ワー」と発したと言われているので、そういう名前だということだ――が思い出させる。修復がちょうど今、一九九三年に始められた庭園の建設は、一五八五年頃この地域にムガール軍最高司令官としてとどまったマーン・シング〔一五五〇～一六一四〕に由来する。けれども、その興味深い用水設備のある段庭の施設の仕上げは、アクバルとジャハーンギールの功績である。

前にはイスラマバードからラワルピンジーからペシャワルへは、曲がりくねった道を旅したが、数年来アウトバーンに似た高速道路ができていて、旅行者に――トラックや軍の輸送隊のグループに挟まれなければ――その区間をすばやく快適に進ませる。訪れる人が、できるだけぎりぎりまで高く積み上げた巨大なトラックとの正面衝突の不安からしょっちゅう震えることがないと仮定してである……。

以前には人々はアトックのそばの、鉄製橋梁と支柱がある、全く大昔の怪物さながらに思える古い鉄道橋をゆっくりと渡って進んだ。今では、少し北のところでその川の西側へ向かって急ぐ。けれども小さなレストランが残っていて、そこの小さな庭から、インダス川とカーブル川の忘れがたい眺めが見渡せる。そこには濁った水と青緑の澄んだ水が珍しい渦になって混じり、インダス川が、もう二千八百キロ以上も長く山地をぬって進む道を開いてきた後で、平地に入るところである。

アクバルによって一五八〇年頃建てられたアトックの堂々とした砦は、現在は訪問者に開放されている。彼らはラウンジ、浴室、中庭、ホールでムガール時代の消え去った華麗さのイメージを描こうとする。

さらにもっと進み、北に曲がると、チャールサッダに達する。私たちはそこで一度、晴れ渡った九月の朝にガニー・ハーンを訪問した。彼は画家で詩人であり、〔辺境州のガンジー〕として知られたアブドゥル・ガッファール・ハーンの息子であり、パキスタンのモザイク模様みたいな政治世界で重要な役割を果たし、今でも果たしている政治家ワリ・ハーンの兄弟である。アブドゥル・ガッファール・ハーンは、ムスリムによる解放戦において驚嘆すべき人物であった。彼に率いられた運動には、ざっと十万人のメンバーがいた。彼らは〈クダーイ・キドマットガール〉「神の僕」と呼ばれた。彼らは、その服装から〈赤シャツ隊〉としても知られている。それはもっぱら、北西の国境地域のパターン人に限定された運動だった。その好戦的な部族の戦士を、血の私闘や血の復讐のような伝統的価値観念から引き離し、イギリス人相手の平和的抵抗の意欲を起こさせることに、カリスマにあふれたこのアブドゥル・ガッファールは成功した。彼は手本であるガンジーと同じように、非暴力を、インドを植民地支配勢力から解放する最善の武器と見た。パターン人にそのような態度を導入することに彼が成功したことは、敵には全く予期しない事態だった。この運動が三〇年代初めに、新たな政治状況の結果、ゆっくりと解消されていったとき、アブドゥル・ガッファールはさらに十年間も重要な役割を果たした。亜大陸の北西に独立した［パシュトゥニスタン］というパターン人の故郷を作ることを希望して。インドとアフガニスタンにたいする彼の関係は、長い期間彼をパキスタン在住の〈好ましからざる人物〉にした。

私たちは今やかくして、その息子の住まいに座っていた。彼のがっしりした姿は、その快適な低い粘土の家には実に巨大に思われた。庭では見事な馬が草を食んでいた。ガニー・ハーンの美しい妻である、ボンベイ出身のパルシー〔拝火教徒〕の女性が、私たちにお茶を持って来てくれた。そのかたわら私たちは彼の絵のいくつかを鑑賞した。特に、偉大なパターン人詩人ラフマーン・バーバーの幻想的な肖像画を。彼は一七〇九年頃没し、そのつつましい墓はペシャワルの郊外にある。

男性たちの方は――私たちは熱烈な詩人アフマド・ファラーズに伴われて旅をしていた――パシュトー語とウルドゥー語で詩句を朗唱し、パターン人の偉大な過去を生き返らせた。その際にガニー・ハーンの顔は、民族の英雄行為を歌う吟遊詩人《バルデ》のそれに変わった……。

インダス川彼方にある本来の目的地はペシャワルだった。私が一九五八年二月に初めて、パキスタンの歴史家会議で訪れた都市である。当時その国境都市はまだ大変古風で、町が古い旅行談か民衆メールヘンから取ってこられたような感じを与えた。キッサハニー・バザールという市場にはぴかぴか光る銅製品があった。以前はその市場では語り芸人が、さまざまな作り話やバラードを朗読して聞かせていた（キッサハニーとは、物語る芸人の意）――悲しい恋物語や、男性の英雄的行為のいつも新たな手本を（今日ではすべてこういう話や歌はカセットで手に入る）。当時は、金刺繍した靴が人の心を誘惑しようときらめいていた。そして大きな容器で、実にいろいろな種類のお茶が売りに出されていた。スパイスが香り、色とりどりの新鮮な果物が巧みに積み上げられていた。女性は黒とか淡色の、テントに似た長い〈ブルカ〉をかぶって、ある意味では姿を見られずに、それでいて自分の方は実にしっかり観察して、通りを歩き回っていた。

けれども今では、その町はアフガニスタンからずっと続いている難民流入のためにすっかり変わり、難民収容所に囲まれている。そこに入っている住民数は、本来の都市人口をはるかに越える。外国からの援助すべてが難民に行くことは――この都市自身も確かに何らかの援助を必要としたことだろう――、住民の間でかなりの忿懣につながった。人々は、外国の援助機関による医薬品やその他の供給の不足を嘆いていた。難民の悲しい運命を気の毒に思うことはあっても……。

私が最後にペシャワルにいたとき――私は一九九一年十一月にドイツの専門家の小グループを、経済プロジェクトに専念した小旅行で案内していた――、ＧＴＺ（技術協力協会）がパキスタンで支援しているプロジェクトのひとつを視察した。パキスタンの若い男女のための職業訓練所である。彼らはそこで、戦争や地雷で負傷したり、四肢の一部を切断された数多くの人たちを助けるために、全く簡単な手段で義肢を作ることを学んでいる。このプロジェクトが若いパキスタン人医師と職人によって指導されるときの献身ぶり、そのような新しい手足を付けたアフガン人たちの顔を輝せての喜びは忘れがたい。ここでは開発援助と自助への手助けが非常によく結合しているようだった。

私にはペシャワルは、特に、キャンパスからハイバル峠の青い輪郭が見える大学と結びついていた。一九五八年に始まったその大学とのつながりが強められたのは、私がそこから一九七八年に名誉博士号を授与され、それ以来、その証書のためにさらに見事に仕上げられた銀のケースが私の住居を飾って以来である。ところで、この授与式で特に興味深かったのは、イスラム教育の積極的な先駆者で一緒に学位を授けられた人が、彼のスピーチで詳しく説明した話である。アメリカ人が月に着陸した今、月が割れたという奇跡に疑いをはさむのはもう不可能である（そのことは、スーラ54の1「その時刻が近づき、月が割られた」から根拠づけられて、預言者によるものだとされている）。というのは、月はたしかに依然はっきりと長い真っすぐな痕跡を見せていて、それはあの奇跡に由来するに違いない……。

しかしペシャワルは国内の他の大学と同じように、いや、ひょっとするとそれ以上に学生騒動に脅かされていた。再三、気性の激しいパターン人が抗議行動をしていた。しかもそれは平和的手段だけではなかった。他と同じくこでも、講義がしばしば数週間行えなくなった。このような騒動は、七〇年代後半、八〇年代にエスカレートした。たびたび大学が新設されているにもかかわらず、きちんと機能する教育システムを作り出す難しさは、年々一層はっきりしてきた。そのことは、もう小学校教育で始まっていて、今も依然そうである。初等教育では、母国語の授業が中心的な役を果たす。母語がシンディー語かパシュトー語である子供は何で始めるべきか。上級の授業全部を、ジア・ウル・ハックの下で特に力を入れられたウルドゥー語で行い、英語をおろそかにすることは意味があるだろうか。――それは学生が、西側の大部分の学術文献から切り離され、英語での専門講演にやっとのことでしかついて行けない、そういう事態の他に何を意味するか。私が時々パキスタンの大学から専門的判断を求められる、英語で書かれたいくつかの学術論文は、グロテスクな表現を笑えばいいのか泣けばいいのか分からない誤りでいっぱいである。もちろん、裕福な家庭では子供たちを私立学校やカレッジにやることができるが、そこでは彼らは自国の文化のことはほとんど学ばず、故郷の文学よりも、ワーズワースやT・S・エリオットの作品の方にずっと詳しい。今日のウルドゥー語は、ますます多くの英単語や観念でいっぱいにされている。それらはもちろんアラビア文字で書き表される。一例を挙げると、「*Nashional Myuzeum mẽñ ek meeting attand karungā*――I'll *attend a meeting* in the *National Museum*. 私は国立博物館で集会に出るでしょう。」そして「*Snack Bar*スナックバー」は、この字では「*Snake Bar*」

として表記される……。

その上、もともと全予算のわずか三％にもならない、教育分野への全支出のほとんどは人口増加によって帳消しになり、学校教育を必要とする人々のますます大勢がその恩恵を受けられない。さらには、カレッジや大学が、まず第一に経済の専門家、エンジニア、それと似たような実際的職業での専門家養成に方向づけられていて、情報科学やコンピュータ・サイエンスは（世界のどこでもそうであるように）実に人気があるが、他方では、イスラム文化の古典的な科目――アラビア語、ペルシャ語など――は、ますます稀にしか教えられず学ばれない。それに対し、「イスラム的」学問は、実にさまざまな宗派――その数は八〇年代に急速に増えた――の特別な、神学上特徴を持った諸宗派の学者によってこれまでよりも一層強化され引き受けられている。宗教法で定められている「喜捨税」である〈ザカート〉の一部さえ、あの十年間にそのような教育施設の資金に調達され使われている。しかし、このような教育制度の二分化は、イデオロギー上のさまざまな立場をどうしても必要な融合を促す代わりに、住民の中で「現代」により目を向けた人々と「イスラムに影響された」人々の間のギャップ増大につながる。

政治家がインドのイスラムの歴史的遺産を知らないなら、昔の数百年のムスリムがどんな問題を抱えていたか、彼らがそのような問題をどのように克服したか、しなかったかを知らないなら、自国で歴史的に展開した問題をどうして理解できるだろうか。私たちの時代の病である真の歴史意識の欠如は、まさに、パキスタンのような国にとって極めて危険である。

けれどもこのような問題は、そうすぐには解決できないように思える。それで、私はペシャワル訪問ではより具体的な活動に取りかかった。貴金属類バザールは、これまでずっと人々の心をとらえていたので、それから国によって統制された宝石類センターも町に設立された（ただしまたしばらくして閉じられた）。もう古典文学でバダクシャーン〔現アフガニスタン〕のルビーが歌われたように、今でも稀ではあるが、山中で第一級のルビーが見つかる。純度と輝度においてコロンビアのものに引けをとらない見事なエメラルドが、最近国境地域で見つかった。でも私はそれらの値段を聞いて目をつむった——蛇が、そう、オリエントの民間信仰では、エメラルドによって目をくらまされる……。

ハイバル峠へ行くことは、前はペシャワルでは全く慣例になっていたが、アフガン戦争以来不可能になった。けれども、町から十六キロ離れたところにあるジャムルード砦が歓迎した。この砦はまだどこでも絵のモチーフとして使われいて、トラックの車体にいつも新たな表現で美しく描かれている。現代の「トラックアート」は、考えられることは何でも、重いトラックやタンクローリーの車体に模写している。黒目の美人からマッターホルンまで、アユーブ・カーンの肖像から、預言者が乗った不思議な動物、預言者を——翼があり、顔が女性で孔雀の尻尾だ——神の面前に運んだという動物〈ブラーク〉まで……。これらすべての絵とさらにその他のものは、——タージ・マハルも含めて——危なっかしい運転をする乗り物を飾り、ほこりがあがる遠距離道路に少し色彩を与えている。ドアと後部ライト近くには、確かにまたウルドゥー語の詩、諺、それに敬虔な（あるいは不信心な）叫びも読めた。

そういうことでジャムルード砦は最も人気あるモチーフのひとつで、しばしば上空には漂う戦闘機とともに描かれていた。私は車に描かれたそれをいつ見ても、以前にペシャワルからカーブルへ陸路で行った様子を思い出した。一九七四年にはパキスタンとアフガニスタンの関係は再びどん底に達し、首都間の空路はなかったからである。ラホールとイスラマバードで私の義務を終えた後に、カーブルでの講演義務を果たせるようにと、そこの州政府は公用車を私に提供した。

ラホールのゲーテ・インスティトゥート所長は、彼の被保護者が一人旅を企てることを認めなかった。私はその気遣いがうれしかった。緩衝地帯の国境通関手続きのところで、当時まだペシャワルに住んでいたカリンが、私たちの世話をパターン人の知り合いに委ねた。その人は旅券通関検査で働いていて、ハイバル峠の近くにある彼の村を私は数年前に一度彼女と訪れたことがあった。サロビとジャララバード（一八七九年のイギリスの対アフガン戦争での悲劇的事件で知られている）から道はくねってゆっくり高まり、一層急傾斜になった。ラマダンの断食月であったので、運転手は義務に忠実に、十月のその暖かな日に断食した。彼は旅行者であるから断食を別のときに移して埋め合わせできるにもかかわらず。急傾斜で石だらけのタンギ・ガールーを登って行くときに、ブレーキもまるで空腹であるかのようなきしる音をたてた。晩にかなり遅く目的地に無事着いて、大使館の友人らが私たちを迎えてくれたとき、有り難く思った。ところが、カーブルの中心に着いたパキスタンの公用車は、かなりの人だかりを引き起こした――人々は、あそこの下の国ではどういうことになっているのか、どうしても人の口からじかに知りたがった。

一九七八年後は、大好きなアフガニスタンへの道は完全に閉じていた。スィースターンの荒れ果てた粘土の町々を、あの力強い拱道である――その真ん中で太陽が秋の夜昼同じ長さの日に輝いて昇る――見事なターキ・ブストを、ヘラート近くのガーズルガー Gazurgah にあるアブドゥラーヒ・アンサーリー〔一〇八九没〕霊廟の――そこでは十一世紀のあの神秘思想家の簡素なペルシャ語の祈りがまだ反響しているようだ――きらめくタイルを、人々はただ夢にしか描くことしかできない。人々はバーミヤンの五十三メートルの巨大なブッダ彫像の威厳を、その西方のバンディ・アミール湖の完璧に清らかなサファイアの青を切なる思いで記憶から呼び戻すことができた。人々は高度に様式化され絡み合ったクーファ体碑文のあるガズナの勝利の門をくり返し呼び起こすことができた――もうそこへ通じる道はない。

## 3　部族地域（トライバル・エリア）で

しかし、ハイバル峠のパキスタン側にも出かけて調べることがまだ多くあった。

ある日私が小旅行から戻ると、半ダースの人数で、大変に飾り立て髭を生やした背の高い男たちが、パキスタン文芸アカデミーの当時の総裁パレーシャーン・ハータクのオフィスにいた。この人は、長年の間私の公式招待主だった。彼らは私を、自分たちの部族地域を訪れるよう心から招待してくれた。私は「神の思召しがあれば《インシャラー》」と言った。そして三年後にそれが実現した。私たちは車で小さな隊列を作り、イスラマバードからまたペシャワルの道を進み、それからコーハートへ向かい、左に曲がった——そこはペシャワルの南に位置し——、部族地域の中心である。そこではパターン部族が一種の独立した形で自分たちで地域を支配している。

そのときは、イスラム太陰暦の三月である〔ラビ・アルアワル〕であった。預言者の誕生祭がイスラム世界のほとんどどこでも大きな喜びを表明して祝われるが、パターン人は、いくつかの他のグループと同じく、歴史上確定している、預言者の命日であるその月の十二日を偲ぶ。正確には知られていない誕生日は、オリエントの古い習慣に従って、その命日に合わせられているだけであり、中世になってからようやく祝われている。

私はパレーシャーンを、ペシャワルのパシュトー・アカデミーでの仕事の関係から数十年来知っていた。彼は、詩人で戦士として有名なクシャハール・ハーン・ハータク〔一六八九没〕の一族に属していた。おそらく私たちに敬意を表しての祝賀行事はほとんど行わないだろう、今はご存じのように喪に服する期間だから……と彼が言った。私たちが次の二日半の間に体験したことが祝い事でないならば、祝賀会とは何であるか私には分からない。

私たちは、岩塊の間をざわめき流れ、飛沫を上げているインダス川を渡った。パターン人神秘思想家ラフマーン・バーバー〔一七〇九没〕の一節が私の頭に浮かんだ。

インダス川がその川床でざわめくのと同じように、
生という流れも、急ぎに急ぎを重ねている……、
心で生の節度を数えるならば、

そのことをすぐに水の泡から見て取るべきだろう。
私は我が家から立ち去ろうとも、旅立とうとも思わない、
私は生の道を旅せずに行く……

最後の行は私にはもちろん当てはまらなかった。——私たちが部族地域に入るともう、一斉に銃声を鳴らして歓迎された。緑と茶色の丘陵地にあるどの小村でも、まず、私たちが〈シンプル・ティー〉を一杯飲むように言われた。だが、パターン人の〈シンプル・ティー〉とは何か。ローストチキン、羊肉、甘いもの、お茶、ケーキ、パンケーキの重さでテーブルがたわむほどである。

私たちは晩にコーハートに着き、何人かの詩人と席を一緒にした。彼らはウルドゥー語、パシュトー語で最新の詩を朗唱してくれて、私たちは真に旅情をそそられた。

一八四八年にイギリス人によって防備を固められたバンヌーへの翌朝のドライブでは、〈シンプル・ティー〉が、村また村とたびたび出てきて、私たちはやっと午後三時頃「本物」の食事にありつけた。あらゆる種類のロースト肉、野菜、サラダと果物（約二百人分だ）が載った長いテーブルは、最初のうちはとても写真に撮りたくなる光景だったけれども、それらは多少とも写真向きの顔つきの人たちの突撃を受けて電光石火のうちにたいらげられた。それから私たちは中庭で、開花している木々の下に座っていた。クッマー **Kummar** 川の人造湖近くの見事な眺めが見渡せた。贈り物がいっぱい入った箱とバスケットが私たちに渡された——ショールに織物、毛布、それにもっと他のものもあった。

その上私たちの車は、そう、大きな紙製のハートでもう半分ほどいっぱいになっていた。それは金ぴかのもので刺繍され、下げ飾りにされて、心をこめた祝辞がついていて、どの村でもどの村でも私たち女性の肩にかけてくれた——三日の旅の終わりに私はそれらをほぼ百ももらっていた。

ゲストハウスでの休憩後に、晩にまたも、緑の木々の下で盛大な食事があった——バンヌーはパターン人世界では緑のオアシスとして知られている。ここで私たちは、パキスタンのパターン人とアフガニスタンから来たパターン人の間の、公式には大変愛情深い関係について後にさまざまなことを聞いたが、低い声でささやかれたのは、避難民と一緒に暮らすことが、しばしばどんなに困難な事態になっているかである。彼らは商いに大変巧みで、地元の娘と結婚し、永久にではないが長期滞在の予定でその地方に世帯を構えていたからである。何人もの政治家によってずっと前から夢見られた〔パシュトゥニスタン〕、パキスタン北西部、それにカーブルからカンダハルまでの地域間にそれがひょっとしてこういうやり方で実現するだろうか。

朝にはさらに行事予定が進んだ。私たちは大きな足場から、何もない巨大な川床で荒々しい騎馬競技を見た。銃と短剣ではらはらさせる芸を見せる戦士たちの刺激的な踊りを見た——そして初めてただ一度ひとりの女性を見た。その地方の勇敢なソーシャル・ケースワーカーである。女性たちは一般に部族地域では、そしてパターン人のところでは特に厳しく隔離されている（彼女らは、いったん家を出ると、行動欲と勇気では男に引けをとらない、そう、優れた組織能力がある人たちであるけれども）。

パレーシャーンが私たちに、男には手を差し出さないようにと警告した。儀式の規定では、密接な家族以外の異性間での皮膚接触は、祈りとコーラン朗詠前には儀礼で清めることが必要になるからである。けれども再三にわたって屈強な男たちのこぶしが私の手を包んだとき、私に何ができただろうか。

村落で子供や女性たちの面倒をみているケースワーカーの姿だけが、この日私たちを驚かしたのではない。ある地区では、そこの若者全員がパレードをした。みんなきちんとした服装で、両手には小旗と花飾りを持って。彼らは疲れを知らずに叫んだ。「ジャーマン・パーク、フレンドシップ、ジンダバード。」（「独パ友好ばんざい。」）そのことは、その旅行の一部にしか参加できなかった、私たちの大使と夫人をも、私と同じように感動させた。

また〈シンプル・ティー〉が出た……また部族地域からの新たな贈り物……新しい金色のハート飾り……新たな

〈グループ写真〉……新たなテレビ撮影。なぜなのか、私は後になってやっと分かった。選挙の直前だったのだ。それで、評判に気を使う政治家は誰でも、〈ドイツ〉からの客といっしょに写真におさまりたかった。さらに大使がそこに加わっていれば、その写真はもっと価値があるのだった。州選挙の広告塔として役立てることは、ひとりの研究者として全くこれまでに経験したことのない気持ちになった。その他でも、私たちを迎えた堂々としたパターン人は、私に大変気を使ってくれた。それを私はバンヌーで気づいた。私は何年も前から、将来必要となる墓のために特定の場所をシンド州のタッタ近郊のマクリー・ヒルに探していたが、あの年の秋に、何人かのウルトラ正統派の神学者がそれに異義を唱えた。女性が偉大な聖者たちの真ん中に――特にマフドゥーム・ムハンマド・ハーシム（一七五〇没。コーラン最終部の彼のシンディー語訳は、シンディーの子供らが覚えなければならない最初のものである）の近くに――埋葬されるべきではないと。

私は、一七五〇年に没したナクシュバンディー教団神学者の最後の安らぎを、彼の死後に、そして私の死後に乱すことにはほとんど関心がないが、いくつかの雑談があった。バンヌーでの見事な木の下で、象のような体つきのパターン人が、喜色満面で私に向かって来て（彼は養鶏場を営んでいたと思う）、魅力的な微笑を浮かべて言った。「マアム、あのシンドの人たちがあなたを欲しくないのであれば、――私たちがバンヌーにあなたを本当に喜んで迎えたいんです。ご覧ください、ここはあなたに理想的な墓地でしょう。私はムジャーウィル（墓守）になって、あなたがここで大事に守られるように気をつけるでしょう。」（私の頭にすぐにあのよく知られた話が浮かんだ。ちょうどこの地方の村の住民たちが、自分らの地区に祝福をもたらす聖者墓がないことを恥ずべき欠如と感じて、ひとりの敬虔な〈サイイド〉を迎えた。彼に至れり尽くせりの世話をし、それから彼の喉をかき切った。彼が永遠に彼らの客人としてとどまり、その村を聖別してくれることを確実にするためにである……だが、バンヌーにはもともう聖廟があったのではないか。）私たちの周りに集まっていた堂々とした男たちは真剣な顔をしてうなずき、自分たちの提案が、やはりその問題のすばらしい解決法だと言った。……ところで、この件の余波は、数日後カラチで、ラホールから来た誰かが、私がイクバールを愛しているのだから、やはりラホールに埋葬されなければならないと抗議したのである。

部族地域を描写するのは難しい。わりと狭い空間に驚くほど多様な風景、平らな牧草地、押し寄せる丘陵、珍しい色彩の険しい岩壁、突然の斜面。こういったものを見つける。私たちの車の旅は――お茶を飲むことを別とすれば――大変変化に富んだものだった。ここには製塩所があり、あそこには小さな革工場があった。それはドイツの援助で設立され、小綺麗なバッグと靴を製造していた（革製品はパキスタンの重要な輸出品だからである）。私たちの走行の終わり頃、コーハート峠近くの有名な村も見た。そこでは、缶詰めでも深鍋でも自動車部品でもどんな金属の部分からでも武器が作られる――モーゼル銃からカラシニコフ銃まであり、そのうえすべてが最良の品質である。武器を扱うパターン人の巧みさは昔から知られている。彼らが私たちのための〈シンプル・ティー〉パーティーの際にカラシニコフ銃でやってみせた軽快さは、印象に残る。もちろん私も、手にそのような武器を持ち、しかもきちんとベールを被って、写真に撮られなければならなかった。

ここコーハートの近くで、丘陵から〈ランディ〉が聞こえると思った。それは九音節と十三音節からできたパシュトー語二行詩で、実に繊細で実に深い感情が表現される。誇り高い花嫁はどう歌うか。

　私の好きな人は戦で逃げた――。
　私は今、昨日あの人にしたキスを悔やんでいる。

本当に厳格な名誉の規範が、パターン人の生活を規制しているからである。客人歓待は大切なことである。臆病は犯罪である。そして感情――忠誠心と名誉心――は、途方もなく思える。私たちは、クシュハール・ハーン・ハータクの部族地域を通過した。彼の歌は、生きる喜び、不屈の勇気、人間の本性への深い洞察と同じく、古風な価値観を反映している。彼は皇帝アウラングゼーブによって一六七〇年に中部インドのグワーリオルに追放され、そこから書きつらねた嘆きは、パシュトー語の——その言語の最重要詩人が彼である——壮大なバラードのひとつである。彼はどんなにヒンドゥスタンの「地獄」から、自分の部族が住む自由な国へと戻りたかったことだろう。それから彼は一六八九年に故郷のハータク地域で死に、希望したように、ムガール人が乗る馬のひずめの音が聞こえないところに葬られた。クシュハールの懐疑。彼のかなり多くの息子たち（彼らの何人かは詩人や、ペルシャ語からの翻訳者として有名になった）に関する喜び、悲しみも入っている長い人生の体験。それらは彼の四行詩のひとつでまとめられている。

体は蜂蜜のつまった蜂の巣のようだ。
青春はそこでは蜜という贈り物だ。
けれども、蜜は流れて終わりになる。蠟だけが残る。
蜜のない蠟とは、一体慰めになるものだろうか。

コーハート峠の武器製造業者たちは、私たちが訪れたとき沈黙していた。金曜日で、公式の祝日だった。私たちはゆっくりと黄昏の赤っぽい靄の中をペシャワルへ向かって進んだ。夕食は総督の公邸でだった。いかにも植民地風の華麗なスタイルの建物だった。私たち女性三人（カリン、パキスタン人世話役と私）は、現実世界から実に遠く、超アメリカ的な感じを与えるあのホテルで、パターン人の新しい衣裳を着、重たい銀製の飾りを下げて現れた。私たちは、ペシャワルにイギリス人がかつていたことの名残が少し感じられる旧式のディーンズホテルにちょっと憧れた。

翌朝私たちは、大学キャンパスと市内でまたも爆弾がいくつも爆発し、負傷者も出たことを知った。たびたびそうであるように、犯人は不明だった——普通では味わえない旅の息苦しい結末だった。クシュハール・ハーン・ハータクはどう言っていたか。

私は子供らを、兄弟をここで目にした。

私は友人や、最愛の人たちも目にした——
けれども、真の人間と言える人はどこでも目にしなかった——
私は犬や狼しか目にしなかった。

イスラマバードでは私たちはまた政治の新たな紛糾と対決した。そこを訪れるたびに変化があった。私は、ベナジル・ブットーがまだ野党だったときドイツ大使館で彼女を見た——ジア・ウル・ハックはもちろんそのことを知っていたが、彼はただ微笑んで指を口に当て、報道機関がそのニュースを広めるのを妨げた。数年後私は首相である彼女と再会した。彼女は、ちょうど切り抜けた不信任投票の後で、疲れていた。残念ながら彼女は、当時、あまり信頼のおけない数人の大臣に囲まれていた。イスラマバードは大きなろくろだった。あらゆる世界、独自の生が営まれたあらゆる時代からの人々と出会えた。ラホールがどれほどその国の文化中心であっても、カラチがどれほど、シンド地方での人種間の難しい緊張状態と恐ろしいほどの犯罪率にもかかわず、依然、脈打つ巨大都市として独自の魅力を持っていても。

しかし私がイスラマバードを思い返すと、特に、我が人生で最高のときのひとつに数えられる一日が目に浮かぶ。パキスタン最高勲章〈ヒラーリ・イムティアーズ〉「顕彰の半月」をもらった日だ。私はイスラマバードから一九八三年四月一日にハーバードに戻り、友人たちに自分の幸福を分かち合ってもらうために回状を送った。それに関連した行事のやり方は、私がしてきた旅の多くをいかにも表しているので、その回状をここで少し省略して引用したい。

「授与式が三月二十三日の国民祝日に行われるので、イスラマバードに授与のために来てほしいと十月に言われた。私はその話を必ずしも信じていなかったが、実際に招待状とファースト・クラスの航空券をもらい、それから三月十九日土曜日にここ（ボストン）から飛び立った——大変遅れて。パンナム（すべての航空会社のうち一番いいかげんだ）が、雨のため出発しなかったので。けれどもニューヨークでカラチへの接続便に間に合った。翌朝、ＰＩＡの、良い意味のイスラム式で酒類の出ない空の旅の後そこに着いた。晴れがましく儀典で歓迎されて――もちろんトランクを持っていなかった。私はその朝を空港でその儀仗隊と一緒に過ごし、それから正午にイスラマバードに飛び立ち、午後三時少し前に着いた。またも晴れがましく歓迎された。トランクは「火曜の朝に着いているでしょう」と言われていた――そして実際着いて〈いた〉――現代の奇跡だ。合衆国とパキスタンの時差はおよそ十一時間になるからである。今回も美しい大使館に泊まれることがうれしかった。そこでは私は感じよく世話をしてもらっていた。私が少し元気回復するともう、――借りた衣服で――シンディー音楽の演奏会に行った。それは本当に魅惑的だった。シンディー音楽愛好者らは、少なくとも私と同じように喜んでいた。国防大臣（当時はシンディーだった）が、私の頬にまたキスし、私は大変幸福で、また「我が家」にいる気持ちがした。雨の寒い月曜日の翌朝に太陽が射した。庭は輝いていた。……午後には世話係と授与式の総稽古に行った。その日の朝にリリ・〔ムムターズ・〕ラーシュディー〔アリー・ムハンマドの妻〕とサッカルの知事が私と数時間電話で話し合った。滞在を延ばして、ハイルプルでシンディー語の神秘主義的詩人サチャル・サルマスト〔一七三九～一八二六〕に関するセミナーを開いてほしいとのことだった。私は、次週の水曜日にニューヨークに戻れるならばという条件で、とうとう譲歩した。

そして世話役ザイディー氏が興味をひく人物であることが分かった。私は幸いに彼の系図を知っていた。ムガール皇帝ジャハーンギールとシャー・ジャハーン〔一六二八～五八在位〕によって収集された貴重な細密画とカリグラフィーのアルバムが、ニューヨーク・メトロポリタン・ミュージアムで公開されていた。それには彼の先祖、十七世紀の歴史で重要な役割を果たすバールハー〔またはバーラハー〕〈サイイド〉一族の一人の肖像画も含まれているので、彼は私にはすっかり親しい人だった。

式の総稽古の後に私たちは、風変わりな画家でカリグラフィー作家でもあるサディカインのところへ少し寄った。私のためにさまざまな美しいカリグラフィーを書き、贈ってくれた。

続いてクライマックスのひとつが来た。アガ・ハーン訪問である。ちょうど彼によって設立された医学部の除幕式がカラチで行われていた。天候が悪くて、彼はフンザ山中のイスマーイール派の人たちを訪れることができなかった。おかげで私は彼と会う機会を持てた。驚いたことに彼は、私がロンドンのイスマイーリー・インスティテュートで行った講演のすべてを聞き、そこで録音していた。この人物の魅力はどう表現したらいいか分からない。

私は前に、文化・社会事業面で彼が果たした膨大な功績を讃えたことがあったが、今度はその当の人物と出会い、きわめて心を動かされた……。——ゲストハウスから出ていって、長いこと知り合いである私の旅の守護神である次官マソード・ナビー・ヌールのところで正餐になり、大勢の知人と再会した。

三月二十三日はこよなく晴れたいい天気だった……午後三時に私たちは、大使館近くの現代風の代表的な建物、アユワニ・サドル **Aywani Sadr** へ行った。きらびやかな儀仗兵の脇を進み、座らされた。私が最前列で、何人かの将軍の横だった。彼らのひとりが、全将校が所属しなければならないアーミー・ブック・クラブから私の本『イスラムの神秘的特徴』が追放されると語った……。それから大統領が現れた。アガ・ハーンが最高勲章をもらい、マレーシアのトゥンク・アブドゥア・ラフマーンがヒジラ・アオードという賞を受け、何人もの将校たちが表彰された。私はシルクの長い服を着て、民間人受賞者を先導していた。とてつもない拍手。——そしてメダルはすばらしく見える。黄色の首輪に金の星、留めるための巨大な星形。人命救助のメダル、勇気ある行為にたいするメダルもあった。どこでも喜びは大きかった。午後の祈りに引き続いて、お茶のレセプションがあった。私たちはみんな、もらった勲章の栄光につつまれてゆっくり歩んだ。無数の知人や未知の人たちが私を祝福した。私のイスマーイール派の友人たちも大変喜んでいた。私はアガ・ハーンの華奢な令室ベグム〔高位婦人への呼びかけ〕とも知り合った。彼女は優雅でありかつ愛想のいい人だった。——簡単に言うと「一見に値する日」だった。それから私たちは大使館でもう一度シャンペンで祝った。晩にはそこで大きなディナーパーティーが、用意されていた……。

木曜日に（また大変涼しくなって、近くの山には雪が降った）私は用心して、ひょっとして起こる出来事を予感してトランクを買った。主にムルターン出の友人たちとマルガラ丘陵で昼食。それは大きく新聞に載った。午後遅くにラホールへ向かい、ヒルトンホテルに泊めてもらえた。そこはスイス人のマネジャーによって見事に統率されていた。しかしここでもまた豪華なもてなし——お祝いのケーキで始められた。

　金曜日は祝日だったので、私はズルフィ〔カール〕・ボハリとラホールの美しいいくつかの公園で散歩した。そこはこれまで一度も行っていないところだ。良き旧友たちとのランチでは、思いがけなくワインで驚かされた。それはある原子物理学者が自分で醸造したもので、いい味がした。それから城砦《フォート》へ行った。そこで私はペルシャ語のいくつかの大変興味深い写本を見た。その後人込みをかき分けてシャリマール公園へ。そこではスーフィー詩人マードー・ラール・フサイン（一五九三没）のための光祭が本当の大市の雰囲気で、祝われていた。晩にはジャーヴィードとナーシラ・イクバール〔後出〕のところで祝宴。そこにイクバールの娘婿——今は州の大臣——も現れた。そこにいるうちにパルシーの作家バプシ・シドワにもまた会った。

　土曜日に私は市長を表敬訪問した。彼は市議会全員を招いていて、私はイクバールの作品と哲学的な問題について議論しなければならなかった。——そしてまた多くの〈グループ写真〉。コーヒーを入れてくれて私に誉められた人さえ、写真を欲しがった。敬愛するボハリ家で昼食……それからカラチへ行った。そこで私を新たな儀仗兵が迎えた。シッディキ氏は二十年前学生の頃ハイダラーバードで私の講演を聞いていて、自分の任務を誇りに思っていた。インターコンティでは、私のためにスィートルームが丸ごと用意されていた——それはよかった、まもなく私の周りに七人が集まったからだ。午後十時頃、私たちはさらにアラーナ家を不意に訪れた。彼らは私が自分らのところに泊まらないので失望していた。——しかし私は国賓であったので、野党の人たちのところに泊まるのは都合が悪かった。

　翌朝、ピール・サーヒブ〔一九八二没〕の墓を訪れるため、マクリー・ヒルへ行った。……午後三時頃私たちは戻った。サンドイッチ一個の食事後、イスラム書籍展示会へ急いだ。ジア大統領が開会を宣言した。残念ながらブロヒ法務大臣〔一九八六没〕が私を最前列に座らせた。私は、そこで出会った多くの友人たちとずっと談笑したかったのだが。デリーから来たS・A・アリー〔デリーのインド・イスラム研究所所長〕もいた。ライデンの出版社主E・

J・ブリルは、自分のところで出版した著者たちのひとりと会って喜んだ。その展覧会には、典型的にインド・ビハール様式のいくつかの非常に興味深い写本が出ていた。ホテルに戻るともう、ホリディ・インでのそれほど厳しくはないイスラム式の祝賀会になった。イスマーイール派の知人が開いてくれたものだった。ワルツと他の音楽の響きの下に、財界首脳に出会った。そして私は知恵を出して語らなければならなかった……。

朝に私は、いろいろな出版計画を議論した……昼の十二時にモヘンジョダロへ飛んだ。そこでは知事がもう待っていた。昼食後慌ただしく美術館訪問。ベールを被った女性グループが、テレビで知っていた私と話していいか、写真に写していいかと聞いてきた。それからまたサッカルへ――りっぱな道路を行き来する、色とりどりに塗られたトラックの量は、驚くほどだ。一九六一年にここらあたりには舗装された道路はほとんどなかった。インダス川に一九三二年に建設された堂々とした人造湖のそばの、サッカルのサーキット・ハウスでは、大統領用スィートルームに泊めてもらえた。知事はシンド出身の本当のサイイドで、ハーバードで教育を受け、私をハイルプルの後ですぐディナーに招いてくれて、「小さな贈り物」――手編みの巨大な絹毛布（クヘース）で途方もなく幸福にしてくれた。

午後十時に錦織りで覆われたベッドに倒れ込み、次の朝六時半にはドラーザへの途上にあった。そこでは、シンディー語とシライキ語のおそらく最も熱狂的神秘主義詩人であるサチャル・サルマストが葬られている。色彩豊かなロココ朝の建物の中で、非常に情緒がある。私のシンディー風衣裳には、さらに赤いベールがまきつけられた。あの聖者の祝福とともに。そしてイスラム修行僧の一団が歌い、演奏した。

午前九時に私たちは、神智学の感じを与える非常に多弁な女性に伴われて、ハイルプルに着き、セミナーを開始した。知事と教育大臣がシンディー語でスピーチし、それは私にはよく分かった。私は司会をし、講演にいくらかのシンディー語詩句で趣を添える気になった。三件の報告は非常に良かった。再び写真。それはどんな場合でも、食事の際もふくめて、写される。そしてますます大勢の人々……。それから車でモヘンジョダロに戻る。そこではバラが豊かに咲いていた。飛行機のパイロットは、この主賓を歓迎してくれた。午後六時頃カラチに着き、荷物を詰め替えた。

一時間眠る予定は、数年来講演の旅で付き添ってくれていたエイジャズ・ファルキの呼びかけで妨げられた。大統領が私にサリーを贈りたいということだが、どの色がいいか分からない……。まもなくファルキと巨大な体の少佐それに第三の男が、金が織り込んであるサリーで私のベッドを覆う作業に取り組んでいた。私はそれから、ピンクを選び出した。それがきちんと包まれて運ばれてくると、女性仲間である歴史家のハミーダ・クローのところへ夕食に行く時間だった。ごく小さな集まりで実に興味深い会話があった——野党の視点からの多くの政治政策。午前〇時半に戻り、二時間後にまた起きた。四時に飛行場へ行き、六時に旅客機に乗っていた。——しかしそれは故障した。午後二時半にやっと飛び立った……それでもボストンに予定どおりに着いた。ＰＩＡの人が機転をきかせて、私をぎりぎりのところでロンドン経由に変更してくれたおかげで。」

この祝賀の旅が、最初のパキスタン訪問からちょうど二十五回目に当たっていたときに行われたことは、特別忘れがたいものにした。この旅が叙勲の結果全く特別な意義を持っていたとしても——似たような行事予定は、本来、私の旅のすべての根底にあった。

パキスタンの新聞が使った表現「シンメル・シーズン」のひとつが過ぎた後に、私たちの在イスラマバードドイツ大使館の文化担当官がボンへの報告で、「シンメル教授は昨日旅立ちました。私はすっかり疲れましたが、知識豊かになって、とどまっていています」と述べたとき、誰が彼をとがめることができようか。

# 3　北部山地で

## 1　スカルドゥ（バルチスタン）

「ドクター・シンメル、どうぞ急いでコックピットへおいでください。」

それ以上にしたかったことは私にはなかった。小さなフォッカーフレンドシップ機は、私の好きな飛行機である。それが早朝にラワルピンジーから、パキスタンの（正確にはスリナガルの北、今はインドのカシミールの）北部高地にあるあの地方のひとつ、スカルドゥへ飛び立った。そこはもう別の世界に属しているようだ——文化も言語も、インド・イスラム地域よりも中央アジア地域に算入されるべき世界である。バルチスタン **Baltistan** で話されている言葉は、チベット語の古代の形である。その地域は、中世のアラビア語とペルシャ語の年代記では「小チベット」と呼ばれた。ケセル **Keser** 叙事詩のような、内陸アジアの民間伝承（参照。東洋文庫『ゲセル・ハーン物語』）は、ここでいろいろな形に変わって生き続けている。そのような伝統をこの地域で調査していた同学の人たちは、広い渓谷の美しさをくり返し語った。その真ん中にスカルドゥがある。私は一度そこへ行きたいと数年来思っていた。けれども公式の呼び方では、北部エリア **Northern Areas** という、その地域への飛行や旅行の時間が、私にはこれまで十分になかった。小さな飛行機は天候次第だったからである――翌朝、霧で帰りの飛行ができるかどうか、誰にも分からなかった。それにぎっしり詰まった予定を抱えていては、山地を通り抜けてのイスラマバードへの、無限に思える帰路は長すぎ、ひょっとしてまた、疲れすぎる。

カリンと私は操縦室へ入り、私は息を止めた。私たちはパミールの結節点と呼ばれている地域の上空を飛び越えた。そこはヒマラヤの西の支脈、カラコルムと東のヒンドゥークシュが隣接し、入り組んでいる。

「ご覧なさい、前方の右手を……」と若いパイロットが叫んだ。そこには、ナンガー・パルバットが威厳をたたえた白い姿で立ち、手でつかめるくらい近かった。私たちには、飛行機の上高く紺碧の空にそびえていた頂上が、ほとんど見えなかった。雪を舞い上げている雪崩が、北の斜面で転がり落ちていた。まるで、私たちの手が雪の固まりに触り、それを引き離したようだ。もっとあった。目の前に次々と広大な光景が広がっていた。キラキラ輝く七、八〇〇〇メートル級の連なりだ。K2（八六一一m）、ラカポシ（七七八八m）、ティリチ・ミル（七六九〇m）、それに、まばゆいばかりの水晶の白い光を放って、きらめく青空と対照をなしているもっともっと多くの山々があった。この世を、そこの悩み、汚れ、息苦しくもうもうとたちこめる霧を何も知らない光だ。絶対の純粋さ、絶対の幸福だ。なぜ古人がこれらの山々を神々のまします座としてみなしていたかが私には分かった。

飛行機は突然、九〇度の右旋回をした。私たちは、思いがけなくまた直接に、若いインダス川の深く切り込んだ峡谷へ、汚れない至福の高所から岩壁の作り出す暗やみに沈んだ。数百万年前に二つの巨大な大陸塊――インドプレートとユーラシアプレート――が衝突し、その間を今インダス川が流れてゆく。それは、見かけるところ、ちっぽけなきらめく帯である。飛行機は急に降下した。私は座席に戻ろうとした。「ここにいてもかまいませんよ」とパイロットが言った。「着陸はきっとあなたの気に入るでしょう。」私たちは、奇妙な形の円すい丘が真ん中にそびえていた、大きく広がっている谷間へとふわふわ浮かんで漂うように入り、川の近くに無事着陸した。

歓待委員会が準備されていた。自動車が私たちを海抜約二二〇〇メートルの、長く延びている町を抜けて空想的な名前シャングリ・ラ〔この世の楽園、の意〕という現代風のホテルへ連れて行った。平屋根の建物が、池のある手入れされた庭園設備の中にあった。私たちはすばやく元気回復した。案内人たちの勧めで大きな日除け帽を買ってすぐにその落ち着いた庭園から連れ出され、また町を通っていった。通過するとき私たちは――あまりに短かった――繊細な木彫り、巧みな技で作られた格子のある小さなモスクをいくつか見ることができた。木々と茂みの間を抜けてくねっていた道は、最後に小道になった。それは、小川の縁で勝手に投げ捨てた大小さまざまな石からだけでできているようだった。どこへ続くのだろうか。

氷河湖に着いた。そこには、ボートハウスがあった。私たちはよく分からないままにボートに乗っていて、ほとんど三〇〇〇メートルの高地で十一月のきらめく陽光を受けてあちこち運ばれた。

水は深いトルコブルーの色だった。私たちはあらゆる日常の問題の彼方にいるのを感じた。湖はサトパラ湖という、水が七つ（サート）の水源からきているからと案内者は言った。それは町の水道供給の一部を担っている、とも。

私たちはおそらくいつかどこかで食事をしたにちがいないが、講演後に熱心な議論が行われた午後遅くのことしか記憶に残っていない。そこで私はある問題を説明した。イスラム化政策がますます進む現在――八〇年代半ばから、国中のどこでも論じられ、議論され、論議の一致していない問題である。どのようにしてイスラムの正統信仰とその実践は、特にその東部地域でイスラムをこんなに深く行き渡らせた神秘主義であるスーフィーズムと調和するのか。イクバール――パキスタンではどんな問題の場合でもいつも権威とされてきた――が、ペルシャ語およびウルドゥー語文学の神秘主義的表現とシンボルにたいして行った批判は正当だったのか。スーフィーズムは、「純アラビアのイスラム」の活力、行動力を抑え、人間を受け身の姿勢へと衰えさせたのか。ムスリムの外面的義務が、外見上はもう重要ではないとする宗教的立場、あるいはこの義務を、うまくいってせいぜい精神的なものにしようとする立場は、どこでも受け入れられるものだろうか。もしそうならば、神秘主義的信心は、世界での積極的な生き方とどのように関連づけることができるか。深い皺が刻まれた真剣で明るい顔をしたスカルドゥの男たちに、多くのムスリムにとってと同じように、主要な問題だったのはこれである。つまりどうしたら人は神に本当に奉仕できるのか。

私が彼らに明らかにしようと努めたことは以下のことである。真のスーフィーズムは、コーランの絶えざる黙想熟考から生まれてきた。本当のスーフィー修行者の姿勢は、宗教の掟を軽視することと決して同じではない。彼らはむしろその掟を深化、内面化しようとし、真実、神の御心にかなう生き方をしようと努めた。

イスラム世界で最も重要な中世の神学者アル・ガザーリー（一一一一没）は、婚姻法と相続法の儀式ばった実に些細な細部でも最も複雑な問題でも知っていた法学者たちが、宗教の持つ意味や内容はほとんど知らないと嘆かなかったか。

私は熱心に質問する聴衆に説明しようとした。つまりイクバールは、実はそのきわめて深遠な思想を初期スーフィーズムから汲み取った（と私には思えた）ことを。神知学的神秘主義からではない。この方は十三世紀にイブン・アラビー〔一一六五～一二四〇〕の複雑ではるかに濃密に編まれた体系で具体化し、それから表面上単純化して神秘主義の伝統すべてにしみ込み、厳格な正統派がどんなにそれと戦おうとも、スーフィー教団によってあらゆる地域に運ばれた。

神秘主義の誤解された解釈は、イスラムにだけすぐに見つかるのではない。神秘主義の立場の深層意識への沈思は、怠慢の口実に、消極的態度の言い訳に使われることがあったが、それは本来、精神力を呼び覚ますはずのものだった。確かに、神秘主義者らは、神のうちに「消滅」することを求めた。多数の探求者は、平安を、世の中――恐ろしい惑わす女、人間をむさぼり食う毒婦――から全く離れていることに見つけたし、見つけている。しかし、イスラムの伝播にまさしくスーフィー修行者が影響を及ぼしたことを証明している例は何と多かったことか。インドのイスラム化は、大部分スーフィーの教えを説く者たちに負っているとされるべきだからである。彼らは十一世紀から亜大陸で活動し、分かりやすい説教で聴衆に、唯一の神への愛を、しかしまた「被造物の最善」である預言者への愛を、隣人への愛を、それどころかすべての生きものへの愛を教えた。実際面では、〈ランガル〉「鍋」という習慣があった。訪問者の誰にも、スーフィーのダルガー〔聖廟。戸・門《ダル》＋場所《ガー》〕で開かれている公開給食である。それは、多くのヒンドゥーにはカーストのタブーを気にする必要がなく、他の人たちとともに食事をする機会である。イスラム世界の君主らがスーフィーの修道場にくり返し高価な大きな鍋を寄進したのは、たしかに偶然ではないのである。

私はイスラム諸言語の発展に際してのスーフィーの役割を語った。彼らはそれらの言葉で最も素朴な聞き手も理解できた小さな歌を作った。それは神学者、法律家の用いた難解なアラビア語と、それにまた官吏や宮廷詩人の洗練されたペルシャ語とは比べるべくもない。けれどもそれは、まさしく、都雅な詩人たちの、さまざまに色が変わる象徴的意味を持つ言語だった。彼らは絶えず、酒、恋、愛した人への、切望しているが到達しがたい距離を語った。それらは事情に詳しくない者が読むと、あまりに容易に間違った解釈に誘われた。だからイクバールは、ハーフィズ〔一三八九没〕の優雅だが、注意を要する叙情詩に警告した。しかし、多くのスーフィーが素朴な聞き手のために書き表してやった率直な民衆文学の最初の芽は、インド地方語の発展の基盤になっていった。それらの言葉による、このような宗教的色彩を示していた初期の後には、すぐにまた世俗の詩歌として、ずっと後には散文作品としても著された。忘れてならないことは、真実敬虔な心の人が、宗教の本当の理想を、結局は日常生活の真只中でも実現できることである。ナクシュバンディー教団のスーフィー修行僧は、いつも言っているではないか、〈ダスト・ベカール、ディル・ベヤール〉「仕事には手を、友には心を」。そしてスーフィーズムとは最善の表れた形である場合には、コーランで記述されている敬虔な人たちの――「いつでも礼拝を行い」（スーラ70の23）、「商品にも取引によっても、神を念じることから逸らされない人たち」（スーラ24の37）――の現実化ではないか。

討論は長時間続いた。儀式化した目に見える諸形式をあまりに厳格に適用することに抵抗して、目に見えない心の自由を保ち続けたいという、孤独な高地に住むこれらの男性たちの願いが私にはよく分かった。

飛行場の護衛官が、翌朝七時に輝く朝日を受けてさらに三十分この種の神学的討論を私として、出発がある程度遅れることになったが、私たちはラワルピンジーに着いた。――今回は残念ながら、峰々の上高く、大きなボーイングでだった——次の約束日時にはやはり十分に余裕があった。

## 2　ギルギットとフンザ

低地の人間である私がスカルドゥへ飛行機で行ったのが、何度も驚かせ有頂天にした山々と初めて知り合うきっかけではなかった。私たちはその数日前に、カガーンにある有名なサイフル・ムルク湖へヘリコプターで飛んだ。そこでは、パキスタンの観光団体組織のさまざまなポスターが輝いている。私たちはラワルピンジーから少し飛行してマンセラ **Mansehra** に到着した。その地は、いわば、焼いたチキンが私たちの口に飛び込んできたとでも言えるところだ。視線は、山々から渓谷へゆっくり広がっている緑なす堆積を捉える。ここは昔、仏教徒のアショカ王（前二七三～二三二在位）が、宗教寛容令を岩に刻ませた（摩崖法勅）。それからここにアクバルに仕えるヒンドゥー教徒将軍マーン・シングがおそらく司令部を置き、そこから彼——建築家と芸術家の偉大な後援者である——は一五八〇年頃、ラウシャニヤ **Raushaniyya** という異端派との戦いに向かった。この派はバーイエジード・アンサーリー（一五二五頃～七五）に率いられ、神秘主義のイスラムを叫んでいた。彼らは、政治上常に不安定な亜大陸北西境界地域での活動のために、皇帝アクバルには帝国を脅かす危険に思えた。一五八七年のラウシャニヤにたいするマーン・シングの勝利は、あの時代の偉大な歴史家のひとり、信仰の堅いムスリムのバダーウーニーをも感動させ、こういう感嘆の叫びを上げさせた。「ヒンドゥー教徒がイスラムの剣を振っている。」しかし、この神秘主義の反逆者——パシュトー語はその最初の宗教書を彼のおかげで手に入れている——の子孫との戦いは、さらに半世紀続いた。人々は今日でも、アトックの砦近くで、インダス川の流れの中に二つの危険をはらんだ岩塊を教える。それはバーイエジードの陰険な子孫のうちの二人が変えられたのだという。

ヘリコプターはまた飛び立って、山の斜面に沿って浮かんで行った。木々や茂みの秋の色とりどりの葉にほとんど触れそうに思えた。水晶のように澄んだ湖の岸辺に直接着陸した。そこは三五〇〇メートルの高地で、堂々とした氷河を映している。岸辺には小さな青い花が咲いていた。カガーン渓谷や高地のどこでも、民間治療で使われるような、治癒力のあるハーブの香りが、ひんやりした風に吹かれて漂っていた。

サイフル・ムルク王子と美しい妖精バディーウル・ジャマールの古いメールヘンが生き生きとよみがえった。これは亜大陸で最も人気あるメールヘン主題のひとつで、さまざまな言語でいつも新たに変形されて、ずっと下の南インドでも出現している。夢で見初めた妖精王女を探し求めて広い世界を遍歴し、その際に無数の冒険を体験し、悪霊を打ち負かし、最後に彼女と結ばれるエジプト王子。本来は「千夜一夜」のメールヘンにさかのぼるこの主題は、いつでもどこでも、新たに細部を加えられる。湖、草地と氷河という環境では、ここが妖精——山間住民の民間信仰で、今日まで主ではないが重要な役割を果たしている妖精——の理想的な故郷であるに違いないと分かった。

黄金色をした胡桃の木の下に座り、私たちは飛沫を上げている清らかな川辺で、山のどこの細流にでもいる新鮮なマスを食べた。乗ってきた〔大きな鳥〕がまた〔故郷〕へ運んでいた間に、士官たちはジア・ウル・ハック大統領について多くの話を語った。その話では彼は、ある意味でハールーン・アル・ラシード〔七八六〜八〇九在位〕として現れていた。例えば嵐のときに山中の谷間のひとつにある農夫の庭へヘリコプターで緊急着陸した後、驚いたそこの主人とともに午後の祈りをし、その男の応対に感謝してメッカ巡礼のお金を贈ったと。……彼が大勢の人々の巡礼費用を払ったことが知られている。私たちは他にもこの種のいくつもの逸話を聞いた。それは、西側の新聞が大統領をすぐ描く、暗い狂信家の姿と全く一致しなかった。確かに世界にとってショックだったのは、彼が前任者Z・A・ブットーを恩赦せず、あらゆる著名人がどんなにブットーのために尽力しても、裁判所が下した死刑判決を実行させたことである。特に西側の観察者がさらにショックを受けたのは、——少なくともしばらくの間——厳密な「イスラム」法を導入し、厳格な罰を科したことである。けれども私が一度、「パキスタンの精神的父」の息子で自ら法律家であるジャーヴィード・イクバールに、イスラム法のどこに一体反政府活動をするジャーナリストへの笞刑を規定している条項が見つかるかと尋ねたら、彼は言った。笞刑という罰が、イスラム法で特定の（例えば飲酒のような）違反行為にたいしてあるとしても、政権批判者へ下された罰は、イギリス人から受け継がれたものだ……。いずれにせよ、パキスタンでのこれまでより厳格なイスラム化は大統領に、とらわれない物の見方をする多くのムスリムの、そしてそれ以上に西側の怒りを招いた。

けれどもこの男には、親しみのある率直さが大いにあった。私が彼といつも新たな事柄について話して分かったのだが、故郷の文化的背景、文学と文化のことをしきりに知りたがっていた。そういうことは、彼が送ってきた将校人生では乏しかったのである。しばしば忘れられているのは、彼が障害のある小さな娘をこまやかに可愛がり、この理由から社会福祉や医学の問題に大いに関心があり、障害者援助を試みたことである。それは、特に、私たちドイツ人のレプラ看護活動にも役立った。これは、疲れを知らないドイツ人女医ルート・プファウ博士が、カラコルムの最も寂しい村々からカラチまで十年間取り組み、築きあげた。そこで、ジア・ウル・ハックにもこの言葉が当てはまる。

好意と憎しみという党派に混乱させられて、
彼の人物像は歴史では揺れている……

けれども、私が高地へ初めて遠出したのは、別の性質のものだった。私は、A・H・ダニー教授（考古学者・歴史家）が一九八三年に組織したカラコルム会議に参加できた。このパキスタンの学者はシルクロードの岩壁壁画を調査するよう研究者を激励した。かつての東パキスタン（バングラデシュ）を含め、その国の実にさまざまな地域での建築に関する数多くの一流の研究成果を、パキスタン（と世界）は彼のおかげで得ている。

　確かに私は、ギルギットで知事が治めている北部地域の言語と文化の研究家では全然なかったが、その招待はあまりに心をそそって断ることができなかった——それで私は、そう、またパキスタンを訪れる口実をひたすら探した。私はワラルピンジーからギルギットへ飛行機で行った——そのとき私は初めて、少し離れた距離からナンガー・パルバットを見、小綺麗なホテルの窓から感動的な眺めを楽しんだ。ずっと下深くで、石に覆われた岸辺の間を急流となって流れていたフンザ川の向こうには、美しい形のラカポシが立っていた。光と影の絶えず変化する動き、変化に富む雲を眺め、遠い瀬音に耳を澄まし、飽きることがなかった。

　ギルギット地区は中世初期にはトラハーン **Trakhan** らの支配下にあった——この名前の背後には、ひょっとしたら、トルコ語の〈タルハーン **tarkhan**〉〔昔のトルコ系の支配者の称号〕が潜んでいる。この地域は、現にある証拠によるかぎりでは、内陸アジアとインドの中継地だったからである。シルクロードは、ご存じのようにインドと広大なステップ地域の密接な結びつきをはっきり示している。十九世紀にはイギリス人が、山地の戦略上重要な箇所に駐留した。そこでは支配者たちが伝統的に中国と強い結びつきを持っていた。だからギルギットの住民は二十世紀に、カシミールの藩王の不当干渉に抵抗した。ギルギットは、一世紀の間イギリス、ロシアそれに中国の間で、常に変化する状況で演じられた大きな政治ゲームの重要なコマだった。

　その日私の到着後に、会議の他の参加者たちが姿を現した。彼らはラワルピンジーから十八時間かかるバスの旅を経験してきた。私たちは共通の関心対象に支えられて、集まってまもなく親しい間柄になった。約五十人のパキスタン人とおよそ七十人の外国人——アメリカ人、イギリス人、オランダ人、イタリア人、フランス人、スカンジナヴィア人、それに特別大きいドイツチーム——だった。ハイデルベルク大学カール・イェットマール教授の指揮下で数年来、古いシルクロード沿いの岩壁岩絵と岩壁碑文の研究が、ドイツ考古学・文献学の重要な中心になっているからである。これは、現在、イルムトラウト・シュテルレヒトに率いられた、ドイツ学術振興会ＤＦＧの学際カラコルム・

プロジェクトとしてすべての重要な生活領域（植物学、民族医療など）に拡大された研究調査活動である。

私たちはみんなすばらしい眺め——ギルギットは、約一五〇〇メートルの高地で、二ダースほどの六、七〇〇〇メートル級の山の真只中にある——を楽しみ、碑文を、仏舎利塔《ストーパ》、人間、鹿の姿を見つけるたびに子供のように喜んだ。こちらでは岩壁のくぼみに堂々たるブッダの影像が立っていて、あちらには建物の外壁の中、木々の間にソグド語の長い碑文が隠れていた——発見する喜びは果てしなかった。同僚は、大変に教えるところが多い短いレクチャーで私をこのような世界に導いた。そして、迎えた客人に本当にくつろいでもらうために、講演ホール用に多くの椅子を苦労して下の谷から運び上げていた……。私たちは音楽や古いバラードに耳を澄ました。その音楽の構造と歴史的ルーツは、女性同僚のひとりがすっかり説明し、私たちは複雑な歴史、経済問題、言語の豊かさ、民俗学の変化に富んだ多様性について少し学んだ。もちろん、その地区の真ん中にあった競技場でのポロの試合が、欠けてはいけなかった。敏捷な騎乗者と、親切な警察官たちが蓄えた力強い髭の、どちらがより印象深かったのか私には分からない。

私は何も行事予定がない一日を、その地区の農業センター訪問に使った。他の多くの実用施設と同じくそこも、アガ・ハーンによって設立されたものだった。フンザ周辺の地区は、大多数が彼の信奉者であるイスマーイール派（シーア派の分派7イマーム派）が住んでいた。12シーア派の数グループ（向かい側にあるナゲル渓谷と同じように）も、別のスンニ派住民の間に点在しているけれども。

私はその町の小さな書店で、長いこと探していた本を見つけた。それはイスマーイール派の哲学者ナーシリ・ホスロー（一〇〇三～七二以後）のペルシャ語詩集だった。彼は十一世紀の後半に追放されて、バダクシャーンで晩年を送った。

彼は現アフガニスタンのずっと北東先端部の外れで、表現力に長けた詩を著し、流謫の身で出合う美しいもの、花盛りの庭、雪に覆われた山々を描くだけでなく、自分のモットーを倦むことなくくり返している。「知恵から楯を作るがいい。」ヒンドゥークシュの景色を少し知っているならば、山々の生き生きした彼の描写に驚く。春には縞模様の絹服を着ているように見えるが、冬は荷担ぎそっくりで、白いリンネルの荷を背中で引きずっている。そして荒々しい秋風が谷間を吹き抜けると、彼にはそのしゃがれたざわめきが、かなり耳障りな音を立てながらせきばらいをして若い時を夢想している老人を思わせるという。

ナーシリ・ホスローの旅行書『サファルナーマ』は、私が若い学生の頃読んだ初めてのペルシャ語のテクストである。そこにある東部イランからエジプトへの旅の記述は、注意深く読む者を依然引きつける。イスマーイール派の人であるナーシリには、ファーティマ朝〔九六九～一一七一〕のエジプトは、夢見てきた目的地だった。そこでは、彼と宗教が同じ君主らである7シーア派が支配していた。彼はこの派の奥義的教えを、帰国後一〇五六年頃ペルシャの故郷で説き始めた――大変熱心に。それで、厳格なスンニ派の政権は、ついにこの人を人気ないバダクシャーンに追放した。そこの君主は彼と同じイスマーイール派だった。絶対的公正。預言者の家族（それは特にその娘ファーティマ〔六三三没〕とその夫であるアリー〔六六一没〕、シーア派の初代イマーム、のことである）にたいし不実になった者全員にたいする憎しみ。見かけは敬虔なふりをした政府のメンバー、不正直な神学者や法律家にたいする反感。――このような考えが彼の称賛すべき言語駆使の詩を満たしていて、宗教上の対立者に嘲りと侮蔑がたっぷりと浴びせられる。ナーシリは誇りにあふれて、詩人としての力を歌う。それを彼は今、軽薄な青春詩を書いた後に、ただ神を、預言者の家族を讃えるためにだけ使う。けれども彼はくり返し叫び声を上げる、「流刑の蠍《さそり》」が自分を刺した、所詮変えようがない老淫婦である「世の中という不実な女」が、彼をすっかり悲惨さに委ねたと嘆きつつ。しかし彼は知っている、自分はその孤独の境にありながら、バダクシャーンのルビーのようにかけがえのないものだと。……現代の読者にはこのような自画自賛は極端に思えるだろうが、オリエントの詩人には、本来かなりつつましいものである。詩の最後で自分を誇示する技法は、文学的遺産の一部である。

詩人が、自分が使う葦筆の引っ掻き音を、死者を目覚めさせる最後の審判のラッパ音と比べようと、自分の詩句を霊感によると宣言しようと、先輩を詩歌の競技場で茶化そうと――それがその詩作品の文体水準に適合するならば――

自賛は許されている。詩人は叙情詩では、ひょっとして「神の玉座のそばの小夜鳴き鳥」と自称できる。あるいはハーフィズのように、自分の詩句の響きに合わせて、（愛と音楽の星である）金星が演奏し、天上のイエスさえ踊ることを確信できる。頌詩ではより強い調子が打ち鳴らされる。それで、バダクシャーン山中で生きる詩人が、自分は「隠れているルビー」であると感じるのは、全く自然なのである。

　パキスタン・アフガニスタン国境地方でのイスマーイール派の人たちは、ひょっとして彼の思想の名残をその心に持っているかもしれない。いつ、どのように彼らがイスマーイール派の教えを受け取ったかの歴史は、解明されていないけれども。

　会議主催の大きな遠足は、私たちをイスマーイール派地区の中心に連れて行った。道は上に方向を変えていた。小さなバスが、見かけは難なく道路をよじ登っていた。これは長年にわたる工事でパキスタン人と中国人によって共同で建設され、一九七八年に開通した。カラフルな旗を飾った小さな墓標が、ラカポシ山の美しく形どられた白い連峰と対照をなしていた。私たちはあのときその山を西側から見た。前にはフンザ渓谷があった。そこにはバルティット古城《フォート》と、現在のアガ・ハーン（シャー・カリーム・アル・フセイン）にちなんで「カリマーバード」と呼ばれている新しい地区が見えた。この地方はアンズの里であるようだ。木々の間を細い道がくねって進んでいた。限りない熱意を傾けて急斜面に設けた水路がどこにも見えた。それらはちっぽけな畑をうるおしていた。

　アガ・ハーン・センターのスルタン・シュアイブは、より優れた、手間がよりかからない灌漑方法を求めて、現在どういう風に苦心しているかを私たちに説明した。このへんはどこもそうであるように、厳しい生活条件下のフンザでも離村が目立つからである。さらには、数百年、ひょっとして数千年もの古い習慣、食生活、飲み物——それらすべてがカラコルム・ハイウェー完成後に変化し始めた。ハイウェーによってこれまで実に辺鄙な寂しい地域が「文明」に結びつけられ、実に長い間守られ保持されてきた彼らの伝統が、存亡の危機にさらされたからである。誘ってやまない高地地方へ旅してきて驚嘆する旅行者は、このプロセスを早めるためにさらに力を貸している。

バスは今やあえぎながら上の丘へ上がって行かねばならなかった。そこで私たちは、宮殿でフンザのミール〔藩王〕ガザン・ファール・アリ氏〕とその美しい妃に迎えられ、手厚くもてなされた。食後私たちはポプラが周りに植わっている草地に導かれた。そこにはシャーマンがいた。血を流しているヤギの頭を手に持ち、妖精たちとコンタクトしようと試みていた。妖精はここでは、人々に霊感を与え、守護する存在として、まだ大変に生命を保っている。それは目を見張るような見せ物であり、疑いなく本物だったが、宗教儀式がそのような観光客相手のアトラクションに身を落としているのを見て、私がつらい思いをしたのは何とたびたびだったか。

シャーマンは出番を終えた。続いて起きたことは、私個人にはさらにわくわくさせるものに思えた。同僚であるハイデルベルク大学教授のヘルマン・ベルガーが流暢なブルシャスキー語で自在にスピーチを行った。この言葉はフンザで話されている。これまで知られているどこの語族にも属さない言葉である。彼はこの言語の優れた専門家である（フンザの人たちは——私は同僚たちから聞いた——彼が自分らのところの人で、子供の頃何らかの方法で誘拐されて、ドイツに連れて行かれたと本当に思っている）。

世界の片隅であるここで見られる言語が多様なことは、驚くものがある。ここは古い言語形式が見られる典型的な残存地域である。ここではイラン系、ダルド語系や他の言語に出合う。それらは、一部はごくわずかに数百にも満たない人々に話されている。古代のインド・アーリア系のコワール語、イラン系のワヒー語、チベット系のバルティ語、シナー語などは、それらのうちで最も知られているものだけである。それで、隣り合った二つの村落が違う言葉を持っていることは、実際にありうる。これらすべての言語には、通常口頭で伝えられた文学があり、どこでも敬虔な歌が見つけられる。それらは神を讃え、預言者に敬意を、シーア派地域ではイマームに敬意を表すものである。ごく最近に、ラジオでも主要言語、特にシナー語で現代の出来事や詩が放送されている。政治ニュースは言うまでもない。そういうことで、世界の多くの地域で起きているのと同じように、方言の異種が削り落とされ、言語はいくらか標準化される。その際に、パキスタンの国語であるウルドゥー語が、地方の、局地的な言語にますます影響を及ぼす。しかしイスラム学者には、これらの言語のひとつで——特に、これまでは絶対に理解できなかったブルシャスキー語で書き著され、アラビア文字で印刷された詩集で——少なくとも若干宗教概念を読み解くならば、依然として慰めになる感情である……。

私たちは乾燥アンズをたっぷりもらって、魅力あふれたフンザ渓谷を去った。このアンズのおかげで住民の優れた健康と長寿が得られているという。これはフンザの名物であり、特に六、七〇年代には健康増進運動唱道者たちにくり返し讃えられた。フンザ渓谷の人々は、本当に彼らの粗食と多くの乾燥アンズのおかげで長寿であり健康なのか。それとも、この命題を逆に言うと、実に強靭な体質を持っている人たちだけが、そもそもこの地域での厳しい、恐ろしいほど厳しい生活を頑張りとおすことができると言えるのだろうか。

道は向きを変えてますます高く登っていった。時々氷河による堆石が山々の急斜面を覆っていた。私たちはそれから小川を渡った。時折、道端にちっぽけな花が咲いていた。パシュトー語の〈ランディ〉が頭に浮かんだ。恋している娘が祈る。

神様がおまえを岸辺の花にしてくださるように。
私が、水を汲んできますと言って、おまえの花の香をかげるように。

ゆっくりと山々は少し平たくなってきた。遠くで、茶色がかった草と苔の上に、雪の小さな堆積が見えた。それから、私たちの前に岩壁が立っていた。それは岩でできた城に似ていた。高くそびえる巨大な柱で、高地の狭い渓谷を守っているようだった。そこへ私たちは夕方に入っていった。それが私たちのその日の目的地だった——ギルギットは小さな村で、平たい家々が若干あり、少しずつ数が増えてきている観光客のための宿泊施設もあった。私たちは山小屋とテントに分けられた。

そこの妖精城は落陽を浴びて急に輝き、雪のように白い大理石は一瞬金色に変わった。夕食がもう野外の長いテーブル上で待っていた。それから愉快な催しが始まった。民族舞踊とパントマイムだ。私たちは今まで、あのラクダ踊りを見たときほど笑ったことがあったろうか。これは、茶色の毛布にくるまった男二人がラクダの姿を作り、尻尾は懐中電灯だった。踊り手たちが軽業の才能を見せて、私たちに息も吐かせず、楽士たちは激しい旋律で熱狂させた。それから彼らは、今度は客人たちも何かをして欲しいと思った。「皆さんも入ってください、踊ってください」と彼らは叫んだ。仏教芸術で知られたオランダ人の専門家の女性が、その呼びかけに応じた最初の人だった。私はすぐ彼女に続いた。博学の紳士たちも何人かが、私たちと同じように思い切ってやってみた。その際にイタリア人が見せた優雅さは特別に賛美された。何とすばらしい錯乱ぶりだろう。二八〇〇メートルの高地で星明かりを受けて、パキスタンの民族舞踊を踊るとは。その間に流星が何度もその場に輝く光を浴びせた。

私たちが短い眠りを求めて堅いベッドを探したのは、遅かった。朝になってさらに進んだ。あの妖精城を通過して、国境橋へ向かった。以前はそこから先は立ち入り禁止区になっていた。イスマーイール派の小さな村が道端にあった。学童――ここでは男女が一緒に授業を受けていた――が小さな歌で歓迎した。先生たちはペルシャ語を話した。彼らの母国語であるワヒー語は、ペルシャ語の近い親戚であるからだ。高い斜面草地には、白い石を重ねて作った文字が読めた。〈アガ・ハーン、ジンダ、バード〉「アガ・ハーン、ばんざい。」

私たちはすばらしい果物で元気づけられて、感謝してさらに進んだ。山々は別の性格を帯びてきた。残雪が一層幅広くなってきた。中央アフガニスタンで、バーミヤンとバンディ・アミール湖の間の風景が、オクスス川と、インダスに流れている河川間の分水嶺を越えた後に変わるのと実に似ている。それから私たちは目的地に着いた。中国との国境、フンジュラーブ峠〔約四六〇〇ｍ〕である。緑色の制服を着た中国国境警備員たちが歓迎した。私は人生で初めて、おそらく唯一回、中国の雪で雪玉を作り、はるかな草原の彼方……カシュガル、トゥルキスタン、中国内陸部を夢想した。数千年来この峠を越えて人間が、ラバにさえ進むのが難儀な狭い細道を、商人、巡礼それに恐ろしい軍勢が行き来した。

広大な中央アジアと亜大陸の豊かな河川平野の間には、驚くほど密接な関係があった。それらの関係をシルクロードの岩壁岩絵や碑文が証言している。九〇年代に政治状況が変化したため、現在独立している内陸アジアの諸共和国とパキスタンがまた密接に結びつくことになる関係である。カラコルム・ハイウェーが完成して以来、この野心的な計画は数百人の生命を犠牲にしたけれども、今では現代の交通や貿易もこれまでよりも容易に展開できるからである。

私は鳥のように軽やかに感じた。ほとんど五〇〇〇メートルの高さを楽しんだ。恐れられていた厳しい寒さは、外国からの客人に敬意を表して現れなかった。ステップからの凍りつくような風もほとんど感じられなかった。もちろん、多くの参加者は高山病に苦しんだ。帰路では、小柄な日本人女性が高山病になり、しおれた花のようにずっと私の肩に寄りかかっていた。私の方は風景を楽しんだ。その荒涼とした風景は、そのとき車で転げ落ちるように下って行く際に、登ってきたときよりもよく分かった。むろん私の熱狂にもある程度限界があった。私は、バスの運転手らがへとへとになり、空腹でもあることが見て分かったからである。

フンザで短時間のお茶の休憩をし、また下り坂を転がって――ついにバスは燃料が切れた。これで寂寥の地にとどまらないといけないのか。山の良い精霊が私たちを魔法で守ってくれるだろうか、それとも悪霊が寂しいところで飢えさせ、水もなく死なせるのか。もしかしたら知らないうちに何かのタブーを破っていたのだろうか。私たちは、どこなのかよく分からないところの真ん中で、砕石の傾斜面にうずくまっていた。その間に夕暮が恐ろしいほどすばやく忍び寄っていた。けれども突然はっきりしたのは、良い精霊を味方に付けていたことだ――運転手らは謎めいた方法で燃料を見つけたからである。夜の十時頃（古いバラードで言われているように）「一切の予想に反して」、無事にラカポシを望めるホテルに着いたとき、限りなく有り難く思った。

しかしまだ私たちの前には帰路があった。絶対めまいを感じない人でないならこの走行を敢行すべきではないだろう。途中チラースで短時間とどまった。そこではドイツのカラコルム・チームが本部を開いていた。――空路だとギルギットにとても近いこの場所は、ナンガー・パルバット山塊の周りを約百四十キロメートル経由してのみ到達できる。私たちはその山塊を薄い霧のベール越しに、谷間の端に予感した。時間が迫っていたけれども、もちろん、若干の新発見された岩壁岩絵は見学しなければならなかった。それから私たちは、イタリア人の同僚たちが無事でいるのを見つけて喜んだ。彼らの車は、珍しくない山崩れのひとつの犠牲に危うくなるところだった。私たちはさらに、砕石だらけのいくつもの山際を苦しみながら通過しなければならなかった。

道路はほとんど無限に向きを変えた――同乗していた女性は一キロに八つのカーブを数えた。眼下数百メートルで、もうかなり力強くなっていたインダス川がざわめいていた。そして、もし道から落ちたらという考えが……私はかなり頻繁にとっさの祈りを乱発した。それらのうちで私は、イスマーイール派の助けを求める決まり文句〈ヤー・アリー・マダドゥ〉「アリ様、助けて」が、イスマーイール派がいくらか住んでいる地域では特にふさわしいと思った（そして明らかに効き目もあった）。

闇の訪れとともに雨も降り始め、依然として行程の終点は予測できなかった。すばらしい香りのヒマラヤ杉の森が、ついにスワートに入ったことを認識させた。森に覆われたそこの北部は、自然美で知られている。疲れきって空腹になり、また大いに感謝して、私たちはその州の首都サイドゥ・シャリーフのホテルに真夜中少し前に着いた。

私はそこでずっと何年も前に、非常に寒い四月の一夜を過ごしたことを思い出した。当時私は短い旅行をし、およそ二〇〇〇メートルの高地にあるマルグフザル **Marghzar**――大理石の小さな城がある――を訪れた。その城では、八十三歳の前支配者ミアングル・グルシャフザーダ **Miangul Gulshahzada** が暖房の炉の脇に座り、異国からの訪問者である私に少し思いやりの言葉をかけてくれた。

その地は、近代的な政治構造をまず、有名な、スワートのアークンド（一八三五～一八七七）の下で得た。彼の大きな美しい記念モスクは、サイドゥ・シャリーフの中心を形成している。ディールとスワートがイギリス人によって〈政務駐在官所在地《ポリティカル・エージェンシー》〉に変えられたのは、もう一八九六年以前だった。それでエドワード・リア〔英国の風景画家・

著述家。一八八八没）がそこの神秘的な支配者について有名な詩を書いた。

どこにいるのか、なぜなのか、どんな人なのか、何《what》をしているのか。
スワート《swat》のアコンドは。

この詩は、彼が信じがたい技量を発揮して、考えられる限りの脚韻を「スワート」に合わせ、自問する。その風変わりな人が、今、寝ているのはベッドなのか、ソファーか絨毯か、それとも〈コット〉（簡易寝台）か、彼が味わうスープは冷たいのか〈ホット〉なのか。そして最後に、

彼がビールを飲むのは、ひょっとしてきらめく平椀《シャーレ》からか、
あるいはジョッキ、カップ、杯、銀の高脚杯《ボカーレ》からか、
それとも壷《ポット》からか、
スワート《スワット》のアコンドは。

今回はサイドゥ・シャリーフの宮殿の美しい庭で、スワートのワーリーという藩王のところでお茶の招待があった。私たちは、興味深い仏教の発掘物を所蔵する、最近開館したばかりの博物館もすばらしいと思った。たいていの同僚たちは朝にさらに新たな発掘物へと向かったが――もうずっと前からイタリアの学者らがウディグラム近辺で、その地域の仏教の過去を調査していた――、私は数人の同僚たちと、流れの速い小さな川の近くにあって、まだ古代の木造モスクがある村落へ出かけた。それらのモスクの支柱は、実に繊細な木彫りを見せている。エジプトの太陽神の翼に似ている広い翼部のように、ほっそりした木造支柱の木製柱頭が広がっている。石でできた低い家屋の間にほとんど隠れているモスクのどれもが、屋内では装飾も形式も異なっていた。私たちは熱心に写真を撮った。それらの見事

に美しい建物は、かなり危険にさらされていた。多くは気候上の理由から、夏と冬の礼拝堂があり、冬のそれには小さな炉があったからである。それでは火事は簡単に起こり、木彫りは炎の餌食になる。それにまた商人たちもいて、そういう木彫りの若干を好んで買い集め、この貧しい集落にお金をもたらしていた……。私たちはその豊かな装飾に魅了されていたが、ああ！〈新しい〉モスクはみな、長持ちはするが醜悪なコンクリートで建造されていた。コンクリートのあちこちは、メッカ、カーバの素朴な絵や、メディナで預言者のために作られた緑のドームで覆われた墓の絵で飾られていた。ひょっとしたら、私がこうして書いている今、貴重な木彫りは私たちの写真でしか生き延びてはいない……。

## 3　チトラール

私がコックピットから見たのは、飛行場だったのだろうか。私たちの前にあったのは、サッカー競技場よりたいして大きくは見えなかったからである。一瞬の間私は、東パキスタン（現バングラデシュ）のイシュルディの「飛行場」を思った。私は二十五年前に、そこでびっくりしている雌牛たちの間の草地に着陸したことがあった。

飛行機はゆっくり着陸態勢に入り、着地した。その小さなフォッカー機は、滑走路の端ぎりぎりまで走り、向きを変え、もう一度滑走路を進み、優雅に四分の一回転した後ちっぽけな建物の前で止まった。そこでは私たち――ドイツ大使とその夫人、私と世話役の随員ラッバーニー――を歓迎委員会が晴れがましく迎えてくれた。私たちはすぐに快適なジープに積み替えるように乗せられた。私は後方に目をやって、なぜ着陸がチトラールではごく天気がいいときしかできないのかが分かった。岩塊の山が、パキスタン側のカラコルム渓谷の最も西側を、南からほとんど完全に閉ざしている。それで飛行機が飛行場に達するには、狭い回廊にむりやり入ってこなければならないのである。

　私たちを一行とともに迎えにきていた主人役は、陸軍大佐ムラードである。チトラール偵察隊《スカウト》（不正規軍）の伝説的部隊指揮官である。これは、一九一九年のアフガン戦争でイギリス側について戦った一種の地方所在狙撃兵である。何年も前から彼は、この孤独な谷間に住んでいた。彼の兵士は自分の子供と同じであり、彼に感謝し、尊敬の念いっぱいで心服していた。山村住民たちは、彼を一種の神話的な英雄として讃えているようだった。中背でがっしりした体格、はっきりした顔つきの彼は、自信をみなぎらせていた。人々は、彼は絶対に信頼を寄せることができる人であることを知っていた。

　私たちは、河向こうの山際にある将校クラブに連れて行かれた。そこの庭からは、強烈な色彩の花越しにクナール **Kunar** 川の深く切り込んだ谷間が見えた。これはチトラール渓谷の生命線で、ずっと南でカーブル川に流入するだろう。向かいの山々は、広範囲にわたって伐採されている。どうして凍りつく冬を燃料なしに耐えられるだろうか、どうして毎日のパンを焼けばいいのだろうかという問題があるからである。電気の導入はやっと初期段階にあった。そしてパキスタン低地からの輸送のすべて——暖房用石油、ガソリン、似たようなもの——は、高さ三一二〇メートルのロワライ峠越しに運ばれねばならなかった。その峠の頂点から下のイスラマバードへまでは、非常に速い車で天気がいいときでも少なくとも十二時間かかった。雨や霧のとき、登りだと一体どれくらいかかるだろうか。

　私たちはお茶で元気を取り戻した。クラブ建物内にある、北西の山間州に典型的な木彫りのいくつかを嘆賞し、またジープに積み込まれた。私たちの旅行カバンの方は、どこかへ運ばれていた。私には世話係として少佐と役人が割り当てられていた。この役人はモスクワで気象学を勉強した。彼はチトラールでの任務を面白く語った。チトラールはギルギットやスカルドゥのように行政上は〈北部地域〉に属さず、——そこはインダス川の西にあるので——〈北西辺境州〉の一部である。そうだ、ここで暮らすのは厳しいに違いなかった。彼は、ほとんど五〇〇〇メートルの高地にある（バダクシャーンに通ずる）ドゥラーブ峠付近の以前についていた部署でまる二十五日の間雪に閉じ込められていたのではなかったか。私は彼をそれにふさわしく賛美した。

少佐の方はその称号〈ミルザー〉だけでもう、かつての貴族層の出身であることを示していた。〈ミルザー〉たちはムガール帝国ではペルシャ系トルコ人上層に属する人たちで、当時は洗練されたイスラム文化の本来の担い手であった。彼の美しい顔立ちの横顔は、私たちには十七世紀の細密画からとてもよく知られているムガール支配者のそれに似ていた。母方では——と彼は私にすぐ教えた——自分は、デピュティ・ナジール・アフマド（一八三一～一九一二）の一門の出身だ。これは十九世紀後半のあの広く知られた作家で、英国の所得税法を母国語のウルドゥー語に翻訳するという、難儀で面白くない課題を果たしただけでなく、この言葉で小説を書いた初めての人だった。

ナジール・アフマドの〈ミラート・アル・アルース〉『花嫁の鑑』（一八六九）は、文字どおりベストセラーになり、著者にイギリス政府からの褒美をもたらした。彼のいくつもの教育小説は、続く数十年によく模倣された。そのわけは——家庭にとって祝福となる、よくしつけられた教養のある女性——という彼の主要主題は、確かにインドのムスリムたちの急を要することだったからである。女性教育、女子学校（たとえ、度量の大きな女性が提供した建物での私立学校にすぎなくても）は、これらの書物で絶えずくり返されるテーマである。それらはよく対話形式で、理解するのに文化的背景とか少なくとも何らかの関連事項《コンテクスト》を組み入れて読む苦労をあまりしなくてもいい。今日ではそれらは、むしろ啓発小説と呼べるだろう。事実またそれらには心理の深みが欠けている。けれども、これらの物語はウルドゥー語文学で全く新しいジャンルを作り出し、重要な役割を果たした。ところでナジール・アフマドはよりよい教育、特に女性の教育のために一生懸命発言しているものの、彼は過度の西欧化がもたらす危険も、英国政府に進められた新しい文化理想に主体性をあまりに失ってのめり込む危険をも見ていた。

私は今や、ナジール・アフマドの子孫とチトラールのジープに乗っていた。細い道を南へ、それから西の方向へ向かい、いつも新たな姿を見せる谷間を眺めて、雪に覆われた峰に向かって進んだ。広々とした眺望は、もしかするとギルギットやフンザほど見物ではなかった。その代わり、私たちが進んだ道は本当の〈カッチァッ〉だった。つまり「自然のまま」である――これは一般にタール舗装してない道路に使われる言い方であるが、ここでは「自然のままででこぼこ」と言い換えても誇張ではない。ジープは川縁をヤギそっくりに、がむしゃらによじ登った。案内者たちは笑いながら、この道は彼らには、スィラートの橋として知られていると語ってくれた。これは、人間誰もが最後の審判のとき渡って行かねばならない、髪の毛ほど細く、幅が剣の刃先ほどしかない橋である……確かに私たちは、哀れな罪人たちが遭うであろうように、地獄の炎へと落下しないだろうが、深淵は右手でやはり恐ろしくぱっくり口を開けていた……。

私たちは約二〇〇〇メートルの高地のカーフィル・カラシュへの途上だった。そこは、以前とても多くの関心を引きつけたカーフィル族の地域である。イギリス人研究者と役人が、前世紀に、当時、少し前にやっとイスラム化された（だから彼らは〈カーフィル〉「不信心者」と呼ばれる）これらの「珍しい人間」をもっと詳しく知ろうと試みた。人々は、ヒンドゥークシュ山中に見つけられた色白の人間を、アレクサンダー大王軍兵士の子孫と考えられると思い、彼らの言語を分析しようとした。その際に最初は、アフガニスタンと当時の英領インド間のこの国境地帯で話されている、さまざまな言語と方言が扱われていることに気づかなかった。彼らの木彫りも驚嘆されている。特に、直立した高い背もたれのある低い椅子、これは東方のイスラム世界できわめて珍しい家具である――そして、長く痩せた上半身の彼らの人間像、神々の像。今世紀の七、八〇年代には、観光を宣伝するパキスタンのポスターが、黒と赤のカーフィル民族衣装を着た、絵のように美しい若い娘の姿を見せていた。ちっぽけな宝貝の殻で何列も飾りつけられていた広い縁の黒い帽子をかぶったこの美人が、賛美する観光客に微笑みかけていた。この女性と会うために、地獄橋を渡って思い切ってドライブをすべきではなかろうか。

とうとう私たちは最初の村に着いた。黒っぽい石小屋が川の支流近くで暗い木々の下に散在し、岩だらけの斜面にへばりついていた。人の姿が見えない。やっと、惨めなしなびた男が現れた。私は、ドイツ人宣教師でインド諸語研究家エルンスト・トルンプ〔一八一三〜八五〕が一八五九年に体験したショックを思わずにはいられなかった。彼はペシャワルに配置されてから、イギリス軍に仕えている数人のカーフィル族を自分の宿舎に来させた。「この注目すべき種族」の黒っぽい肌をした男三人が自分の前に連れて来られたとき、彼は「極度に幻滅した」。その上彼らの顔は、「少々、前より赤っぽくなっていた。それは、彼らが気前よく飲んだ大量のワインのせいだとすぐ分かった。」これは、しらふのプロテスタント宣教師が「吐き気を催させるもの」と呼んでいたワインである。カーフィル族の言葉を明らかにするという彼の試みは、毎日数時間その三人の不運な男を自分の部屋にとどめ、彼らに話させるためにお菓子を食べさせたけれども、完了できなかった……。

さて、私たちの最初のカーフィル人も黒っぽかった……。ミルザー・イリヤースは私を丘の上に連れて行った。私は（もちろん彼に助けられて）斜めに置いた丸太の幹をよじ登った。それに刻まれた段が、素朴な階段ステップになっていた。その家は暗かった。煙出しだけが明かりを少し入れていた。人々はどのようにここで冬の長い数カ月を過ごすのだろうか、それは想像しがたい。家畜の姿はほとんど見られなかった。貧しさがすべての上に影を落としていた。ここの山峡で離村が不断にますます増加していたのが、はっきり感じ取られたのは当然だった。若い男たちは、チトラールやもっと南で雇われている。そこではいつでも彼らにチャンスがやって来るのである。

貧困の印象は、女性の一群が小さな広場にゆっくり歩いて来たとき、さらに強まった。彼女らは重く長い赤黒の長衣を着て、写真でよく知られているすばらしい帽子を被っていたが、――宝貝はプラスチックだった。数人の男が演奏し、重苦しい歌が始められた。それに合わせて、女性たちが――必ずしも美しい女王さまたちではなかったけれども――ゆっくり動いた。それから、観光客用アトラクションがみなそうであるように、お金が集められた。村はとても悲惨で、私たちの偵察隊が一台のジープいっぱいに食料と飲み物を積み込んで持って来たほどだった。肉のおちたガチョウが貪欲につつき、痩せこけた猫たちがその残りをたいらげたほどだった。

私たちはその重苦しい悲しみの村を後にして、ほっとした。村は、さまざまな観光の記述が読む人に期待させようとしていたのとは違っていた。そして私たちは地獄の小道を通って下の谷に近くなればなるほど、天国に近い気持ちになった。

私は脇で低くカチカチ鳴る音を絶えず聞いた。同伴者に目をやると、彼は手に小さな道具を持っていて、私たちがしばらく沈黙するたびに、規則的に短い間隔で押していた。彼は言った。「これは私のロザリオです。ご覧ください。誦念（ズィクル）という私に定められた祈りを唱えるごとに、このボタンを押します。これは計数器です。それで私は一日の終わりに、何千回唱えたかが分かります。――三千回、四千回。人が心を清めようとするなら、大変役立ちます。〈ズィクル〉は、そうなんです、現世一切が生み出す錆を心から磨ぎ落とします。」

確かにそうだ。ロザリオの使用は、イスラムでは九世紀から知られている。それはインドから来て、イスラム世界経由でキリスト教ヨーロッパにも達した。でもこの道具についてはどうだろうか。私の頭に、亜大陸の詩人らが一、三百年前に歌ったペルシャ語詩句が浮かんだ。祈りの飾り紐は、ある人には運命の不実を思い出させたのだろう。

変転する天は、恋する者たちを引き離すことに、
ロザリオの紐を引きちぎるときの子供と同じくらいの喜びを見つける。

別の人には、生はくり返し同じ道を後にするロザリオの真珠にそっくりに思えた。しかし、幾人かの人たちは知っていた、

愛というものは、確かに道を知っている。
　それは人々の心の奥深くに隠れている。
それはロザリオの紐が、
　真珠の間に隠れているのと同じだ。

いや、忙しい敬虔な人に計数器つきの現代のロザリオがどんなに役立っても、――それについて詩を作ることはできない。

今度南に通じる道は良かった。本当に、それはアスファルトで舗装された道にさえ変わっていて、私たちには絹の絨毯に思えた。橋が川にかかっていた。それからもう一度丘に上がって行った。そこにある小さな小綺麗な平屋建物で私たちは荷物を見つけ、もやもやの気持ちが晴れた。

私たちはドローシュにある偵察隊の本拠地に着いた。将校クラブでお茶が出された間に、士官たちが、少し前にロシアの戦闘機の乗組員を雪の中から救出した様を誇らしげに語ってくれた。――私たちがやって来たばかりの西の連山は、一八九三年から当時の英領インドとアフガニスタンを分け隔てるデュランド・ラインになっていたので、八〇年代にはアフガニスタンでの戦闘中に、雪に埋もれ入り組んだ峰々に敵の飛行機が迷いこむ事態が確かに起きていた。――チトラールは、当時のソヴィエト連邦、今日のタジキスタンからごく細い舌状地帯であるワハーン回廊だけで分けられていたからである。いや、何も起きなかった。一発の銃声もなかった。墜落した機体でトランプをして時間をつぶしていた乗組員をイスラマバード経由でモスクワに送り返した。このような冒険が、いつも新たに変化をつけて語られると、どっと大笑いになるのだった。

スケールの大きい夕食後、私たちは庭に呼ばれ、音楽と民族舞踊が披露されて、歌に魅了されて聞き入った。チトラールで大多数が使っているコワール語はインド・アーリア系の古代の言語で、文字化された文学作品は持っていない。けれども――すべての山岳言語と同じく――民謡とバラードが豊富である。そして私たちは贈り物責めにあった。手編みで手縫いの白いウールのコートは、その夜の寒さを防ぐのにも役立った。同じ素材の大きなショールは、後に私が、ハーバード大学の暖房がよく効かない研究室で何時間も耐えて生き延びるのに役立った。パターン族の美しいウールの縁なし帽子は、折り返された縁が耳の上へ引っ張られて、とてもすばらしい。それはむろんまだ使われないで引き出しに入っている。偵察隊のマスコットであるマーコルという野性ヤギ（ら旋角ヤギ）の重たい金属像は、ボンへ船便で運ばれた。

マーコルは特に有用である。それは、山間の住民が信じているところでは、妖精に守られていて、猟師に幸をもたらすからである。けれども最も美しい贈り物は、小さな留め金具だった。それは、どの将校も縁なし帽に付けているような、山を住みかにしている、キジの近縁であるカンムリキジ **cheer pheasant** の青緑にきらめく羽でできている。私は彼らを見ていつも、昔ムガール君主が絹のターバンに付けていた、羽の輝く帽子飾りを目に浮かべる。私は一瞬の間、別の時代に行ったような気がした。

しかし誰がコートやショールに繊細で白い刺繍をしたのだろうか。山間渓谷の、特にチトラールの女性たちは器用であることがよく知られている。彼女らは家事をし、草原に生えた効き目のある薬草を集め——それはもうごく幼い少女の頃からおぼえる——、パンを焼き料理する間に、手の空いた一分間でも刺繍に使う。前はそれ用に、隣の中国から、カシュガルに通じる峠を越えてこの国に輸入された絹が使われていた。今では、アクリル染料を使ったナイロン繊維が好まれている。より安くてより丈夫だからである。以前には、特に花嫁衣装と小さく丸い縁なし帽子が、繊細なクロスステッチで（一センチ平方に百四十刺し）作られていた。今では、実に高価な品物、例えばカセットレコーダー用とか高級なオートバイ座席用のカバーやクッションカバー用にも、粗くはなっているが伝統的な刺繍を見ることができる。

貨幣流通がゆっくり根をおろす前は、鉤針編みの繊細な品質の花嫁用ベールは、立派な雌牛一頭分の価値があった。そして依然としてチトラールの女性は（私たちは残念ながら一度もお目にかかれなかった）、はっきりしたコントラストに富み、たいてい幾何学模様が刺繍された彼らの小帽子を誇りにしている。帽子には長いベールかショールが垂らされる。

私たちを世話してくれている何事にも卓越した大佐が、朝七時にもうポロ競技をセットしておいてくれたので、夜は本当に短かった。競技は私が数年前にギルギットで見たときよりも荒々しかった。それは興奮させる一日の始まりだった。馬たちはほとんど飛んでいるようだった。どうして、ポロがペルシャやペルシャに影響された文芸でそんなにも好まれる光景であるかが、またも分かった。そこでは不幸な恋人が、愛する人に自分の頭をポロのボールとして何度も差し出している。この人がそれを彼の長い黒い巻き毛で、ポロのステッキでのように競技場で追い回すために。

とっくにゲーテがこの光景を非難していた〔『西東詩集』「注解と論稿」の「専制」の部分で〕。それは彼には、人間が実に深刻なほど専制君主にたいして——恋人も支配者も、そうだ、両者とも独裁者として現れることがあった——おとしめられているのを表現していると思えた。しかし何といっても、ペルシャ文芸の恋する者は、できるかぎりへり下り、恋人の意志を何ら問題にせず黙って受け入れて、自分の意志を捨て〈ようとする〉。恋人が地上の人であれ、天上の方であれ。

私たちは観戦にすっかり疲れたが、今度はジープが私たちを北へ運んだ。そこはガラム・チャシュマで、その名が言うように「温泉」があり、湯治場の初期段階があった。そこでは硫黄質の湯が療養に利用されているという。ドイツによる電気導入プロジェクトもこの地方に根をおろしている。山腹にくっついている石作りのちっぽけな村を通って、——今度もかなり「自然なままの」——道が曲がっていた。時折、岩石がとても近くに狭まり、通過はとても考えられないようだった。それからまた岩壁が開き、熱狂させるほど美しい眺めが見渡せるようになる。

山腹のポプラが、秋の葉の装いで無数の黄金ろうそくのように立っていた。チトラールの身近な山である、西の高度七六九〇メートルのティリチ・ミルは、姿を現してはくださらなかった。アフガニスタン北東の舌状突出地帯であるバダクシャーンに達するために、あの山々を踏破できたらなあ。あそこには昔ナーシリ・ホスローが住み、中世には実に美しいルビーが見つけられた。イラン、トルコそしてインドの詩人たちが何度もくり返し讃えたバダクシ・ルビーは、彼らの詩句では貴重な赤ワインに、そして愛する人の赤い唇にも似ている。けれどもそれはまた、生贄の際に畜殺された鳥の頸動脈からルビーの首輪のように流れる血の滴りも思わせることがある。出血多量で死ぬ恋愛中の男は、恋している人のルビーのように赤い唇を思いだす。……私たちも最も高貴なルビーについて「鳩の血の色」をしたと言わないだろうか。〈バラスルビー balascio〉としてバダクシャーンのルビーは、ダンテ〔一三二一没〕『神曲』の幻影の中にさえ入り込んで来た。私は憧れて彼方を、見かけるところ今は政治状況のため閉じられている地帯に目をやった。

帰る際に私たちは、荷物をまた別の場所――チトラールの州知事の優雅な別荘で見つけた。そこの眺めは心を奪うほどであったが、翌朝私たちは空に小さな雲を見た。「飛行機が飛んでくれるといいなあ」と受け入れ側の人たちがつぶやいた。そうだった、私もそれを望んでいた。私は翌日午後にはもう、ずっとずっと遠くパキスタン南部に行かなければならなかった。私たちは気分転換のために、以前の支配者であるメフタルの古風な城を訪れた。チトラールは十六世紀には、ムガールの支配者バーブルの孫によって征服されたという。けれどもこの藩王国の歴史は北方の山岳地方一般のそれのように混乱していて、諸大国間の、特に、北方の隣国中国との関係で何度もくり返された、行ったり来たりして振り子の様相を呈した。

しかしたしかなことは、一九三六年に没したシュジャーウル・ムルクが、現在のチトラールの創始者と見られていることである。彼は特に教育システムに関心を払った。下の息子ムザファルウル・ムルクの下で、藩王国は一九四七年にパキスタンに加わった。私たちが城の中で、本当においしい甘いものと辛い味付けの小さな練り粉菓子をかじっていた間に、近くの川向こうを眺め、空がますます灰色になるのを見た。それから大佐が来た。「だめです。ペシャワルから無線が来て、フライトはできないとのことです。」それではどうするのか。「ああ、それ以上簡単なことはありません。――ランド・ローヴァーを数台用意して、それがみなさんをディールに運びます。そのときすばらしい山の旅をさらに楽しめます。ディールではみなさんはイスラマバードからの大使館車両と会えるでしょう。神の思召し《インシャラー》があれば、ちょうどいい時間に首都に到着できるでしょう」。

そういうことになった。ランド・ローヴァーはすぐに、川の東岸の広い通りから離れて、岩塊と水流を苦しみながら越えて行った。ある泉付近のジャーラトという地名のもみの木森で休憩した。雪の山々がこずえの間からちらちら光っていた。お伴の車からはローストチキン、ピラフ、サラダやもっといろいろなものが湧くように出てきた。そのときに車のボンネットが便利なテーブルとして役立った。ここでたいていの将校が私たちから別れて、任務に戻っていった。私たちの方はさらに旅をする準備をした。ロワライ峠〔三二〇〇ｍ〕は、年に少なくとも四カ月間雪に埋もれている。登りはヘアピンカーブの連続で、舗装されていない通りを行く。何度もトラックとすれ違った。ここはたしかに、パキスタン側からの唯一の陸の入り口であるからだ。人が生きて行くのに必要なもの一切――渓谷で自分らが栽培した穀物と果物を除いて――は、南部から持ち込まれねばならなかったからである。もう一九五〇年に、山にトンネルを掘ることが論じられていたが、その計画は今日まで費用面から挫折している。

霧雨が降り始めた。道はますます滑りやすくなった。約三〇〇〇メートルのところに森林限界線があった。峠の頂上では雪がかすかに降っていた。こういうところでの向こう見ずなドライブを必ずしも喜ばないラッバーニーは、一層しっかりとコートにくるまった。彼が何千回も唱えた祈りが聞き届けられ、私たちが無事に少なくとも上へ登ってこれたことに感謝していた。震える主賓たちの〈グループ写真〉を峠の頂上で撮ることは、もちろん避けられないことだった。

日が照っていると、ディールへの下りのこのドライブはすばらしいに違いないが、そのときは雨がますます強くなり、ディールへ着くと、私たちは稲妻と雷で歓迎された。それでも勇しい運転手と同伴者らは、危険をはらんだ同じ道をすぐにドローシュへ戻ると主張した――六時間以上の運転だ。

ディールは、スワートと同じように、十七世紀に宗教指導者の下で独立した。一八三〇から三一年にバレイリのサイイド・アフマドとイスマーイール・シャヒードの下で自由のための戦士〈ムジャーヒディーン〉と対立し、そしてまたディールは一世紀後には英国側について〔赤シャツ隊〕に反対した。これは、もう言及したように、あの「辺境のガンジー」と言われたアブドゥル・ガファル・ハーンの革命的な運動である。けれども、山間の藩王国間の政治的見解の違いやいざこざにもかかわらず、ディールはチトラールと同じく一九四七年にパキスタンに加わることを表明した。

私たちはレストハウスで暖炉の火に迎えられ、暖まる飲み物で再び元気づけられて何とうれしかったことか。イスラマバードから来た二台の車は、晩もっと遅くに大変苦労してそこの中庭に着いた。私たちはほとんど疲れきっていたが、幸せな気持ちでベッドに倒れこんだ。

私は、朝四時に小部屋のドアが開いて、石油ランプのちらつく光の中に〔盗賊小説〕から出てきたような三つの人影に気づいて目を覚ました。茶色っぽいウール生地を巻きつけて、羊毛の丸い縁なし帽子を髭面深く引っ張り、彼らは起床に必要なものを持ってきた。たきぎと大きなポットに入った香りのいいお茶である。私たちは実際五時ぴったりに出発できた――ラッバーニーと私は、どうしてもラワルピンジー発午後一時三十分の飛行機に間に合わねばならなかった。車は低地へ転がるように走った。日が登ってから、インダス川沿いのレストハウスで朝食を取った。それから道は、私たちをほとんど故郷のような気持ちにしたスワート道路に至った。マラカンド峠を越えた。そこは、かつて「アショカの庭」と呼ばれた、ゆっくりと穏やかになっていく風景を広く見渡せるところである。七時間後に私たちはイスラマバードに着いた。荷物を詰め替えるのに一時間強しかなかった。それから飛行機はラホール経由でサッカルへ運んだ。太古の廃墟都市モヘンジョダロを越え、一九三二年に建設されたサッカル人造湖近くの広く枝分かれしたインダス川河川網を越えて、着陸は（またもコックピットの中で）すばらしいものだった。私にはパシュトー語の〈ランディ〉が浮かんだ。

インダス川は、きらめき、きらめき流れる。
その水は、色鮮やかなカシミール・ショールを私に思わせる。

もう次の歓迎委員会が準備して待っていた——チトラールの凍てつく風の代わりに暖かい微風、羊毛にくるまったチトラールの人々の代わりに、今度は軽やかに、また色彩を楽しむ身なりの女子学生と女性教授たち。新設のナワブシャー大学の人たちである。ハイルプル **Khairpur** のサーキット・ハウスは、一九四七年までここを支配していた、シンドのかつてのタルプル **Talpur** 朝の三分家のひとつのものだった宮殿である。宮殿は月光を浴びて輝き、さまざまな香りに満ちていた。翌朝にはドラーザの聖者墓所への新設道路の開通式が行われた。そこは、神秘主義歌人のサチャル・サルマストが眠っていて、私たちはそこで三年前に彼のために、バラの花が振り撒かれた陽気な祭りを祝ったことがある。私はこの道路への入り口の除幕を行わねばならず、バラの首飾りでほとんど息が詰まりそうになり、修行僧《デルヴィーシュ》音楽を、——老若が——通りで踊った大勢の人たちの熱狂ぶりを楽しんだ。太鼓とタンバリン、あらゆる種類の弦楽器が私に差し出された。私が大変尊敬された客人としてそれらに触り、私の「霊力《バラカ》」が伝わるようにするためである。スピーチはすぐに音楽、歌そして踊りに変わっていった。北方の厳しい山地とこれ以上大きな対照はほとんど考えられなかった。

けれどもチトラールはずっと特別な体験のままである。重たいマーコル像は、今は書棚の頂上に載っている。私も十分仕事をしているかをチェックするためにである。カンムリキジの羽は、今なおチトラールの青空の輝きを映し出している。ミルザー・イリヤースはかならず祝祭日に手紙をくれて、妻と心優しく可愛がっている三人の小さな娘たちのことを知らせてくれる。けれどもムラード大佐は、その勤務年限がジア大統領によって普通の定年を越えて延長されていたのだが、年金生活に入ることで偵察隊から切り離されることに耐えられなかった。チトラールでの任務に心底から身を捧げていた彼は、——それが今や自分の手から奪われるや——〔一九八九年に〕銃で自殺した。

# 4　パキスタンの聖者廟

## 1　ムルターン

ラホールからジャング Jhang への道より悪い道路はない。まず、私たちの車はトラックとトラクターでほとんど踏み固められた道路を、ラホールの工業地域を抜けて西へシャイプーラーへ揺られながら進んで、そこで短時間ヒラン・ミナル Hiran Minar に止まった。私は前に訪れたことがあって、その感じのいい施設を知っていた。優雅な橋で岸と結ばれた人工島の上にある八角形のパビリオンは、あのとき午後遅くの光を受けていた。そして一層深い色になる空の青さ、静かな水に映り、初め金色でそれから深い赤色に輝く雲は、オペラの舞台のような感じを与えた。ムガール皇帝ジャハーンギールがこの場所を築かせた昔にたぶんそうだったように、パビリオンから音楽が響き、詩人がそこで彼らの詩句を吟ずればいいと人は思った。

岸辺には、かなり太く不恰好に本来のヒラン・ミナルが立っていた。それは、言われるところでは、動物好きの皇帝が、おとなしいカモシカの思い出に建設させた「羚羊の塔」である。しばしば枝角がそびえ出ていたそういう種類の塔は、ジャハーンギールの父アクバルと北インドの他の支配者の下でよく建てられていた。あのとき、私たちは過去に思いをはせ、近くの小さな森から歌声が鳴り響き、皇帝がこのロマンチックな場所でくつろいだ様子を、子供のとき見たかもしれないムニール・ラーホーリー〔一六四五没〕の詩句が少し歌われるのを本当は期待していた。

彼女は私にあだっぽく言った、
「私は夜に夢であなたに近づきます。」
その言葉を私は忘れないでいた。
そうして私には、人生は夢のように過ぎて行った。

今日では、ヒラン・ミナルはロンマンチックではない。水位が下がり、水が濁っていて、パビリオンさえ少し疲れきっているように見える。さらに南西に進んでいった。しっかりして、彫刻が豊かに施してある胡桃材家具で有名なチニオートで、アウラングゼーブの時代の小さなモスクを見つけるとは、私は全然期待していなかった。その簡素さが完璧であり、尊大でなく、赤い砂岩と白青タイルの調和が申し分ないそのモスクは、他にはあまり魅力がない都市の思いがけない中心になっている。

道はたいして良くならなかったが、ジャングでは、ズルフィーの広大な邸宅がチャーミングな夫人とともに待っていた。広い畑、綿花栽培農場、綿紡績工場の訪問が行われた日も待っていた。トラックが、高く積み上げて梱包を運んでいた。枝を張った木々の下では、高貴な乗用馬が草を食んでいた。手入れと管理が私の友人たちの仕事になっていたシャー・ジィウナ　**Shah Jiwna**〔十六世紀後半の人〕霊廟では、その上でこの伝説的聖者がかつて駿馬に乗ったようにして、こちらへ騎乗して来たというあの粘土壁を今も見せてくれた。その緑色の覆いが、粘土塁壁の灰茶色の中で色彩斑点になっていた、野外にあるそのつつましい墓のそばには、老いた修行僧が座り、コーランを唱えていた。数個の鐘がこの平安な場所の入り口に下がり、とてつもない古木がずっと低く垂れた枝でちょうど地面に触れていた。

――何か願をかけるなら、一番大きな枝の下をすり抜けることになっています、とズルフィーが私に説明した。建物正面が化粧しっくいで仕上げてある本殿の前には修行僧たちと隣人らが集まっていた。緑色のズボンをはいた白い服のやや若い男が、手にナイフを持ち、忘我状態で激しく跳躍し回転していた。

そこからあまり遠くないところで、大通りの脇に、老いた賢者が小屋で暮らしていた。数年来――と私は知らされた――彼は瞑想だけに打ち込み、ほとんど一度も話したことがない。私たちは彼を表敬訪問した。私は彼の住みかでは、大きな冷蔵庫が唯一の家具であることに気づいて、少し不思議に思った。無数の鳩が、厚く茂った樹冠の中をざわざわと飛びぬけ、苦行と神への愛――これはその静かな男がごく短く自分の考えを述べた問題である――をめぐる会話にクークー鳴いて加わっているようだった。

その小屋の奇妙な雰囲気から抜け出て、私たちはジャングのずっと有名な場所を訪れた。ヒール **Hir** とラーンジュハー **Ranjha** の墓だとされているところである。パンジャーブ伝説で有名なあの恋人たちである。二人は、パキスタンの古典伝統では、すべての恋人たちがそうであるように、死んでやっと結ばれる。この伝承は、大土地所有者の、ひとつの規範で律せられた生き方を反映している。結婚に関する掟とタブー、情熱のあまり限度を越える者たちに迫る脅威。しかしまた伝承は、治癒力を持つ修行僧の重要な役割を認識させる。愛、別れ、束の間の結合と死のこの悲しい話は、どんな歴史文書よりも、現代の社会学的調査あるいは文学理論よりも、パンジャーブの魂をよく表現しているので、これは数百回、パンジャービ語あるいはシンディー語でも、そして――都市の文学者によって――ペルシャ語韻文でくり返されて、数多くのドラマと映画にヒントを与えた。パンジャーブと北部シンドの神秘主義者には、ヒールは探し求める魂の化身となり、最後には愛するラーンジュハーとすっかり一体化する。

再三「ラーンジュハー」と言って、自らラーンジュハーになった私そのようにブルヘー・シャー〔一六八〇〜一七五八〕は十八世紀早くに歌った。数十年後に、彼の同郷人ワーリス・シャー〔十八世紀後半の人〕がこの物語に決定的な形式を与え、それをある意味でパンジャービ語の国民叙事詩に変えた。その憧れに満ちて切ない響きは、どんなパンジャーブの人でも感動させる。パンジャーブの現在パキスタン側にある広い豊かな畑地にいる農民でも、ラホール生まれで、亜大陸分割の際にインドに出て行ったヒンドゥーの外交官夫人でも……。

私は、碑文の刻みが間違っているため訪問者に教えるというよりも惑わしている、独特で現代風のあの建造物を訪れた際に、少し前にズルフィーの妻とともにインド国境近くのカスール Qasur にあるブルヘー・シャーの墓で過ごしたときを思った。私たちはラホールから行き、手入れがあまりされてない建物を見つけた。その周りを痩せた猫たちがうろつき、ヒョロヒョロの修行僧らが夢中になって、乳鉢で緑っぽい大麻の混合物を準備していた。彼らの周辺の醜い現実、疎かにされた国境の町の恐ろしい現状からハシーシュの夢で逃れるためである。彼らが肉のついていない指で、偉大な神秘主義歌人の墓の覆いにしっかりしがみついていたのを私たちは見た。まるでこの歌人から、この世から彼らがもらえないでいる助けと保護を期待するかのようだった——誰が彼らのことを気にかけていたか。パキスタンのラジオもほとんど毎日ブルヘー・シャーの情熱的な歌を放送し、彼をその国最大の詩人のひとりとして讃えていたことが、彼らに何の役に立ったたか。

私たちはよくもてなしてくれたジャングを去り、さらに南に向かった。別の聖なる場所を訪れることになっていた——ブルヘー・シャーの半世紀前に——神秘的歌人が住んでいた〈ダルガー〉である。これは、パンジャービ語とペルシャ語での多作の著者であるスルターン・バーフー〔一六九二没〕である。けれども、彼の名前を今日まで生き続けさせたのは、パンジャービ語での彼のシーハルフィー siharfi（以下参照）である。彼の学術的な論考についてはわずかの人々しか知らない。例えばそれは、私のように、黄色っぽく破れやすい紙に石版印刷した書物の相当な分量の包みとして贈られたような人々である……。その〈ダルガー〉は、スルターン・バーフーが歌った詩句のように色彩華やかで、花模様いっぱいのタイルでそれは、見かけは何もない景色の中で遠く輝いていた。私たちはどこでもそうであるように歓待され、どこでもそうであるようにお茶と乾いたビスケットでもてなされた。そこの聖域の必ずしも苦行に打ち込んでいるようには見えない管理人がズルフィーと二、三人の客と政治の問題について談笑した。選挙前の時期だったからである。私の接待者ズルフィーは、多くの友人たちと同じように、熱心に選挙戦の旅に出ていたのである。

ちょうどその時期の政治問題が熱く論じられていた間、私はスルターン・バーフーのことを思った。彼は、シーハルフィーのどの連行も〈フー hu〉「あの方」（つまり、神）で終わるので、〈バーフー Bahu〉という名前を付けられたのだった。シーハルフィー（文字どおりには、「三十文字の詩」）のジャンルは、太古からある。雅歌１１９を思い出してほしい。どの行あるいはどの詩節もアルファベット順の文字で始まる。この形式は特に教育的目的にふさわしい。聞き手が簡単に、二十八または別の数え方では二十九の文字を持つアラビア文字の順序に頼ることができるからである。（それらの文字に時々、さらに四つのペルシャ文字が加わることがある。そうだ、パンジャービ語とシンディー語に必要な追加文字とともにアルファベットを使うシーハルフィーもある。）このような配列のおかげで、聞き手は、ずっと稀な場合に読み手は、中心となる特定の概念を覚え、最初の文字 a がアラー「神」を意味し、m がたいてい愛する預言者ムハンマドでもあることを学ぶことができた。そこで sh は、（罪人のために預言者の）シャファ「代願」、f はファクル「貧しさ」として解釈されえた。一般には、それぞれの詩節にひとつの文字が割り当てられているる（その際に詩行の長さや音節数には何も規則がない）。スルターン・バーフーの場合は――ひらめきに応じて、しばしばどの詩節も全部同じ文字で始める。けれどもパンジャービ人の、そして詩を愛し、パンジャービ語を少し分かる人誰もの記憶に一般に残された唯一のものは、神のシンボルである a の文字で始まる開始行である。

アラーはジャスミンの枝です。

それは私の心に置かれたのです――あの方《フー》を。
「あの方だけです」という水を捧げて、
私はいつもあの方《フー》を胸に抱きました――あの方《フー》を。
ついにその香りが心をすっかり満たし、
私という存在にすっかりしみ込むのです――あの方《フー》が。
私の師でもある方に栄えあれ、
花を大事にし世話する――あの方《フー》に。

これは、信仰告白〈ラー・イラーハ・イッラー・アッラー〉「アラーの他に神なし」という不断の朗唱を意味し、神秘主義の指導者が探求者をその際に導いてくれるならば、心の中で神の存在をますます強く感受できるようにしてくれる。結局最後に人間は、「魂の甘美な客人」である方の持つ、一切を貫き通す〔現在〕によってすっかり浸透させられる――生命の木としての神は、たしかに太古のシンボルである。探求者が一段と多く体験し経験するものは、香りでありしるしである。香りは生気づけるからである。香りは目にはむろん見えないが、それでも生き生きさせる芳香として感受できる〔愛する方〕が近くにいるという知らせをもたらすからである。

信心であるズィクル〔誦念〕として信仰告白を用いることは、最も遠くに広まったスーフィーのカーディリー教団に典型的である。その教団の最初の伝道師たちは、一四二二年にデカン地方（つまりビージャプル）に、六十年後に南パンジャーブのウッチに定住した。このときから亜大陸では、権勢ある説教家アブドゥル・カーディル・ジーラーニー崇拝が強まり、まもなくその周囲にはますます熱心に聖者崇拝が展開された。一一六六年バグダッドで亡くなった彼は、〈ピール・イ・ダストギール〉「探求者の手を取る人」として祝われている。彼は〈ガウト・イ・アザム〉「最大の助け」である。太陰暦で四月十一日の記念日は、多くの敬虔な人々には大変大事な日付であり、その月全体が単に〈ギュアルヒン〉あるいは〈ヤルヒン〉「11」と呼ばれるほどである。

カーディリー教団の影響が特に大きくなったのは、ムガール皇太子ダーラー・シコーとその姉が教団に入ったときである。一六五九年の皇太子処刑後、教団の男たちは政治がらみの理由から少し自制していた。けれども、パンジャーブが民衆に広まった宗教心を起こさせる実に美しい歌を得ているのは、まさしくこの神秘主義者たちのおかげであった。スルターン・バーフーはブルヘー・シャーと同様カーディリーの修行僧だった。同じ時期にデリーで、都会を活動地としたナクシュバンディー教団の方はペルシャ語あるいはちょうど全盛期を迎えようとしているウルドゥー語で模範と言えるほど見事な詩を書いていた。

男性たちは今や協議を終えた。私たちはムルターンに出発した。そこでは私は午後遅く講演の予定があった。「私たちはチェナーブ川の浅瀬を通って近道ができるでしょう」とズルフィーが言い、私は同意した。でも、ああ、しばらく走ると、車は湿った砂に深くはまった。私は、脇を無関心に通過して行く何頭ものラクダの眺めを楽しんだものの、私たちが後悔して本道に戻るまでの時間は、本当に長く感じられた。けれどもパキスタンの聴衆は、講演者を待つことに慣れていた。それに、何のかんの言っても、ズルフィーはムルターンでの私の受け入れ役であるマフドゥーム・〔サッジャード・フサイン・クライシ・〕サーヒブと姻戚関係にあった。

私は彼と数年前に知り合った。そのとき私は、すごい量の贈り物包み（何キロもの砂糖製品だ）を背負いこまされた。私はムルターンからラホールへ飛行機で行ったとき、彼はライヤルプール（現ファイサラバード）で乗り込み、私が今度こそ何も言わずにすましたいと試みても、実に愛想よく妨げた……。

私はムルターンを一九六一年来知っていた。当時私がした初めての訪問が深い印象を与えたのは、特にすばらしいイクバール祭を共に体験できたからである。それは、ムスリム・ハイスクールの才能豊かな教師アブドゥア・ラヒムが生徒たちと準備したものだった。当時初めて、私はマフドゥーム・サーヒブと出会った。この人は、スフラワルディー教団の偉大な聖者、バハーウッディーン・ザカリヤー（一二六七没）の子孫の長い血統を現在代表し、数十年ずっとすばらしい友人であり接待者である。あの最初の訪問には、珍しい後続事件があった。あの頃十三歳ぐらいだった少年がいて、彼がコーラン朗唱とイクバール詩朗読のときに見せた熱中と真剣さが私の目についた。

十年後に、ボンにある私の住まいのドア・ベルが鳴った。ほっそりした若者が私に微笑みかけた。「私をやはりもう分からないでしょうか。私はムルターンのムスリム・ハイスクールのマスード〔・アフタル〕です。」私は彼を中に入らせ、呆然として尋ねた。「でも、マスード、どうやって私の家を見つけたんですか。」「はい」と彼は言った。「それは全く簡単でした。自分は今、オランダ南部工業都市エイントホーフェンにあるフィリップス社で見習い生です。それで、最初の休暇を、ドイツでのイクバールの足跡をたどることに使おうと思いました。自分は、先生がボンに住んでいることを知っていたからです。下車して、行き当たりばったりに始めました。親切そうな中年男性に聞きました。」「私はパキスタンから来ました。私たちには偉大な詩人がいます。ムハンマド・イクバールというのです。ご存じですか。」その愛想の良い男性は答えた。「もちろんです。――私たちはインター・ナツオーネス〔国家関係の支援や外国にドイツ情報を提供するための団体〕で彼の博士論文を復刻したばかりです。」当時、インター・ナツオーネスのリーダーだったメニング Mönning 博士〔一九八〇没〕は、たぶん、そもそもイクバールと聞いて分かる、三、四人のボンの人たちのひとりだった。それから――とマスードは続けた。「ドイツ人の女性がいます。イクバールの研究をした人です。アンネマリー・シンメルというんです。その人をご存じですか。」「もちろんです」とメニング博士は答えた。「あの人は私たちの大事な友人で、ちょうどこの通りに住んでます……。」そういう風にして、マスードは彼の（パキスタンで言う表現では）〈ヒムマト〉「高い志操」に導かれて、私のところにやって来た。

短時間の後彼は、さらにハイデルベルクに向かった。イクバールはそこで勉学したのだ。――その後私がほとんど十年経ってマスードに再会したとき、彼はイスラマバードで成功した商人になっていた。彼はそれ以来、私が訪問するたびに賑やかに迎えてくれて、手厚く贅沢な思いをさせようとしてくれる。

それからムルターンでは別の訪問もあった。それは何度も、バハーウッディーン・ザカリヤーの一三三五年に亡くなった孫であるルクヌッディーンの力強い霊廟をめぐるものだった。少し反った囲壁と、直径四十五・五メートルの堂々たる丸屋根のあるそこは、亜大陸で最大のドーム建築のひとつである。けれどもそれは鈍重な感じは与えない。トルコ・ブルーの青と白の小さなタイルの並びが煉瓦の赤茶色を中断しているからである。

私はムルターンの旧市街にあるマフドゥーム・サーヒブの邸宅に客になったとき、大きなゲストルームの涼しさを楽しんだ。そこではすべてが、ベッドさえ小さな鏡で飾りつけされていた、暗くて、天井がほぼ五メートルもある寝室では、ずっと高いところにあるちっぽけな窓から、夜には宗教歌を、朝には祈りの叫びを聞くことができた。バハーウッディーンの霊廟のそばにあるその家族墓の間でうろつき回っていた大きな黄色い猫が、断固として私の腕に跳ね上がり、どうしても私と一緒に写真に撮られたがったことは、〈ウンム・フライヤ〉（これは私のあだ名のひとつで、「子猫の母」の意）の注目すべき奇跡と見られた。「こういったことは、まだ起きたためしがありません」とマフドゥーム・サーヒブは驚いて言った。「本当です。まだ一度もありません。」

私は、美人であまりに早く亡くなった妻や、早くも十代に結婚した娘たちから、さまざまな入り口があるその旧家での生活について多くのことを学んだ。どんな種類の訪問者でも（そしてその家はいつも訪問者であふれていた）、中へ迎え入れられた。地位と位階に応じて、ホールがあり待合室、サロンがあった。女性たちは、外部の人に見られずに、ほとんど目につかない脇戸から中に潜り込めた。何と多くの楽しい話や忘れがたい逸話を、マフドゥーム・サーヒブは笑いながら語ることができたことだろうか。それは、私たちが一家の人たちと一緒に座り、彼が信者が十万人に達する宗教団体の最高権威者として数多くの義務から離れて少しリラックスしたときである。

私が初めて訪問したときにもう、私はシャムス・イ・タブリーズ〔十三世紀〕のつつましい霊廟へ案内された。その小門は列状の白いタイルで飾られていた。列の上には青い糸杉が見えた。このシャムスという人を幾人かの人たちは、イスラム世界全詩人中、最大詩人であるマウラーナー・ジャラールッディーン・ルーミーの神秘主義的友であると考えたがっている。しかしこの人は、おそらくイスマーイール派の伝道師だった。ムルターンは九世紀遅くと十世紀にカルマット〔7シーア派のグループ〕の人たちの本拠地だった。この人たちは、アラビア半島ペルシャ湾岸にあるバフライン地方の本拠地から7シーア派の秘教的教えを北シンドと南パンジャーブで広めていた。厳格なスンニ派である征服者、ガズナのマフムードによって、このイスマーイール派は一〇〇五年からもちろん残虐に抑圧された。彼らの教えが純粋なイスラムとは矛盾しているように思われたからである。十二、十三世紀に亜大陸の西側で活動しているイスマーイール派宣教師の説教がこれらの諸地域で大きな反響を見いだしたのは、たしかに偶然以上のことである。――それは、まるで、意識下の、ひょっとしてまた注意深く隠された霊的伝統が数世紀生き続け、これらの人たちをイスマーイール派の教えに再び敏感にしたかのようである。

シャムス・イ・タブリーズは、こういうシーア派運動の最初の宣教師だという。彼はムルターンでバハーウッディーンの時代に説教した。そうだ、彼は論争して、スフラワルディーの偉大な指導者を懲らしめた。彼は家の窓から自分を見ているその人の額に角を生やさせ、それでその人は、シャムスがその魔法を解くまで家に戻れなかったという。

ムルターンの悪評高い気温さえ彼のせいにされている。彼は腹を空かして道を通っていった。投げ捨てられた魚一匹を（あるいは一切れの肉を）見つけた。けれどもパン屋はその臭い切れ端をかまどで焼くのを拒んだ。それでシャムスはそれを自分の杖の先に刺し、太陽に、天から下りてきてそれを焼いてくれるように頼んだ。太陽はすぐそうしてくれた……。むろん彼は太陽に自分の場所に戻るように求めず、引き続き今日の日まで焼けつくようにムルターンを照らさせた……。

ここにひょっとして、ヒンドゥーの太陽寺院――アラビア人が七一二年にこの都市を征服したときに見つけ、すばらしいと思ってそのままにしておいたが、それからカルマットの人たちによって破壊された――との関連があるかどうかは分からない。しかしシャムスは、伝説では皮膚を剥がれたというが、自分の皮膚を腕の上にかけ、市門を通ってどこか知らないところに行ったという……数多くの伝承とメールヘンのモチーフがここに入り込んでいる。ルーミーの神秘主義的意味での恋人シャムス・イ・タブリーズ〔一二四八没〕の全秘密が解きがたいのと同じように、ムルターンのシャムスをめぐる秘密も解決できないだろう。けれども最初の〈ジナーン〉が彼のものとされている。これはイスマーイール派の宗教歌で、そこには、シンディー語あるいはパンジャービ語の、もっと正確に言い直せば、これらの言語の基礎になっている言語面の最初期の文学的証言が残されているようだ。

ますます多くの墓や霊廟を訪れねばならなかった。――古い諺が言うように、ムルターンは、墓《グール》、熱《ガルマー》、埃《ガルド》、乞食《ガダー》からなる町だった。しかし生き生きした大都市には多数の他の事柄もあった。多くの学校やカレッジがあった。特に優れた医学教育が提供されている。そして列挙の最後に上げると、バハーウッディーン・ザカリヤー大学が設立されている。そこはある日私に、（さしあたりはまだ非常に中身の乏しい）博士課程計画の〈アドバイザー〉を委嘱してきた。

ムルターン――それは、マフドゥーム・サーヒブとその家族、その友人らとの対話であった。忘れがたいのはあの昼食である。私はさまざまなスーフィーの修道場《ダルガー》の七人の白いターバンを巻いた責任者と食卓につき、彼らは私に古典期のスーフィーズムについて、殉教の神秘思想家ハッラージュ〔バグダッドで九二二処刑〕について、愛の神秘思想の展開について尋ねた。彼らは、確かに、神秘主義の道の実践と、訪問者の多い霊廟の管理問題には精通していたが、スーフィーの長い複雑な歴史からの客観的データは、外からやって来たオリエント学者ほどはよく知っていなかったからである。それは実に興味深い討論だった。でも残念ながらその間に、私はウズラのおいしそうなローストにほとんどありつけなかった……。

私がマフドゥーム・サーヒブの家で過ごした、イスラムの太陰暦で一月のムハッラムの日々も忘れがたい。その家庭は、十三世紀の教団設立者が厳格なスンニ派だったけれども、ずっとシーア派であった。私は幸い、黒い〈シャルワル〉と黒白の〈クルタ〉〔ブラウス〕を持ち合わせていて、その地の習慣にふさわしい服装ができた。ムハッラムの一日から十日までの喪の期間は、敬虔なシーア派女性は色つきの衣服、装身具を使わず、化粧をしないからである。

私の若い女友達は、日に一、二回〈マジュリス **majlis**〉の集まりに行った（もちろん男女別々である）。そこでは、イラクのカルバラ近くで六八〇年ムハッラム月十日に友人と家族大部分とともに、支配軍によって殺された、預言者の孫フサインの運命を嘆く歌〈マルスィヤ〉が朗唱される。〈マルスィヤ〉は、十九世紀にウルドゥー語での特別な文学ジャンルに成長した。パキスタンの地方語でも似たものがある。ムルターンでは、シンディー語とパンジャービ語の間に位置する言語であるシライキ語でも〈マルスィヤ〉を聞ける。技巧みに朗唱される〈マルスィヤ〉の間に祈りと連禱が挿まれ、一部は歌われる。男女の説教家が大変な熱弁を奮って、何度も何度もフサイン家の苦しみの出来事のあらゆる細部を物語る。戦士らの渇きを、子供たちの死を、女たちの悲嘆を。（そういうことで〈マルスィヤ〉は、またきわめて政治的な表現手段になりえた。無実の信者を迫害し抑圧する者は誰でも、植民地時代のイギリス人であれ、嫌われた政治指導者であれ、預言者の家族には不倶戴天の敵ヤズィード〔六八〇～三在位。カルバラの悲劇の責任があるとされる支配者〕と同じとされる。だから八〇年代初めにも、政府批判のパキスタン映画『フサインの血』は国内では上映禁止だった。）人々は歌詞に耳を傾け、テーブルの角にある燭台と容器をも眺める。カルバラの戦いの間に使われた旗手の旗を思わせる四角な軍旗が立てられている。およそたっぷり一時間続く敬虔な時間が過ぎると、涙で顔をぬらした女性たちは、元気づけるお茶の集まりに戻って行く。すぐに次の〈マジュリス〉に急ぐためにである――どの女性もそのような祝いの手筈を整えて、功徳を積みたいからである。

私が晩に旧市街を通ると、住宅とモスクにいくつかの小グループの人々を見た。この人たちは、預言者の孫の命日であるムハッラムの十日である、本来の悲劇に近づけば近づくほど、ますます劇的になる〈マルスィヤ〉に耳を澄ましていた。昼には、私は五メートル以上の高さの〈タズヤ〉を賛嘆できた。これは木の骨組みでできた山車で、ムハッラムの行列で運ばれる。その制作では各地区が互いに競い合う――誰が一番高く、一番彫刻豊富で、一番お金をかけて金箔を巻いたり塗ったりした〈タズヤ〉を制作できるか。それは旧市街の思いがけない変身だった。そして私は別れを告げたとき、マフドゥーム・サーヒブ自らが私を飛行場に連れて行き、私のために旅の祝福を唱えてくれた。

一度私は聖者バハーウッディーン・ザカリヤーの記念日である〈ウルス〉にも参加できた。〈ウルス〉は本来、「結婚式」を意味する。命日には、ご存じのように、死にゆく〔神の友〕の魂と神である恋された人が結びつくからである。そういうことで、命日は結婚の日として行われる――しかも伝統的にムスリムの太陰暦の数え方である。それでこの祭りは、ムスリムのすべての祭りと同じく毎年十日か十一日ずれる。

バハーウッディーンの伝統は、十三世紀以来ムルターンで生き続けていた。パンジャーブの出身で、伝承が言うところでは、預言者も属しているクライシュというアラビアの部族の一員であるこの若い探求者は、世界を歩き回り、一二〇〇年頃バグダッドで神秘主義の師アブー・ハフス・ウマル・アス・スフラワルディー〔一二三四没〕に出会った。〔スーフィー道〕への最も多く読まれた案内書のひとつの著者であるこの人が、広く旅して回った者の心に神秘主義の炎を発火させ、彼に数日もしないうちに目標に到達させた。バハーウッディーンは故郷に戻った。亜大陸でスーフィーズムが根を下ろした時期に、彼は故郷の地方にその本拠地を築いた。スフラワルディー教団は、歌と神秘主義流の踊りは拒否した。――けれども、最も忘我の境地に達したスーフィー詩人のひとりであるファクルッディーン・イラーキーは二十五年間ムルターンに住み、その師の娘と結婚した。彼の歌は、依然ムルターンで反響している。

愛はひそかに歌を歌い始める。
すると、それを耳にする恋人はどこにいるのか。
愛はどの息吹でも、新しい歌を歌い、
それから、どの瞬間でも別の曲を歌う。
全世界は愛が歌うそのこだまだ――。
そんなに長いこだまをいつ人は聞いたことがあっただろうか。
そして愛が内緒にしておきたいことは、世に広く知られている。
いつ、こだまは秘密を守ってくれるのだろうか、いつだろうか。

彼はその導師の没後、寂しい思いをする都市を去り、アナトリア（そこで彼はマウラーナー・ルーミーに会った）

をへてダマスカスへ移った。そこで彼は一二八九年に亡くなり、「最大の師」スペイン生まれのイブン・アラビーの近くに埋葬された。彼はこの師の神秘的理論をその優雅な詩と押韻散文の形で、ペルシャ語で読む信者の間に広めた。

一般に、スフラワルディー教団の導師たちはコーラン研究と預言者の伝承に集中し、イスラムの諸理想をできるかぎり実際生活で実現しようと試みた。バハーウッディーンの精神的指導者アブー・ハフス・ウマル〔・スフラワルディー〕がバグダッドのアッバス朝のカリフに大使として仕えたように、後の多数のスフラワルディーの人たちが亜大陸の政治で活躍した。それは、最初の〈シャイフル・イスラム〉〔イスラムの老賢者〕として、デリーの新しいトルコ系支配者イルトゥトゥミシュ（一二三六没）を名実ともに援助したバハーウッディーン自身とともにもう始まっていた。そしてマフドゥーム・サーヒブ自身がしばらくの間パンジャーブの州知事ではなかったか。

そういう身分で彼は私たちをムルターンでの先祖追悼祭に招いた。ドイツ大使夫妻、カリンと二、三の他の友人たちと一緒に、私たちは彼の自家用機でイスラマバードからムルターンへ運ばれた。私たちは数万の人々の真只中にいて、とてつもなく大きいテントの下に座っていた。そして私たちはバハーウッディーン・ザカリヤーの意義に関する講演を、スーフィーらの大崇拝者であるジア・ウル・ハック大統領の到着を辛抱強く待っていた、およそ三千人の前で聞いた（私も講演した）。私たちの方は群衆の中を抜けて霊廟へと移動した。そこでは、老若男女が巨大な墓建造物の間に座り、祈り、歌い、彼らが祝福に満ちた場所近くで感じていた喜びに浸っていた――声高でも騒がしくもなく、感謝の思いに没頭していた。彼らは遠くから来た。バスや鉄道で、そう、何人かは徒歩で、遠いシンド地方からさえ来ていた。マフドゥーム・サーヒブ邸の門前では、私たちが食後その家から出たとき、男たちが殺到した。多数の人々が師を見ようとし、彼の手をつかみ、衣服の裾に触ろうとした。彼は倦むことなく宗教指導者の努めである義務――祝福し、よき助言を与え、祈りの文句を教える――を果たした。

マフドゥーム・サーヒブの後には、老夫婦が立っていた。顔を輝かせている小さな女性は六十ひょっとして七十歳かもしれない。マフドゥーム・サーヒブは腕を彼女の肩に置いた。「この人はマルヤムです」と彼は情愛を込めて言った。「彼女は全く特別な人です。」小さな女性は一層輝いた。そうだ。私たちは何年も前にマルヤムとその夫が彼のところに来たのを聞いていた。彼らは実におずおずと、メッカ巡礼を行いたいという希望を彼に打ち明けた。それにたいし彼は軽く言った。「それはきっとうまくいきます。いいことです。」そこで二人は出発したという。徒歩で、パスポートを持たず、金もなく。危険な道を通って一年以上かかってついに希望の目標地に達し――そこにとどまった。生き延びるために彼らは小さな仕事を始めた。――数年後、彼はメッカ巡礼に行って彼らに出会い、彼らが苦労せずに無事に家に戻れるように取りはからった。「今度は、それはきっとうまくいきます、いいことです、とはもう決して言いません」と彼は付け加えた。けれどもマルヤムはすべての苦労を悔いてはいない。彼女は目標に達したのである。彼女は輝いていた。真の〈ファキーラ〉「貧しい人」として、どんな障害でも克服する、神への愛の生きている模範として。――巡礼を徒歩で行う誰かが天使たちに抱かれると伝承されてはいないだろうか。

## 2　パークパタンとウッチ

時々私は、ババハーウッディーンとその孫ルクヌッディーンの高くそびえる聖廟が車輪のハブに当たっていて、北シンドと南パンジャーブの道のどれもが、この車輪のハブにつながるスポークであるような感じがした。……そのスポークはまた、ムルターンから他の聖廟にもつながっている。私たちは、「清らかな者たちの渡し場」であるパークパタンへ行った。そこは、チシュティー教団の導師ファリードゥッディーン・ガンジ・シャカル、あだ名では「お砂糖様」〔断食修業中小石を砂糖に変える奇跡を起こした〕が、デリーでの政治陰謀にもう我慢しきれなくなって住み着き、一二六五年に没した――バハーウッディーンの同時代人であるが、生き方は彼とは全く対照的である。

スフラワルディー教団は地上の富を、客人歓待と助けを行うための正当な手段と見たのにたいし、チシュティー教団は無条件に貧しいままに暮らし、彼らに人が進んで行った施しとして与えられたものだけを飲食した。これは私たちの世紀まで、インドの大きな神学大学のいくつか――例えばデリーの北にあるデオバンドの大学、デカンのハイダラーバードにあるマドゥラサ・ニーザミヤー――で理想として生き続けている姿勢である。

バハーウッディーンは、チシュティー教団の友人らに金離れのいい生き方を非難されたとき、少し皮肉に答えたと伝えられている。「あなたがたの修行者としての生き方には魅力も美しさもありません。私たちの方は大いに魅力があります。富というのは、邪視を寄せつけないための、的の黒点のようなものです。」これはつまり、すべての美しいものは、他人に非難されるかもしれない小さな欠点を持たずにはいないということだ。そうでないと、それは危ういのである。絶対の美しさ、絶対の完璧さは、神だけにふさわしいからである。――両教団の別の大きな対立は、スフラワルディーが政治、経済面で進んで活動し、そのことがチシュティーではこう言われている点にある。

何と長い時をかけておまえはさらに、
スルタンの戸口へ行こうとするのか。
それは、サタンの足跡について行くのに
他ならないのに。

けれども、南パンジャーブでの神秘主義的修行道の二人の大指導者は、互いに敬意を払い合い、良き友人だった。彼らは、神への道は人間の呼吸の数ほど多いことをよく知っていたからである。二世代後にファリードゥッディーンの最愛の、そして最も成功した弟子、デリーのニザームッディーン・アウリヤー〔チシュティー指導者。一三二五没〕

の弔辞を読んだのは、ババーウッディーンの孫ルクヌッディーンだった……。

パークパタンは、苦行に励んだあのファリード〔ウッディーン〕が暮らした地である。そこは何世紀もの間大勢に参詣される巡礼地だった。修道僧は、スフラワルディー教団の場合のように、小房にではなく大部屋に暮らした。祈り、コーラン朗唱、瞑想に取り組み、宗教音楽と歌に耳を澄ました。あらゆる方角の地域から、特にデリーから来た参詣者は、そこで数日間沈潜を、魂の純化を体験する。サトレジ川そばのその聖域の魅力は実に大きかった。そのため、高名な学者でデリー出身の友人のひとりは、亜大陸分割の際〔一九四七年〕に、自分が崇拝する導師の墓がそうなると国境の向こうのパキスタン側になるだろうというので、パキスタンを選ぼうか長いこと決めかねていた……。

以前はパークパタンでは、絶えず〈カッワーリー〉が響き、歌い手が順序を常に変えて宗教歌、讃歌、連禱を歌い、中庭では音楽が聞こえたと人々は私たちに語った。七〇年代半ばに私たちが訪れた際に、黒緑色のドームを載せた霊廟前の白黒に舗装された中庭にはもう歌い手たちはいなかった。あの時期には、宗教上の正統派の見地が、「非イスラム的」習慣の拒否が、ますます説かれたからであった。そのときは一時間また一時間とコーランが朗唱されていた。

〈ウルス〉の日に、巡礼者の群れがファリードゥッディーンの墓室へ入り、〈ビヒシュティー・ダルワーザ〉「天国への門」と呼ばれている狭い入場門を通って押し合って進む様子が物語や記録文書から知られていたが、そのときは、――私たちに伝えられたところでは――待っている人たちは、石棺に触るために、実に整然と並んでいなければならなかった。その際に、実際に何か恵みをもたらすことをしてみたという意識を、一種の危険――それは最後には、今度こそ天国への入場にふさわしくなったという幸福感に通ずる――にさらされたという意識を人々に伝えたのは、確かにやはり、まさしくあの恍惚とした熱意だった。長い列を作って待っているならば、そのような感情を持てるようになるということだろうか。

パークパタンは、常にムルターンとある意味で距離をおいた関係にあった――それは、ファリードゥッディーンの〈ウルス〉が、シーア派の伝統では厳格に服喪が守られるムハラッムの六日に当たるために後年に強められた――のだが、私たちの次の目的地ウッチは、ずっと前からムルターンと結びついていた。

再び車は、高く伸びた銀色のすげが道端に生えていた砂の多い道路をガタガタ揺れて行った。私はどの村でもお茶を飲み、ちょっとした講演をしなければならなかった。そして私たちはパンジナッドのレストハウスから幅広い流れを見渡した。

ウッチは小さな悲しい町で、スーフィーの二つの主要聖廟を蔵している。バハーウッディーンの孫ルクヌッディーンの弟子、ブハラ出のジャラール・スルホポーシュ **Jalal Surkhposh**〔一二九二没〕「赤い衣装を着けた男」は、そこにだいたい一二七五年頃スフラワルディー教団の指導者として定住した。その子孫、ウッチ・ブハリ **Bukharis**〔あるいは、たいていの書き方ではボハリ **Bokharis**〕は、今日までインド・パキスタンの歴史で指導的役割を果たしている。初期の導師の最も有名な人は、マフドゥーム・ジャハーニヤン・ジャハーンガシュトだった。彼の本来の号は「世界の住民が彼に仕える」ことを暗示し、二番目の名ジャハーンガシュト「世界を歩き回る人」は、彼が不断に旅に出ていたことを示す。彼はその時代の政治同盟に進んで関わった。彼の教えの影響は息子たちと後継者によってグジャラートまで広がった。多くの伝説が、信念を曲げず掟をよく守ることで知られていた人、一三八四年に亡くなったマフドゥーム・ジャハーニヤンに絡みついている。特に民間のスーフィーで普通になっていたように、祈りと歌の中でインド流の名前と親愛表現で神に呼びかけることを、彼は信奉者に禁じたと伝えられている。しかし奇妙にも、掟には全く忠実でないジャラーリー修行僧〔神の威力《ジャラーリー》を態度と儀式で示す〕も、彼から発したとされている。

ブハリの一世紀半後、カーディリー教団の首唱者がウッチに根を下ろした。それはインダス流域とパンジャーブ地域で教団の中心地となった。そこには今資料館がある。私たちはそこの図書館と資料館を見たかったのだが、物故した聖者のいくつかの遺物の他は何も見つけられなかった。そこの司書は、――亜大陸のそのような司書たちの習慣であるように――ちょうど家庭問題のために連絡がとれなかった。

だが異常なほど太ったピールが、私たちにおいしい菓子とお茶をふるまってくれた。私は彼の姿を見て、よく知っているもうひとりのピール、アリー・モハンメド・ラーシュディーがシンディー語で書いた思い出にある使用人の話を思わずにはいなかった。彼自らが狩りでちょうど一羽の兎を捕らえ、すっかりたいらげた――皿には骨しか残っていなかった。

私は、スキオ（自分の雇い人）自身が腹を空かしていて、残したその兎肉の少しを後から自分で食べれたらなと思っていたとは、ちっとも知らなかった。その兎が私の手の中ですっかり消えてしまったのを見て、居合わせた人のひとりが、彼に言った。「かわいそうなスキオ、おまえは何も食べなかったね、あの兎を期待していたのに――おまえは一体それでどうするんだ。」彼はその人に返事した。「どうして私が兎を欲しがるべきでしょうか。ピールの腹が第一ですね。そこは天と地が入るほど広いです。ちっぽけな小兎なんか言うまでもありません。ピールの前にラクダ一頭を持ってきなさい――彼はそれを一切れも残しません。」

しかし私たちのピール、ウッチのシャリーフは、鳥類が大好きなようだった。何羽かのおとなしい孔雀が彼の家の周囲をゆっくり歩いていた。ベランダには手に狩りの鷹を持ったスーフィー修行僧がいた。応接間は、カッコウ時計で飾られていた。それはドイツ大使の贈り物だった。

私たちは本来、ウッチ近くの二人のイスマーイール派伝道者の墓も見るべきだったろう。私たちは確かにムルターンではイスマーイール派のシャムス・イ・タブリーズをも表敬訪問したのだから。二人の伝道者のひとり、ピール・サドルッディーン〔十五世紀〕は、歴史上把握できる人物である。十四世紀のシンディー語を話すヒンドゥーのうちのロハナ・カーストを改宗させたのは彼の功績である。あの時期から、サドルッディーンに伝播された路線のイスマーイール（それは前々から、当時イランに居住しているアガ・ハーンに従っている）は、〈コージャ khoja〉「主人」と呼ばれる。

またサドルッディーンは、最初の〈ジャマートゥハーナ〉を作ったという。それは集会場で、そこへ信者たちが金曜の晩の祈禱のために、そしてできるかぎり毎日の瞑想のために早朝にやってくる。この〈ジャマートゥハーナ〉は、スンニ派のモスクに当たり、そこに彼らの故郷を見いだす信者がバンクーバー、カラチ、ロンドン、ナイロビとどこにいても、彼らをひとつに結びつけるのである。ピール・サドル〔ッディーン〕の息子、ハサン・カビールッディーン〔十五世紀〕も——二番目の伝道師だ——ウッチの近くに埋葬されている。彼の路線によって、イスマーイール派のコージャたちは、さらに——たとえ何度も分派に分れても——亜大陸で広まった。

私たちは、その町の最も有名な所である、十四世紀の高貴な女性ビービー・ジャヴィンダの、写真に多く撮られてきた墓建造物に導かれた。曲がったヤシの木に囲まれて砂が多い丘の上に、中の大きさの建物が立っていた。形は——傾斜をつけたいくつかの壁と側面に立つ半円のいくつかの塔——ルクヌッディーンの霊廟に似ていて、簡素な丸屋根である。けれども、はっきりした幾何学模様のある、建物全体を覆っているタイルのきらめく青と白は何と形容したらいいだろうか。それは晩夏の陽光をうけ私たちの目に眩しくてほとんど見えなかった。完全な調和と美が、砂から成長してきたように私たちには思えた。とうとう——そうだった、私たちはもう少し進み、ついに建物の裏を見た。それは虚ろで崩落し、私たちを凝視していた。粘土がぼろぼろ落ちていた——この中世建築の宝石を救うために、剥離しないように固定する試みはされていなかった。……叙事詩「マフザン・アル・アスラール」(『秘密の宝庫』所収)のニザーミーの詩の挿し絵になっている、十六世紀の有名なペルシャの細密画を私に思い出させた廃墟の光景を見て、泣くこともできただろう。

ヌーシルワン王〔ペルシャの支配者。五七九〜九〇在位〕が似たような廃墟を通り過ぎ、二羽のフクロウの対話に耳を澄ます。フクロウたちは、支配者の不正のためにまもなく全土が荒廃し、建物が廃墟になり、それからフクロウの娘に最高の持参金になることを喜ぶ。

ここにフクロウはいなかった。細密画が見せる他の小動物も見られなかった。霊廟そばの、形はいじけているがとにかく装飾になっていたヤシの木さえ、私たちが次に訪れたときにはなかった。アガ・ハーン基金がビービー・ジャヴィンダの世話を引き受けるつもりだということが、とにかく慰めである……。
私たちは旧市街の狭い通りをぶらぶら歩いた。落陽が、青い陶製タイルの聖廟前の水を血の赤さに輝かせた。修行僧道場のひとつに属していた半ば荒れ果てた庭にある低く曲がった木の下に、非常に古い泉があった。そこで、と私たちに語られた、昔、ファリード・ガンジ・シャカルが、〈チッラ・マ・クーサ〉を行った。それは、四十日間夜昼足でぶらさがり、泉の中で瞑想した――インドのスーフィーでは珍しいことではない一種の苦行である。
深い空っぽの泉を見て、トルコの大詩人ヤフヤ・ケマル〔一九五八没〕の、『メーリカを愛する七人の少年』を歌う詩句がどうして突然頭に浮かんだか、私は分からない。彼らの見かけは果てしなく思える旅が「希望という異国」を通過して目的地に近づくと、こう言われている。

憂欝な気持ちながらメーリカを愛していた彼らは、
滑車のない泉を見た。
憂欝な気持ちながらメーリカを愛していた彼らは、
おずおずした足取りでそこに近づいた。
泉の中で世界が破滅しているのを見た。
それは死の糸杉で囲まれて飾られていた――。
一息の間、彼らにはそこから生まれてきたように思えた、
切れ長の目、長い髪のあの妖精が……

私たちには泉に投げ入れるための銀の指輪はなかった。それから詩で言われているのは――長いこと憧れていた妖精を上へ呼び出すことだった。だが私たちは、あの幻想の姿、幻影を探している途上だったのではないか。私たちはウッチであの時代――チンギス・ハーンが世界を荒廃させていた間に、数えきれないほど多くの学者や知識人がイラ

ンからこちら、保護の手をさしのべた東側へ逃げた時代——を探していたのではないか。私たちはクバーチャ Qubacha〔一二二八没〕の宮廷を夢想した。彼はここで十三世紀初めに、ゴール朝——内アフガニスタンから来て、そのインド諸州を含めて以前のガズナ帝国の支配者になったゴール朝——の総督として支配した。むろん彼らもまた、——ハイバル峠を越えてパンジャーブの豊かな大河地方に侵入した多くの征服者たちのように——流血の惨事や強奪と無縁でやって来たのではなかった。

けれどもそれからクバーチャの宮廷そのものが、モンゴル人から逃げる人々の新たな大流出を迎える逃亡地になった。ここでは、アウフィー〔イランの文学史家。一二三六後デリーで没〕が、評価できないほど貴重なペルシャ語年代記『ルバーブ・アラルバーブ』を書いた。これは、十二世紀の終わりまで、こちらよりも大きな国イランでのさまざまな君主宮廷で活動したあのペルシャ詩人たちについて最も重要な情報を私たちに伝えてくれる。フェロズィッヤ・メドレセ〔宗教学校〕はムスリムの神学者を引きつけた。ムスリムによる下流インダス流域征服についてのアラビア語年代記は、そこで「ペルシャ語の装いに着替えられた」。この、いわゆる「チャチャナーマ」は、インダス流域でのムスリム支配の開始期の最も重要な文献のひとつである。

偉大な学者たちの声が、木の葉が夕べにざわめく中でまだ聞けたのではないか。あるいはカラスたちがあの話を語っていたのだろうか。デリーの新しい支配者イルトゥトゥミシュが（ムルターンのバハーウッディーン・ザカリヤーに励まされて）、結局ウッチの地域も自分の帝国に組み入れ、そのためクバーチャはインダス川で自害し、彼の宮廷の学者と詩人は新首都デリーに移し替えられ、そこで文学の全盛期の時代を準備したという話を。

憂愁、これがウッチにみなぎる気分を説明する唯一の言葉に思えた。憂愁、これは小路や家並みに漂い、広い枝振りの木々の間を吹いていた。ビービー・ジャヴィンダの墓のタイルのきらめく青は一層深くなり、果てしない悲しみを表す紺色になった。

## 3 ジョーク

いくつもの大河の流れに、特にインダスの流れについて遠く行き、大洋に向かって運ばれれば、ますます多くの聖廟が大地に撒かれたように散在している。私はシンド地方が大好きになる前に、それらの多くを訪れていた。忘れがたいのは、ハイダラーバードから遠くないビト・シャーにあるシャー・アブドゥル・ラティーフの感じのいい霊廟である。それは、この聖者の神秘主義的詩情の甘美さすべてを、青と白の花模様のタイルで表現しているようだった。メロディーから生まれる雰囲気が暖かな大気中で震え、建物全体を支える柱を大きなチューリップに変えているようだった。シンド、そこのスーフィー修行者の文芸と音楽が大好きな私の気持ちは、三十年経っても変わらなかった。いや、むしろ強くなった。私は、下流インダス川流域の他の神秘主義詩人と同じように、シャー・アブドゥル・ラティーフをインド・ムスリムの神秘思想伝統と大きく関連させた方がいいことを学んだからである。

もちろん、ビト・シャーの他にまだ無数の場所があった。例えば、ハーラー **Hala** のマフドゥーム・ヌー〔一五九一没〕の〈ダルガー〉である。人々は、コーランの最初のペルシャ語訳は彼によるとしているらしい。この人は、アクバルの将軍、ハーンハーナン・アブドゥア・ラヒーム〔一五五六～一六二七〕が、一五九一年にシンドを征服し、ムガール帝国に併合したとき、それを祈りによって妨げようとしたが――この聖者は勝負を決した戦闘の直前に没した……。

マフドゥーム・ヌーの聖廟は、輝くほどの青いタイルに覆われている。このタイルは、午後の紺碧の空と競いつつ、いかにもシンド地方と南部パンジャーブらしく思える。けれども、その派手すぎる色のタイル模様が、ほこりで灰色だらけの風景の真ん中で、訪問者にあるショックを与えた歴史的中心地もある。茨の高い生け垣に囲まれて、そこにジョークのピールが居をかまえていた。私が受けたショックをさらに強めることになったのは、彼の二人の夫人のひとりが、米国製の実に大胆なサングラスでおしゃれをして、私の前に流行の身なりで現れたことだった……。（ところで、サングラスは、亜大陸では、多くの進歩的女性の場合に、ベールを被ることの最後の名残りである。目が覆い隠されているかぎり、たしかに視線を交わすことができない――そして、男女間の無邪気な眼差し、まばたき、ウインクさえ不適切で危険であり、ほとんどもう姦淫とみなされ、保守的な家庭では厳しく罰せられる。目には大きな威力があり、聖にかなった生き方の人の視線は、罪人をも敬虔な心の持ち主に、それどころか、聖者に変えることができるのと同じく、「邪視」の威力は、イスラム世界でだけ恐れられているのではない。）そういう姿で、ピールの奥様は座っていた――新しい取得物を誇りに思って。彼女はその他でも、大変つつましい自分の部屋で本当に満足しているようだった。

ジョークの地はシンド史で興味深い役割を果たした。ムガール帝国がゆっくり崩壊していった十八世紀初めに、そこでひとりの神秘思想家が活動した。「神秘主義の道という砂漠を急いで通りぬけるカモシカのガゼル、一体性という酒場」であるシャー・イナーヤト（一六五五～一七一八）である。彼はしばらくの間スフラワルディー教団の導師たちの下でブルハンプルに暮らした――デカン北辺のブルハンプルは、十六世紀初期からシンディー亡命者がかなりの数いた。イナーヤトが戻って、その周囲に多くの人々が集まった。この男は彼らの間で修道場所有の土地を分け合ったと伝承が伝えている。そのため彼は近隣にある大土地所有者の大農場から、わずかの土地を期待していた大勢の日雇いを引きつけた。彼の主張はどうであれ、隣人たちはこの男が財産侵害をあえてしていると訴えた。そこでタッタのムガール総督は、実際に北部シンドを支配していた（一七〇四～八五）カルホーロー Kalhoro 氏族と協力して、神秘主義の「反逆者」を服従させようとした。〈ダルガー〉が包囲された。ペルシャ語の記録が、四カ月の包囲後どのように封鎖突破がなされたかを劇的に描写している。修行者たちは夜陰に乗じて無言で、武器を持たず、〈ダルガー〉を出て包囲側に向かって出て行った。しかし仲間のひとりが偶然何かにぶつかり、思わず「アラー！」と叫ぶと、他の者たちも、まるでズィクルの修行中であるかのように応答して加わった。そして神の名の響きが彼らの居場所を露にした。それで「軍勢の方は彼らを非在という滞在地に旅立たせた。」イナーヤト自身はやや長い尋問を受けた。その際に、彼はもっぱらペルシャの古典詩人、特にハーフィズを引用して返事している。彼はその後一七一八年一月に処刑された。けれども彼の行ったいわゆる「土地改革」は、五、六〇年代には、社会主義の立場のシンディー知識人の目には、この地方から出た初めての「社会改革者」に映った。

現在の〈サジャッダニシーン〉が、互いに矛盾している、これらの歴史上の事実をどの程度知っているかを、私は訪問時に聞かなかった。私には、けばけばしい建物と女性用居室にいる流行に敏感な女性のおぼろな記憶しか残らなかった。

インダス流域では、古い時期にヒンドゥーとムスリムが一緒になって、そこに埋葬された者を共同で追悼するモスクもあった。私が、ムスリムの人たちがシャイフ・ターヒルとして、ヒンドゥーたちがウデーロ・ラールとして崇拝していた聖者の小さな墓施設を訪れたときに、数十年後の四月のある日に合衆国でシンド出身のヒンドゥーの友人らと一緒にまさしくこの聖者を偲ぶだろうとは、私はまだ知らなかった。シンド地方のヒンドゥーと亜大陸分割の際にインドへ移住していった人々には、ウデーロ・ラールが、トルコでのホドル・エリアス **Khidr - Elias**〔共に聖者。毎春野山を祝福する。出会いの日の五月六日はトルコで祝日〕の場合と似ていて、春の始まりと結びついた姿であることを私は当時予感していなかった。あの小さな聖域が赤い服を着た小頭症の使用人とともに私の目の前に浮かび、墓室の壁に描かれたマッターホルンや風車を思い出しながら、私はボストン郊外での相当殺風景なホールで、古い時代の歌を聴き、伝統的儀式を見、砂糖菓子を楽しんだ。その菓子はここでも――シンド地方でそのような機会と全く同じに――たっぷりと寄贈されていた。

# 4　セフワン

無限のやすらぎを放つのどかな小さな場所がいくつかあった。そこを訪れることが、私に長い間かなわなかったあの聖廟もあった。カラチ在で少し正統派傾向があり、世話になっているパキスタン人家族が、私がそのような「退廃」の地を訪れることは不適切だと思ったからである。奇妙なことに、私がセフワン・シャリーフ（シャリーフは「高貴」の意。霊廟のある場所も含め、預言者に関係するものすべてがシャリーフである）を訪れようとすると、いつも何かが起きた――洪水、反乱、ストライキ――。それからZ・A・ブットーの下で、パキスタンでシンド文化が前よりもやや注目を浴びるようになったとき、セフワンに埋葬された聖者ラール・シャバーズ・カランダル（一二六七頃没）に敬意を表した歌が文字どおりヒット曲になった――歌詞、リズム、単純な旋律が覚えやすかったからである。PIAでも外国のパキスタン祭でもどこでも、魅了してやまない歌が歌われた。

私の最初のセフワン訪問もこの時期に当たっていた――長いこと待ち望んでいたことが一九七四年秋に実現した。私たちはハイダラーバードから来て、アレクサンダー大王が、彼の船団がインダス川を下ったとき築いたという砦近くのレストハウスに達した。

摂氏四三度の砂漠からの風が皮膚を焼くようだった。しかしこの焼きこがすような灼熱は、数千年来シヴァ神の聖域であり（だからそこの古い地名はシヴィスタン、シウィスタンである）、そこに依然として聖なる石シヴァ・リンガム（シヴァ神の男性力の象徴とされているのは、円筒形で男根の形の石）が保存されているこの地の一部なのであった。セフワンは暗い力に満たされている。私はそこで、伝統的に金曜日の前夜に――多くの他の聖域と同じように――演奏される修行僧の音楽を一度も聞いたことがないし、今日まで無数の訪問者を引きつけている、修行僧の荒々しい踊りも一度も目にしたことがないけれども、後年に過ごしたムハッラムの一夜は、私にこの場所の独自性を感じさせるのに十分だった。ケトルドラムの音とともにラクダの長い列が、真夜中に町を通過して行った。巨大な楽器の鈍いこもった轟きが、大気や人間それに建物を揺らし身震いさせた……。ラール・シャバーズ・カランダルの心臓は今なおここで打っているようだった。

「王の鷹」〈シャバーズ〉は十三世紀半ばにイランから来て、この地にとどまった。実に厳しい苦行をして暮らし、いつも赤い服装だったという（だからあだ名は、ラール「赤」だ)。〈マラング〉二種の放浪修行僧〕と呼ばれた弟子たちは、師の忘我による道に従った。彼らは黒い服を着、よく重い金属の指輪や首飾りをつけ、何世紀も何世紀もその聖廟で奉仕し、「掟に忠実でない」修行僧の中心地に成長していった。〈ウルス〉の日にはあらゆる種類の売春婦も来ていた——厳しい苦行が極度の肉体的欲望に激変することは、確かに珍しい現象ではない。その場所は昔シヴァ神に奉納されていたが、この神の姿でも、両極が一緒に出合っている。

ムルターンの伝統を意識した師、その人の生活スタイルはお手本になるほどきちんとしていたバハーウッディーン・ザカリヤーとセフワンの不気味な導師の間に、密接な友好関係があったと言われるのは、驚くべきことに思える。ひょっとしたら、バハーウッディーンは、独自の深い洞察で人間の魂に探りを入れた。自分が教えていた冷静なスーフィー道が強力な陶酔という暗い背景を必要とし、それはくり返し創造者の説明不能な威力を、陶酔の熱狂を思い出させた。人間はその状態で我を忘れ、それから、冷静な知性が考えず、ましてや発言したりすることができないことを言い表すのである。ひょっとしたらそれはまさに、赤い服装のカランダルのディオニュソス的性格だった。スフラワルディー教団が進む道のアポロ的美しさが、どうしても必要とする補完になっていた。

あの灼熱の熱い日に、修行僧の歌うのを聞き、彼らの踊りを見るのは必要ではなかった。大気は、そういったものがなくても火からできているようだった。私たちは、多彩に描かれた修行僧小房だけでなく、〈畏怖させる神秘 mysterium tremendum〉の深みにまでも視線をちらりと投げたのだった。そして人間の皮膚を焼きつくし、彼の〔自我〕を完全に消滅させるあの風を感じた……。

# 5　ラホール

「本当は」と私は思った。「本当は、パキスタン人はいつか何かをゲーテのためにできるでしょう。私たちの方は何と言っても、ハイデルベルクにイクバール河岸があるのですから。そしてゲーテは、イクバールにとって西洋からの精神的指導者だったのですから、やはりイクバールの都市ラホールにゲーテ通りもあっていいでしょう。ゲーテの没後百五十年経った一九八二年は、そのような顕彰のすばらしい時期でしょう……。」

それは一九八一年の秋のいつかだった。私はイスラマバードのドイツ大使館へ、ボンのパキスタン大使館やその他どこか知らないところへも手紙を書いたが、返事は一通ももらわなかった……。

翌年一月下旬に私は、いつものようにハーバード大学へ学期開始のために飛び、六月にボンへ戻った――そしてゲーテ通りの一言の返事もなかった。それから私はまた北アメリカへ行かねばならなかった。メトロポリタン・ミュージアムでの新しい小さなギャラリーを、そこで所蔵している実に美しいイスラム・カリグラフィー展の除幕式を行うためであった。さらに大陸の反対側の端であるバンクーバーへの飛行、二日後にニューヨークへ戻った。そこでもゲーテ通りについて一言もなかった……。

一週間後の十月最後の数日カラチへ行った。ハイダラーバード〔シンド〕で私は、夜に不器用にもホテルの木製小テーブルにぶつかった。数秒間の鋭い痛み。私は痛みを忘れる決心をし、数日後にイスラマバードへ飛んだ。飛行場には、ボン駐在パキスタン大使館の元文化部長であるムニール氏（一九八七没）がいた。
「先生《アバジィー》、今日の新聞をご覧になりましたか」と彼は尋ねた。「いいえ、時間が全然なかったんです。」「そうですか。でも新聞に、通りにあなたの名前が付けられるって載っていますよ。」「とんでもない」と私は言った。「少なくともゲーテの名が付けられることを私は望んでいたのに。」「違います」と彼は言い張った。「いいえ、あなたの名前です。」それで私はもう一度言った。「とんでもないことです。」

それから楽しい一日が進行した——音楽がありパキスタンの民族舞踊があり、親しい友人たちがいた。私は痛む脚を隠すコツを心得た。それはゆっくりと、ノルデ（一八六七～一九五六。色彩のコントラストとデフォルメが特徴の表現主義画家）に描かれた日没の絵に似てきていた（〈シャルワル・カミース〉があって、都合が良かった）。翌日に私はラホールへ飛行するときもがまんした。「これから私たちは通りにあなたの名前を付けるんですよ」とジャーヴィード・イクバールが言った。あの詩人の息子が、私を飛行場に迎えに来ていたのだ。「一体、私が死ぬまで待てないんですか」と私は聞いた。「いいえ、明日のイクバール祭の後、十一月十日が計画されています。カナル・バンクの河岸がゲーテの名となり、もうひとつの河岸があなたの名です。」

カナル・バンク——これはラホールで一番美しい通りである。それは、シャー・ジャハーンの時代に、皇帝の庭園に水を引くために、建築家アリー・マルダーン・シャー（一六四五以後没）によって建設された水路に沿って両側を通っている。私はそこを以前に夕方、木陰の多い樹木が植わった両岸辺が無数のホタルで照らされていたときに、何度も散歩したものである。

イクバールにはホタルが、他人に助けを求めずに、自分の進む道を自分自身の光で照らす存在の理想的シンボルであるのは何も不思議ではないと、私は当時思った。

おまえ、夜に輝きだすホタルよ、

おまえは頭から足の先まですっかり光だ。
おまえの飛行は、光の連なりをこの今という時と距離だけを材料に編んでいる。
おまえは、あらわにされた視界だ。
おまえはこういう暗い夜に、鳥たちのやからのための明かりだ。
おまえの燃焼は、また何という燃焼だろうか、
　決しておまえの熱がしずまることがないとは。
おまえは探し求めるという情熱だ。

けれども初めにあの仕事が来た。ラホールのＡＰＷＡの建物にある巨大な舞台上で、品位はあるが快適でない肘付き椅子で数時間厳かに座り、三、四時間イクバールについての講演を聞いたことのある者――その後ではすっかり「イクバール化された」と感じる――は、人生にはもっと大きな楽しみがあることを認めるだろう。けれども、興味深いことは、年月が経つうちに、イクバールのどんな点が特に強調されてきたかを観察することである。――彼は政治状況により、革命家、信仰堅いムスリム、ドイツ哲学の賛美者、西欧文明の厳しい批判者、古典様式の非常に質の高い詩人とか全く新しい音調をペルシャ語とウルドゥー語詩歌に導入した歌人――などなど、とみなされた。

　私はあのときのケガという試練もある程度克服し、勇気を奮って、できるだけ優雅に、市長、ドイツ大使とその夫人それにイクバール家の人たちが立ち合って実施された命名式で、「私の」通りをぴっこを引いて歩いた。ジャーヴィードは緑の絹のリボンにハサミを入れた。そして、〈マール〉通りのところで――モダンなラホールの飛行場に通ずる交通の大動脈だ――ウルドゥー語と英語で〈キヤーバーニ・アンネマリー・シンメル〉を知らせるその標識は、それ以来たくさん写真が撮られる……。

　私は四十八時間後にボンの病院にいた。すっかり細菌に感染した脚は手術された。明らかに、ハイダラーバードでの小机のちっぽけな破片が炎症の原因だった。私の体はヨーロッパとアメリカでこの数週間疲労していて、考えられ

たよりも激しく反応したのだった。私はこれまで一度もオリエントで病気になったことがない体だったためだ——墓の塵が混じっているものの、大いに敬意を払われた訪問者に差し出され、その人が信心深くまた義務感から飲み込まれたドライフラワーとなったバラの花びらでも、決して不都合な結果にならなかった。講演旅行から帰って来たときでも、声が出なくなったのは、——残念ながら亜大陸でも、わりと立派な講演ホールはよく冷えるエアコンが備えられているからである——ほんの時々だった。

それらは何という講演旅行だったことだろう。たしかに、わずか六週間のうちに四十八回の講演だった（大部分は、むろん謝礼なしである）のは毎度のことではないが、そう、絶えず新たな問題を覚悟しなければならなかった。時間と場所が、見かけるところ簡単にごちゃごちゃに変更され、そして聴衆も数時間待つことを厭わなかった。

私たちがボストンを出てロンドン経由で、「諸世紀を通してのシンド地方」のセミナーに飛んだとき、ロンドンからのＰＩＡはジェノヴァ経由の通常ルートを飛ぶ代わりに、モスクワ経由でちょっとした回り道をした。そこに二ダースの数の難破したパキスタン人が期限が切れかかっているビザを持って待っていたからである。私たちは三十五時間の空の旅をし、八時間遅れてカラチに着いた。私は旅客機からひっぱり出され、旅姿のまま、シャワーを浴びることもなく、ゲーテ・インスティトゥートで「リルケとイスラム世界」について語らねばならなかった。……それはともかくにも、私の予定表で予告されていたテーマだった。

しかし、本当に頻繁にあと一分のところでテーマが変えられた。「イスラムのカリグラフィー」の代わりに「現代アラビア文学でのスーフィーズム」が希望され、そういうことでまた素直に即興講演が行われた。何度かは、ずっと大きな不意打ちとなった。数年前のライヤルプール（現ファイサラバード）の農業大学でのイクバール祭のときのように。学長が顔を輝かせ、実にきついパンジャービ語アクセントで告げた。「And now Dr. Schimmel is going to give a lecture on 'Iqbal and agriculture'!」（さて、今度はシンメル博士が「イクバールと農業」についての講演をしてくださいます。）恐怖で一瞬すくみがあった後に、私はそれも行った。農業のことは何も分からないが、私は愛するイクバールを暗唱し、かなり記憶していて、適当に思える詩を相応に解釈できた……。普通の講演の際でも驚くことが十分あったが、スライド使用の講演では、何とまあ多かったことか。ある時はプロジェクターのコンセントがなかったし、別の時は、好意的な映写技師が、全部きちんと準備しておいたスライドをほこりの中に投げ飛ばした。彼は間違ったボタンを押したのだ。また別の時には、数百人の参加者のためのホールで、ちっぽけなシーツが映写幕として張られた――要するに、どんなことでもありえた。

記憶の点で疑わしいけれども、確かハイダラーバードでルーミーについて講演があった。それは本当は晩に行われるはずだった。しかし電池の極を逆にするように、私のすることはシンディー語文学の講演に変えられていた。ところがハイダラーバードのファンたちはどうしても、マウラーナ・ルーミーと、コニヤのその霊廟、それにアナトリアの風景の――準備しておいた――スライドを見たがったし、私は特別にカラチからプロジェクターを持って来ていたので、この講演を翌日午前に振り向けることに決めた。「会場が絶対暗くなるようにしてくれますね」と私は強く言っておいた。彼らはうなずいた。――もちろん、全くノープロブレムです。「会場は絶対に暗い〈です〉。」翌朝私は十時にホールへ行った。そこの十六ある大きな開いた窓では、シンド地方の実に輝かしい太陽が照っていた。私は驚愕して言った。「部屋がすっかり暗くなっていると、言ってたじゃないですか。」「でも、あなたが昨日尋ねたときは、部屋は確かに本当に暗〈かった〉です。」こういう論理には何で対抗できるだろうか。だが、パキスタンの人々は、いつも独力で活路を切り開くことを心得ている。男性たちは、ターバン、ジャケット、そして脱げるものは何でも脱いで窓に掛け、それで、夕方の催しでなら可能だったであろうほど鮮明ではないが、それでも何とかスライドを見ることができた……。

手術後に課せられた安静は、また、大好きな都市ラホールと私の最初の関係がどうしてできたかを考えさせた。私は自分の姿を思い返してみた。私はほとんど十七歳になっていなかった。毎日毎日ナチの労働奉仕地モーアドルフというところで縞のパジャマにアイロン掛けをしていた。それは、私が村のさまざまな家事仕事で不器用なために与えられた罰だった。そして夢想した。インドのどこかで私のアラビア研究を続け、ペルシャ語とヒンドゥスタニ語（ウルドゥー語は当時まだカリキュラムではそう呼ばれていた）を学び、オリエントのイスラム文化を現実でも体験できたら、どんなに今より素敵だろうか。

発作的に勇気を奮い起こして、私はドイツでの唯一の人に手紙を書いた。その人がラホールとつながりを持っていそうに思えたのである。ベルリンのモスクのイマーム（礼拝先導師）である。ラホールの家庭で一年間過ごせる可能性が、ドイツ少女にないだろうかを尋ねた。もちろん、ないと、彼はそのような計画にきわめて驚きながら、私に親切に伝えてよこした──それから戦争になった。ドイツの分割、亜大陸の分割があった。私はイクバールの作品と知り合った。彼の『ジャーヴィードナーメ』をドイツ語に翻訳した。私は当時アンカラで教えていたので、詳しい注釈を付けてトルコ語にも翻訳した。私が青春時に夢見た都市を一九五八年二月に初めて目にするまでに、ほとんど二十年経たなければいけなかった。──そして今、パキスタンと知り合ってほとんど四分の一世紀過ぎて──今、そこの通りに自分の名が付けられるのを知るという、うろたえるほどの幸せ。

ラホールは、一〇二六年以来ガズナ帝国のインド州の首都だった。大勢の大人物たちが讃えた都市である。ここで、アフガニスタン山地出身の偉大な神秘思想家、フジュウィーリーが、作品『カシュフ・アルマフジュブ **Kashf almahjub**』「ベールをかけられたものの暴露」を書いた。そこでは初めて、スーフィーズムの教えがペルシャ語で扱われている。当時までもっぱら用いられたアラビア語でではない。一〇七一年に没した聖者の墓は、いわば亜大陸への入口になった。中世初期に、神秘思想の説教家が中央アジアやイランから来ると、（民衆がフジュウィーリーを呼ぶ表現では）ダタ・サヒブの霊廟で、さらに国内に進む「許し」を求めた。今日まで、くり返し改修され拡大されたその霊廟は巡礼地となっており、祝福と示唆を嘆願する大勢の人々であふれかえっている。イクバールが、インドにいるムスリムのための自分らの郷里となる国という考えを抱いたのは、ダタ・サヒブの聖廟で瞑想したときであると言われていないのか。

もうフジュウィーリーの時代に詩人らがいた。彼らはちょうど誕生してきたペルシャ語叙情詩や頌歌を豊かにした。マスード・イブン・サディ〔一一三一没〕の詩は、彼が政治的理由から数年耐えなければならなかった追放生活から成立したものだが、最初の「監獄詩」である。それは私たちの時代まで亜大陸でくり返し書き表され、数百年後にファイズ・アフマド・ファイズという人の感動的なウルドゥー語詩句で頂点に達している〔邦訳は花神社〕。

何が悲しいだろうか、私から筆が奪われ、
　石板が奪われたとしても。
私はどの指も
　心臓の血に浸した。
何が苦しいだろうか、彼らが私の舌に
　封印を押したとしても。
私は、縛る鎖のどの輪も
　ひとつひとつ口へと変えた。〔一九五一年作。詩集『そよ風の手より』所収〕

後にファイズは――コミュニストとして糾弾された幾人もの進歩的詩人らと同じように――復権し、ロマン主義の色彩が濃い恋愛詩も生み出されたその国の、重要な叙情詩人として正当に認められているが、私は彼とパキスタンで会ったことはめったにない。私たちはたいていロンドンで、あれこれの理由から一時的にあるいは永遠にパキスタンを去り、彼らなりの仕方でその国の政治状況を示す一種の気圧計の役目を果たしていた多くの友人たちの間で語り合った。私たちがそこでさらに再会を喜び合ったのは、一九八四年に彼が亡くなる数週間前だった。

フジュウィーリーの死後約一世紀して、ラホールは中央アフガニスタンから来たゴール軍によって蹴散らされた。それからこの都市は、デリーが一二〇六年にゴール軍のかつてのトルコ系軍人奴隷のひとり、イルトゥトゥミシュによってインドでのイスラム帝国の首都とされたときにも、依然、かつての栄光を全部は取り戻していなかった。この首都は、五大河国（パンジャーブ）の東端にある最初のわりと大きな裕福な都市という位置によって、再三、ハイバル峠を越えて侵入してくるモンゴル、パターン、トルコ、ペルシャの軍勢の餌食になることがあったからである。イクバールが一九三〇年に行った「パキスタン演説」での、残念ながらごく稀にしか引用されない発言は、この光を当てて考察しなければならないと私には思える。

北西インドのムスリムたちが、インドの国内政治の範囲内で発展の豊かな可能性を持っているならば、彼らは、さまざまな思想による侵略であれ、銃剣による侵略であれ、異国からの侵略にたいするインドの最善の防衛者になるであろう……。

殺戮による悲劇、そしてまたヒンドゥーがインドへ集団で逃げ、ムスリムがパキスタンへ逃げることによって、亜大陸分割の際に起こることになった悲劇。イクバールは、むろんそれを予見していなかった。それでラホールは防塁にはならず、傷つきやすい国境の町になった……。

時々学生たちが、アメリカ文化研究所の優れた〔ウルドゥー語プログラム〕に参加するためラホールへ来た。私は彼らを、私が特別好きなこの都市のいくつかの場所へ案内した。車がいつも渋滞している通りを抜けて、博物館を通過した。その前にはまだ、キプリング〔一九三六没〕の小説『キム』で有名な大砲が立っている。「キプリングの父は、ここラホールのメイヨ・カレッジで芸術教育に携わってたことを知っていましたか」と私は尋ねた。いや、私の会話相手の若いドイツ人は知らなかったが、興味深げに博物館そのものをしげしげと見た。それは、郵便局、裁判所そして大学の大きな部分と同じく典型的なアングロ・インドのヴィクトリア朝様式で建てられていた。現在内部は、風変わりな画家サディカインのカリグラフィーの天井画で飾られている。それは訪問者にはひょっとしたら、ヴィクトリア朝ラホールの歴史的背景よりも興味深いだろう。その他にまだ大勢の優れた現代画家がいることを、展示が変わるごとに納得できた。

「ここではまだタンガーが必要でしょうね」と、また渋滞に巻き込まれていたときに私は言った。「それは一体何ですか。」「タンガーというのは、ラホールの主要交通手段です。二輪の小さな馬車です。後の座席に、後向きに座ります——もちろん神様に助けられて——落下することなく、狭い通りを車よりもすばやく目的地に着けるのです。」

「でも、ああいう解決法ではどうでしょうか」と彼は尋ね、二、三台の自転車を指した。荷台に女性を乗せ、混沌とした交通状態の中を機敏にくねくねとすりぬけて行った。「それとも、あれを見ましたか。」オートバイは私たちの脇を音を立てて通過していった。その後部座席にはベールを深くかぶった女性が、腕に赤ん坊を抱いて座っていた。二人の子供の方は彼女と夫の間でうずくまっていた。「おお、なんてまあ。」

訪れるたびに、狭い小路のいくつかは消えて、広いアスファルト舗装の通りに変えられていたが、そこでも雑踏は依然変わらず圧倒的であるようだった。オリエント学者のお気に入りの場所のひとつである書店通りに行くには、徒歩の方がよかった。この忍耐強い学生は、そこでもろい紙に石版印刷した重要な古い作品を買い求めることができた。それは西側の図書館では見つけられないものだった。

この道は、いつ訪れても私たちをバードシャヒーモスクに導いた。あの巨大なモスクである。そこの中庭は数万人もの人が祈れる広さであり、四つの尖塔があり、横に広く延びた構造である赤い砂岩の上に三つの白いドームを載せたモスクは、ほとんど、ラホールのシンボルマークである。

このモスクは一六八九年にアウラングゼーブによって完成され、向かいにある城砦とともにひとつの全体を形成している。宗教的なものと政治的なもの、モスクと支配者の座との結びつきは、〈ディーン・ウ・ダウラ〉「宗教と国家」の一体性というイスラムの理想を象徴しているように見える。そしてモスクの階段には、イクバールの質素な墓が建てられている。そこへは人々がくり返し詣でる——彼の誕生日十一月九日や命日四月二十一日だけでなく、いや、公式の訪問があるとどんな場合でもイクバールの顕彰で始まる……赤い絨毯、軍人、祈り……そこの大モスクでは何でも行われる。

私はその訪問者を城砦の広い階段の上に案内した。そこでは昔、象たちが支配者や有力者のひとりを乗せて運ぶたびに、悠然と上がり下りした。このフォートと呼ばれる砦をムガール支配者の誰もが拡大し、改修した。それはアーグラとデリーにある、構造上似た施設のように、きらめく大理石建築物によってではなく、そこの大河に向けられて設置してある囲壁にはめられた色とりどりのタイルによって際立っている。それらのタイルでは、そこの内部での暮らしぶりが外側へ投影されているようだ。騎乗した使者と象、ポロ競技選手と天使それに他の多くのモチーフがタイルに描かれていて、それらはかつてラーヴィ川を越えて遠くまで輝いたにちがいない。

私たちは遊園を散策した。その道沿いには他の宮殿施設と同じように、官庁や民間の建物がそびえている。いくつかは略奪軍勢にかつて荒廃させられた跡を今も示している。親切な知人たちが私たちを上へ連れて行ったさきの、小さな博物館の屋上からは、宮殿とモスクが構成する集合体の広い空間の眺め、さらに古い家並みのすばらしい眺めが見渡せた。それらの家屋――四階建ての貴族豪邸《ハヴェリ》――は、町の側にたいして人目につかないように隠された内庭がある。ますます成長してゆく郊外を持つこの都市（現在住民数は四百万かそれ以上だ）は、昼近くの輝きの中で消えていた。

「ここはアクバルが築きました。ここではジャハーンギールが天井画を取り付けさせました。シャー・ジャハーンがこの建物を修理しました。ダーラー・シコーがここへやって来て、……」「そんな名前はやめてくれませんか」と同行者は、ほとんどやけっぱちになって叫んだ――「誰が一体そういう名前をみんな覚えられるでしょうか。どれも同じ音に響きます。ジャハンギールシャージャハーンジャハーナーラー……一体みんなどういう人たちですか。」

「あなたにムガール史をちょっと講義しなければいけない気がします」と、誰かさんがこういう名前を知らないのに半ば驚き、半ば面白がって私はため息をついた。「お願いです、ぜひそうしてください」と彼は喜色満面で言った。

「ご存じのように、ラホールは一〇二六年以来イスラム化し、ムスリムが東と南に押し分けるように進み出て、一二〇六年にデリーを首都にし、同時にベンガルを彼らの勢力圏に取り込んだとき、その指導的な役目を失いました。

この都市は、ハイバル峠を通って侵入してくる征服者によってしばしば危険な目にあいましたが、ずっと重要な商業中心地でした。ここから、カシミールの貴重な材木がインド洋へいかだ流しで運ばれたからです。」「カシミールのですか。」「そうです。カシミールは十四世紀早くからイスラム化していました。それから一五八九年にアクバルのムガール帝国に組み入れられたのです――今日のパキスタンの北方諸地域の豊かな彫刻の木工製品は今でも有名です。」

「そうですね。それでアクバルはそれとどんな関係がありますか。」

「あらあら、そんなに急がないでください。一五〇〇年頃はインドは多くの小さな藩王国に分裂していました。そして、イスラム文化の数多くの中心が、ベンガル、ガンジス・ジャムナ・ドアーブ（インドの現〈連合州〉）、シンド、グジャラート、そしてデカン地方で形成されたのです――それはチムールの北インド侵入によって少し加速された発展です。この侵略者が一三九八年にデリーの前に立ったとき、イスラム諸藩王国のうちで当時一番重要だったデリーの王国は弱められました。そして重要でない小さな王朝の後に、アフガン氏族のローディー朝〔一四五一～一五二六〕が、デリー周辺の地域をある程度巧みに支配するよう努めました。ところがチムール家系の若者バーブルは、故郷である中央アジアのファルガナ〔現ウズベキスタン。トランスオクシアナの小国〕にいて自分の運命に不満で、大きな冒険を夢見ていました。意欲的なこの若者は親戚、ヘラートのスルタン・フサイン・バイカラー〔一五〇一没〕の宮廷で自分の幸運を試みたのです……。」「ちょっと待ってください――どうしてヘラートですか。」「えーとそれはね、チムールの子孫はさまざまな地方を自分たちの間で分け合っていたんです。そして今日のアフガニスタンのヘラートは、十五世紀後半に、たぶん、ペルシャ文化に影響された東方のイスラム世界で一番重要な中心地だったのです。そこでは詩人と画家、カリグラフィー書家と神学者が、詩人でもあったスルタンの庇護の下に暮らしました。彼はチムール朝の口語であるチャガタイ・トルコ語で書きました。バーブルはスルタンの書き方についてかなり無遠慮な発言をいくつかしています。彼自身は東方に目を向け、新たな大帝国を築くことを一層熱心に夢見ました――インド亜大陸は彼には、まさしくぴったりの目標に思えたのです。彼に一五一九年に息子が生まれたとき、その子をヒンダール

（一五五一没）と名づけました。それはトルコ語で『インドを取れ』の意味です。そして七年後に、彼には、パーニパットのそばのデリー近くでローディー朝の支配者を討つことに成功しました。かなりみすぼらしい記念碑が、そこでまだ彼の勝利を思い出させます。」

「引きつけられる話です」と若い男は言った。「本当に途方もない。一体どこから先生はそういうことを知るのですか。」「ええそれは、幸いにバーブルは筆まめだったんです。彼の『バーブルの書』《バーブルナーメ》（邦訳は松香堂書店）は、回顧録、もっとよく言えば手記記録で自分の冒険を書き留めています。——戦争時の危険な大冒険ばかりでなく、小さな恋愛事件や折にふれて作った詩もです。それらはみんな明晰で力強く、一部は面白いチャガタイ・トルコ語です。」

「一体それは後年にも理解できたのですか。」「そうですとも。ムーガル家系では、人々が用いた表現でいうと、〈トゥルキ〉という言葉が十八世紀遅くにまで、ある程度しっかりと話されていました。そして、ムガール時代の貴族階級には、インドの初期のムスリム王朝でもそうであったように、好戦的なトルコ系草原の民であるトゥラーン（中央アジア、カスピ海東部低地）人の血筋は、貴族の特別なブランドでした。遅くともムガール時代には、あなたはくり返し、宮廷でのいわゆる『トゥラーン』グループとイラン・グループの緊張を見つけることになるでしょう。それはまたたいていスンニ派とシーア派の緊張をも意味しました。スンニ派のトゥラーン人はある意味では国家の柱石でした……。」「思いもよらないことです……で、何が起きたのですか。今や、ローディー朝は倒され、インドはバーブルのものだったのですか。」

「ゆっくり、ゆっくりとね。……克服しなければならない困難がまだまだ多くあったのです。バーブルは息子フマーユーンを特別に可愛がりました。あるとき息子が病気になると、彼はこの病人のベッドの周りを歩き回りました。その病苦を自分で引き受けるためにです。——それはインドのムスリムではよく知られている習慣です。実際この王子は回復し、バーブルの方は四十六歳にならない一五三〇年に死にました。涼しい風に吹かれる山地に埋葬されたいというのが、彼の希望でした。墓はカーブルの丘にあります。……結局のところ、彼はインドが好きになったことは一度もありませんでした。彼はそこに庭園を見つけなかったし、移住者の多くの習慣も、例えば浴場がないのは気に入りませんでした。」

「そういうことを彼はみんな書き留めたのですか。」「そうです。それ以上です。彼は偉大な将軍で優れた作家であるだけでなく、音調論と修辞学それに神学問題に関心を抱いていました。こういったことすべてについて彼は書きました。そしてこの文学的作家的才能は、ムガール家系の末裔まで受け継がれてゆきました。もうバーブルの娘グルバダン〔一五二三～一六〇三〕が――もちろんペルシャ語で――弟フマーユーンの話を――つまり次の世代の話を書いています。」「大丈夫です。よく分かります」と学生は言い、冷たい飲み物が入った缶をバッグから取り出した。「一体フマーユーンは父のように偉大だったんですか。」

「逆です。私たちは彼の華奢な姿とほっそりした顔を同時代の細密画から知っています。それらはよく庭園にいる彼を描いています――父の方はたいてい戦闘中で、少なくとも何かの活動をしている姿で、後に彼の思い出に加えられた細密画に現れます……グルバダンは、例えば詳しく弟の結婚祝賀を記述しています。そして私たちは、実に多くのトゥラーン女性たちが、ベグムという高位女性たちが、このような祝典で重要な役目を果たしたかを読みます。トルコ系の女性の方は、ムガールの政治に、特に芸術と建築にも深い影響を与えました。」

「それではフマーユーンは禁欲的生活を送る人ではなかったんですね……」

「いいえ、彼が支配した初期にはたしかにそうではありません。でも彼には精神面の指導者シャイフ・プフル **Shaikh Phul** がいました。この人が彼にますます影響を及ぼし、ついにはフマーユーンの兄ヒンダールがその人を〔一五三八に〕殺害しました。支配者をその活力源から切り離すためです。大変ためらいながらもフマーユーンは、伝統的な（コーランに全く定めがない）日取り決定の規則を守りました。訪問者、役人、将校、〔神の友〕らを星占術から見て都合のいい特定のときだけ迎えました。そして自分の生活を、日時の特性、惑星からの影響の特性と一致するよう調整しました。そうです、彼は神の名を畏怖する気持ちから極端に走り、アブドゥル・ラティーフ「繊細なものの僕」のような名前――あるいは〈アブド〉（「……の奴隷」）に続く神の名ならどんなものでも――を持った男たちを『アブドゥル』だけで呼びかけました。創造者の聖なる名を穢さないためにです。」

「それはどうしてですか。」「それはですね、神は儀式の清浄さの状態でだけ呼びかけられるべきだというのです。そして皇帝は、〔九十九のアラーの美しき諸名辞〕のひとつを、口にするたびに軽はずみから穢すことを恐れました。その一方で彼は（ひょっとして知らないうちに）儀式が行われる際に不純の状態にあったのです……」

「おやまあ、何て複雑でしょう」と会話相手はため息を吐いた。「むろんです。それにフマーユーンは神託に頼るのも大好きでした。特に、ペルシャ語詩人ハーフィズの詩句を用いてです。あなたが、ムガール支配者の所有物からの（いくつかのインドの図書館でまだ見つけられるような）ペルシャ文芸の写本を観察すれば、子孫に所有されていた当該の書き込みを見ることができます。」

「しかしどうして、誰が見てもやはり弱い、そのような男が、そもそも王座についていられたんでしょうか。」

「いいところを突いてくれました。兄たち、ヒンダールが、そしてもっと強烈にカームラーン〔一五五七没〕が彼と戦いましたが、最終的には、ジャウンプルの能力のある総督シェール・ハーン・スーリーが数年間にわたって北インドで事実上の支配者に躍進しました。そこでフマーユーンは逃げねばならなかったのです。彼の妃らが何人か戦いで捕らえられたので、彼はシンドのオマルコートでごく若いハミーダ・バーヌー・ベグムと結婚し、一五四二年に彼のひとり息子のジャラルディーンが生まれました。これは後にアクバルとして有名になったのです。フマーユーンはシンドからも逃げねばならず、ハミーダを連れて行きました。彼女はその小さな息子を彼の第一夫人に世話してもらおうとして預けました。この女性とアクバルは、それから後年になっても、特別に心が通い合う関係を持つことになったのです。フマーユーンとハミーダはイランのサファヴィー朝宮廷に逃げました。「王座なき支配者」が、シャー・イスマーイール〔一五〇一～二四在位〕の息子シャー・タハマースプ〔一五二四～七六在位〕の下へ来たとき、彼はこういう詩句を朗詠したといいます。

誰もがフーマの影の中へ逃げる——
ここでおまえの影の中へ逃げるフーマを見るがいい。

神話の鳥フーマは、ペルシャの伝承が言っているように、自分の翼の影が当たる者に王位を授けるのですが、フーマに由来する名を持つフマーユーンは、ここで自ら支配者の影に逃げ込まねばならなかったのです。」

「シャー・タフマースプって、一体誰ですか。」「ええ、サファヴィー朝のシャー・イスマーイールは、一五〇一年に全イランを征服し、そこでシーア派のイスラムを国家宗教として導入しました。そのことでイランは、今日まで、イスラム世界で特別な地位を占めているのです。他の地域が大部分スンニ派だからです。ちなみにこのシャーはイランを征服したとき、わずか十五歳でした。息子タハマースプが政権につきましたが、この人自身は画家であり、詩人や画家の気前のいい後援者でした。しかしフマーユーンが彼の下に到着したちょうどそのとき（一五四四）、彼は心から後悔して世俗の喜びのすべてに背を向けていたのです。この人は『エメラルド色のハシーシュ』と『ルビー色のワイン』への愛着を——自分がある小さな詩句で用いた表現では——『後悔という無色の水で』洗い流したのです。今やすっかり宗教生活に没頭した支配者のこの『回心』の結果、詩人や画家は重要な雇い主《パトロン》を失いました。長い戦いの後ついに一五五五年に、フマーユーンがトルクメンの将軍バイラム・ハーン（一五六一殺害）の手腕のおかげでインドに戻ることができたとき、彼には数多くの画家、カリグラフィー書家、そしてますます大きくなる流れにもたとえられるほどの数の詩人らが彼についてきました。彼が復帰する前に、まだ二十歳にもならないハミーダ・バーヌー・ベグムに、戦略上重要なカンダハル砦の見張りを任せたことは、息子の気力あふれる母をどんなに評価していたかを示します。」

「ムガール女性たちが、そういう風に何らとらわれることなく積極的に行動できたというのは知りませんでした」

とその若者は感嘆した。「それからハミーダはどうなったのですか。」

「ところが、フマーユーンは不幸なことにデリーに戻って数カ月もしないうちに、図書館の階段から落ちて死んだのです。彼は、ちょうど祈りを呼びかける叫びが響いたとき、金星が昇るのをそこの上階から観察しようとしたのです……。この時期に二十八歳だった未亡人は、さらに半世紀生きました（一六〇四年に亡くなりました）。彼女は、私たちには——私たちは少なくともその人だと思っています——細密画から知られています。その絵では彼女は、孫サリーム・ジャハーンギールの誕生のような重要な出来事の際に、産婦のベッドの脇で真っすぐ背筋を伸ばし気位高く座っています。高いトルコ風の帽子を被って……」

「そうですか。それでアクバルはどうなったのですか。父が死んだとき、まだ子供だったでしょう——彼は、私が名前を聞いたことのある唯一の人なんです。」

「彼が王座についたのは十四歳のときでした。彼の助言役は、まず、忠実なバイラム・ハーンでした。フマーユーンがデリーへ帰れたのはこの人のおかげです。この人はまた——パーニパットの戦いで——一五五六年に最後の抵抗者らを打ち破りました。けれども彼の権力は大きくなりすぎたのです。それで、女性たちの居室でたくらまれた陰謀の結果、彼は不興を買ったことにされ、メッカ巡礼に行くように命じられました。それは当時、好ましくない人物を体よく追っ払うエレガントなやり方でした。たいていの巡礼船が出港するグジャラートのパタン **Patan** への途中で彼は殺されました。けれどもその息子アブドゥア・ラヒームはアクバルに迎えられ、家族の一員のように遇されました。あなたはこの人の名前をまだこれから何度も私から聞くでしょう。」

「アクバルは神秘家で、ムスリムとヒンドゥーを同じように大好きだったと言われています。それは本当ですか。」

「ある意味ではそうです。でも忘れられているのは、彼が途方もない動揺で突き動かされた行動人だったことです。いつも新たに国を征服し、ほとんど不断に出征中であった男です。細密画はたいてい危険な作戦に取り組む姿を見せます。自分の帝国で住民のヒンドゥー多数派とムスリム少数派の間でよりよい関係を作りたいという彼の希望も、自分の領地でそもそも達成可能なもの一切を包括したいという衝動から説明できます。そして彼の神秘的側面は、——どうして彼がファテープル・スィクリを自分の後継者サリーム・ジャハーンギールの誕生に感謝して建てたかを考えるならば、あなたは分かります……。」

「あ、ぜひファテープル・スィクリのことを話してください。来月そこを訪れるつもりです。」「それなら、そこを見るまで待った方がいいでしょう。あの都市を言葉で言い表すことは不可能です。その上アクバルはファテープル・スィクリを去って、一五八六年にまたラホールに住んだのですから——私たちは今はラホールにとどまった方がいいでしょう。」

「そうですか。それでデリーはどうなりましたか。そこが本来の首都だと私はいつも思っていたのです。」「そこはある時期はそうでした。しかしムガールたちの間ではアクバルの孫シャー・ジャハーンがようやくデリーをまた首都にしたのです。ミルトンが『失楽園』〔一六六七〕で、生まれたばかりのアダムに世界の壮麗な眺めを「to Agra and Lahore of Great Moghul 大ムガールのアーグラとラホールまで」ちらりとのぞかせるのを思い出しませんか。デリーは当時は、むしろ象徴的な役目を果たしていただけなのです。その際にフマーユーンの霊廟は中心の場所を占めました。」

「それでなぜアクバルは新しい宮殿都市を去り、ラホールへ来たのですか。」

「神秘思想の予見者バーイエジード・アンサーリーに主導されたラウシャニヤという宗派が、北西境界地域を脅かしたのです。それで彼は、状況をより近いところから抑えようとしました。彼はまずラホールのフォートを強化させました。より重要なのは、この都市で彼の宮廷芸術家が鼓舞されて、実に大きな成果を達成したことです。画家たちはもうファテープル・スィクリで大作を創作していました。しかしここでは、イランから移住してきた画家たちによって育まれたような、どちらかというと『抽象的な』ペルシャ様式が、ヒンドゥー画家の少し自然主義の伝統と有機的に結びつくことになったのです。あの総合が誕生し、おかげで私たちがイスラム絵画の実に繊細な作品を手に入れているのです。私たちにあの時期から残されている最初期の写本のひとつは、アクバルのラホール到来から三年後にそこで完成しています。」

「それには一体何が描かれているのですか。歴史上の場面ですか、それとも他の何かですか。」「いいえ、それはペルシャの頌歌詩人アンワリーの作品の写しです。この人は一一九〇年頃に没しましたが、彼の頌詩はいつも大いに讃えられています……。」「先生はいつもペルシャ語のことをおっしゃいますね――一体誰がインドでペルシャ語を読んだのですか。」

「ペルシャ語は、西暦一〇〇〇年のすぐ後に北西亜大陸が征服されてから、知識階級の言葉でした。まもなく官庁語になり、中流と上流階級のムスリムだけでなく公職についているヒンドゥーもペルシャ語を使うようになりました。――忘れないでください、まだ私たちの世紀でもラビンドラナート・タゴール〔一九四一没〕のようなヒンドゥー詩人も、古典ペルシャ文芸を実によく知っていたのです。」

「そしてその手写本はどんな風に見えたのですか。」「そうですね、私が話している写本は、――三百五十四葉で――だから約七百ページです。小型本の大きさです。それは、蝶の羽のように柔らかく、金が散らばしてある紙に書かれています。十七枚の極上の細密画で飾られています。当時普通だったように、色は（青は）ラピスラズリ、（赤は）擦りつぶした赤い甲虫、（黄は）雌牛の尿から作られています。筆はきわめて細くて、しばしば一本の毛が――子猫かリスの喉元の毛です――筆の先になっていました。そのようなちっぽけな画像を何倍にも拡大して壁に投影してみると、描かれた人物の頬に落ちる睫毛の影さえ見ることができるほどです。」

「信じられない、全く信じられないことです」と若者は叫んだ。「ところで、この分野ではいい展示があります。ここのインドでもヨーロッパとアメリカと同じように、美術館がそのような宝物を所蔵しています。細部のすべてを分かるには、むろん長い時間辛抱強くそれらを鑑賞しなければなりません。この種の最も見事な細密画のいくつかはカシミールからのものです。もっと正確に言えば、アクバルの息子ジャハーンギールに仕えてカシミールで活動した

ラホールのアクバルのところへ連れてくるためにです。ちなみにその両支配者は親交を結ぶようになりました。」

出発した都市です。シンドに帆航し、そこで最後には、下流インダス流域の最後のトルコ種族の統治者を打ち負かし、

画家たちのものです。ところでラホールは、バイラム・ハーン・ハーンの息子、ハーンハーナーン・アブドゥア・ラヒームが出発した都市です。シンドに帆航し、そこで最後には、下流インダス流域の最後のトルコ種族の統治者を打ち負かし、ラホールのアクバルのところへ連れてくるためにです。ちなみにその両支配者は親交を結ぶようになりました。」

もっと聞きたげな視線が私にさらに続けさせた。「そうです。何のかんのいっても、アクバルもシンドで生まれていたのです。興味深い話がまだあります。ハーンハーナンが戦陣に出かける前に、彼はここラホールに住んでいて、聖にかなった暮らしをしていた男を訪れました。私たちは手早く一度彼の小さな廟を訪れましょう。それからさらに話しましょう。」

私たちは、すばらしくて再三感動をおぼえるシャリマール公園へ向かった。そこは、シャー・ジャハーンがカシミールの庭園の思い出からこの名をつけた。しかし私たちは、大理石のパビリオンがある広い公園施設に入る前に、全く小さな建物、マードー・ラール・フサインの墓に立ち寄った。

「これは、パンジャービ語でワインと恋に陶酔した詩句が伝えられている、最初の神秘的歌人です。ここで彼は友人とともに最後の安らぎの場を見つけました。三月下旬の彼の命日ににぎやかな大市が開かれて、ランプの光の祭り〈メーラー・チラーガーン〉とともに楽しく祝われます。この聖者は知恵と洞察力で有名でした。ハーンハーナーンばかりでなく、多くの敬虔な人たちも、聖者が一五九三年に亡くなる前に、彼に助言を求めてやって来ていました。私は、彼とハーンハーナーンの会話に何と耳を澄ましたかったことでしょう。ムガール軍の総帥はペルシャ語とトルコ語での優れた詩人で、バーブルの思い出をペルシャ語に翻訳しただけでなく、民衆語であるヒンドゥーでもすばらしく繊細な詩句を歌っていました。それらの詩で彼はひそかに神秘主義的傾向をほのめかしています。百人以上の詩人の有力な後援者であり、度量の広いことで知られた彼は、自分が贈り物を配るときには、目をつむるのが習慣でした。それは自分が、〔永遠に与える方〕の単なる道具にすぎないと感じていたからです。彼のウルドゥー語詩のひとつがこう言っています。

与えるのは他の誰かではない。
〔あの方〕だけが私たちに与えるのです、夜も昼も。
私がそれだと人々は間違って思っているので、
　私は恥ずかしさいっぱいで、目を閉じる。

「そういう言葉を将軍から聞くのは、すてきなことです」と彼は言った。私は続けた。「ハーンハーナンに特別結びついていたペルシャ語を話す詩人のうちで、ラホールにひとりが住んでいました。シラーズから移住し、一五九一年に早すぎる死を迎えたウルフィーです。その高慢さと限度知らずの自賛のために多くの人たちに憎まれていますが、それでも私には、彼はムガールの富によってイランからインドへおびき寄せられた詩人らの最高の人です。彼の嘆き、死への憧れは、――このようなテーマがペルシャの叙情詩でどんなにたびたび扱われていても――深い、真実の響きを有しています。そして彼の過度の矜持は、非常に傷つきやすい魂の防衛として説明されます。」

私は若い同伴者にこういったことすべてを語った。彼に、ちょうど、イスラムの年代計算（つまり太陰暦）で最初の千年に達していた、終わりつつある十六世紀のあの時代のラホールの魅力を示そうと試みた。

「あなたはウルフィーの詩の何かを知っていますか」と私は尋ねた。そして彼に私のお気に入りの詩作品から、何行かを朗唱するのを諦めることができなかった。

友の門から――私はどう言おうとするのか、
　どんな風に私がそこから去ったかを、
何と多くの憧れを抱いてやって来て、
　何と不機嫌になって立ち去ったか。

どのように私は頭を壁にぶつけたことか、
　あの狭い小路で。
酔いしれて私は有頂天になってやって来た、
　うろたえて沈黙するしかなく立ち去った。
開いた唇に希望の歌をのせて、私はやって来た……落胆して、
胸の中で歯を食いしばってこらえ、
　私は立ち去った。
生涯の旅路の果てに迎えた冬の夜、
　それが黄昏に向かって語る、「ああ、つらい、
役立たずの下らぬおしゃべりの中で、
　私は終わってしまった。」

それぞれの詩行の組み合わせのいつも新たな対立が実に巧みであるが、ここでは空虚な修辞を越えたものがあるようだ。ハーンハーナンの広く知られている図書館は、もともと、多数の自筆や最初の写本を誇ることができた。それにふさわしいように彼は、ウルフィーの散在している詩を詩人の死後数年にわたって集めさせた。

「しかし一体歴史はさらにどのように進んだのですか」と、悲しいペルシャ語詩にそれほど興味のない若者は尋ねた。「アクバルは一六〇五年に死にました。息子ジャハーンギールが王座につきました。二人の弟ダンヤール〔一六〇四か五没〕とムラード〔一五九九没〕は振顫譫妄《しんせんせんもう》でもう死んでいました――私たちは彼らの飲酒癖について波乱に満ちた報告を持っています。」

「それはイスラムのインドでのことですか。」「はい。神学者がどんなにがみがみ叱っても、まさしくムガール人のところで、そして貴族階級で、ワインと阿片が広まっていたのです。今やジャハーンギールは――もちろん暴動を鎮

圧し反乱者と戦うことをまぬがれることなく――王座に登ると、ラホールのフォートを再建させました。そして数年前に、大いに興味深い天井画と壁装飾が発見されました。それは、芸術に理解があった皇帝が委託して創作させたものです。その際に、たしかに西洋芸術家の影響は排除できません。イエズス会士がその国にもう一五八〇年から来ていたからです。ヨーロッパから訪問者の数が増えました。彼らは贈り物としてしばしば挿し絵入りの書物を持って来ました。そしてジャハーンギールは〔目の人〕でした。彼は、宮廷で雇われている芸術家たちの作品が問題になるときに、自分の確かな眼をその手記で自慢しています。国の有力者たちの等身大の肖像画、そしてはるかに精密な、小鳥や植物を描写したものも制作されました。皇帝は自然科学者のような関心を示して、自分に差し出された動物や花を描写しています。彼の手記とお抱え画家たちの絵は、互いに補い合っているのです。」

「それでは彼には、一体そもそも統治する時間があったのですか。」「本当はありません。何度もの結婚の後、彼は最後に賢いペルシャ女性ヌール・ジャハーン〔一六四五没〕と結婚しました。この人が国家の状勢を精力的に指導したのです。彼女は皇帝が一六二七年に没したとき、終焉記念建築物を築かせました。それは広い公園の中にあります。囲壁は、赤い砂岩に白い大理石象眼細工でできて、もうすばらしい姿を見せています。あなたは明日そこへ一度行って、ヌール・ジャハーンの悲しい小霊廟をも見るべきでしょう。」

「それは正確にはどこにありますか。」「ラーヴィ川を渡らなければいけません。そして流れに目をやると、イクバールが一九〇九年に書いた、ある悲しい詩を思い出すことができます。あなたは分かるでしょう――ちなみに古い銅版画で見るように――今はラホールの人たちに一種の行楽地になっているあの地域がどんなに荒廃していたかが。イクバールは言います。

……夕べの縁は、赤ワインで色鮮やかになった。
それは空という老人が震えながら注いだのだ。

昼の隊商はどこにもない土地へと急ぐ。
黄昏ではないようだ——ひまわりの燃焼だ。
広大でぞっとするほどの孤独なところに、
ジャハーンギール時代の墓標尖塔が立つ。
時代の変化すべてを、この場所は非難する——
この場所は、とっくに過ぎ去った日々という書になっている……

しかし、最後にはこう言います。

けれども、生の小舟は、死を、難破を知らない……
視線から消え去ろうとも——それでも滅びることはないだろう。」

私の会話相手はうなずいた。「それでも、人間の生が、ラーヴィ川に浮かび、ゆっくり視線から去ってゆく小舟のように——目的もなく終わることはないだろうという詩人の希望は、彼と同郷人にはかなえられました。」

だが翌日彼は美しい墓廟を訪れてみて、びっくり仰天した。観光客には最初の一目では見えない霊廟裏側が風雨で傷み、北インドと同じくパキスタンをほとんど毎年襲って常にくり返され、最高のダム・システムでも防げない洪水で、ゆっくり侵食され切り崩されているあり様だからである。私たちはマードー・ラールの小さな墓建物からシャリマール庭園に向かい、パビリオンのひとつから池に、小さな滝となって泡立ち流れ落ちる水を眺めた。

「アーグラの宮殿で」と私は言った。「そのような小さな滝が、エメラルドがはめ込まれた斜めの段を越えて流されました。それで水は輝く緑の印象を与えました。低い壁を越えて水がどっと流れ出る、そういう設備もありました。その壁のくぼみには明かりが立てられました……そういうものが、まず第一にシャー・ジャハーンの建物では見つけられます。」

「ジャハーンギール、シャー・ジャハーン――どうしてこの人たちは、何となく似たような名前なんですか」と若者は、キラキラ光るムガール水路を私が説明してもあまり感動せず、嘆いた。「大変簡単です。〈ジャハーン〉という語はペルシャ語で世界を意味します。だから〈ジャハーンギール〉は『世界を捉える者』、〈シャー・ジャハーン〉は、『世界の支配者』、そして彼の最初に生まれた娘〈ジャハーナーラー〉は、『世界を飾る者』です。」「ええ、それだと少し易しくなります」と彼は言った。「今度は、シャー・ジャハーンのことを何か語ってください。」

「彼の本名は、フルラム『幸せな』でした。けれども、彼が反逆した時期に、父によって〈ビー・ダウラト〉『悲惨な者』と呼ばれました。ところで、父に対する王位継承者の反乱というのは、ムガール史ではいつも見られる場面です。シャー・ジャハーンは父と同じく芸術通でしたが、特別な愛着心は、建築に向けられていました。彼は、シャージャハナバードというデリーの地区を建設させた人です。レッド・フォート、大モスク、その間に延び広がっている貴族の館です。そして彼の実に美しい建築物は、もう伝統的な赤白ではなく、白い大理石で支えられています。あなたは、そうです、まもなくタージ・マハルを見るでしょう。愛妻を偲んで建てたあの夢のように美しい墓廟建築物です。彼女は十四人の子らの母親です。彼のためたった十六年の間に生んだのでした。最初に生まれたジャハーナーラーは当時十六歳ですが、帝国のファーストレディーです。そして神秘思想に大変興味を抱きました。彼女のひとつ年下の弟ダーラー・シコーは、カーディリー教団に入信しました。その中心はここラホールにあったのです。時間があれば、私たちは夕方、この皇太子がペルシャ語の伝記を献じたミアーン・ミール（一五五〇～一六三六）の霊廟を訪れましょう。」

「喜んで」と彼は言った。私たちは小さくて優雅な霊廟へ出発した。そこは以前は暖かな感じを与える黄色で塗られていたが、今は訪問者を暗い緑色で陰欝に見つめている（時々私は、聖者廟の修復を引き受けている全部局が、決して尽きることない暗緑色のペンキを大量購入したかのような感じを持った……）。そこの聖域の銀色のドアは、半ば開けられていたが、女である私には入場は拒まれていた。女性はチシュティーでもカーディリー霊廟でも入場が許されないからである。そういう次第で、王女ジャハーナーラーは、自分の師の公的な後継者になることができなかった。教団がそれを許さないからである。

けれども私は、大好きなその場所を空港へ行く途中ですばやく短い時間訪れようとした最近のあるときに、思いがけなく中に引き入れられた。墓に掛けられた布である淡紅色と赤のベールのふわふわした布地に包まれてだった。それらの布は私に旅の祝福を伝えてくれるものだった。数年後にもこのような不意打ちに驚かされ、幸せな思いをした……。

私たちは、霊廟の、周囲に樹木が植わっているかなり大きな広場をぶらぶら歩き、モスクを見、墓建造物の台座にある繊細な大理石アラベスク模様を賛嘆し、いくつかの低い建物に目を向けた。それらには現在は管理室と図書室、それにまた小さな学校も入っている。学校では少女たちがあらゆる種類の細かい手仕事を学んでいた。

「一体あれは何ですか」と私の同伴者は尋ねた。木々の間にやっと見えるドームを指した。「あれは、ナーディラ・ベグム〔一六五八没〕の墓です。皇太子ダーラー・シコーの妻で、ミーアン・ミールに帰依していました。シコーは神秘思想家だったので、祖父アクバルの諸理想をまた取り上げ、ヒンドゥーとムスリムの間のより深い理解を、神秘的な〔全にして一という見方〕の基盤の上で創造しようと努めた理由で、躊躇を知らない現実政治家だった弟アウラングゼーブに戦いを挑まれました。ダーラー・シコーは統治の問題には関心を示しませんでした。彼は神秘主義のテクストを集める方を選び、数人のヒンドゥー学者の助けを得てヴェーダのウパニシャドの五十種をサンスクリット語からペルシャ語へ翻訳するところまで進みました。彼はそこに、ムスリムの書物でと同じ神秘的英知が見つけられると思ったからです。そうです、彼の意見では、ウパニシャドはコーランのスーラ56の78で言っている、「隠れた書」〔天の書〕なのです。」

「それは本当に興味深いですね」と同伴者は叫んだ。「私は、ヨーロッパの観念論の哲学者が、インドの思想に十九世紀初めに大変感銘を受けていたことしか知りませんでした。――そのことがどのように説明されるものか、一度知りたいものです。」

「まさしく、ダーラー・シコーの仕事によってです。ダーラー・シコーのペルシャ語訳は、フランスの東洋学者アンクティル・デュペロン（一八〇五没）によってラテン語に翻訳され、一八〇三年『ウプカネット。奥義書』として出版されました――この作品はヨーロッパ人に物凄い熱狂を引き起こし、特にドイツでのインド観に影響しました。ドイツでは当時インド学が独立した学問として発達し、インドのイメージが「すべての役立つ芸術の、何ら有害でない芸術の故郷」として（A・W・シュレーゲル）主張され、インドは常に神秘思想の本来の故郷と見られました。けれども残念ながら誰も哀れなダーラー・シコーに、彼がこの仕事を準備し、そのために命を失わなければならなかったことに、感謝しなかったのです。弟アウラングゼーブはシャー・ジャハーンから一六五八年に権力を奪いました。退けられた王は一六六六年に死ぬまでアーグラに捕らえられていました。病みがちな老人の唯一の慰めは、窓からタージ・マハルを見ることができたことでした。……ダーラー・シコーは、アウラングゼーブに追い払われ、彼にかつて細密画の見事なアルバムを贈られたことがある忠実な妻ナーディラ・ベグムがついて行きました。アフガニスタン国境近くで彼女は死に、王子は遺体を最後の残った兵士何人かをつけてラホールへ送りました。崇めていたミーアン・ミールの近くで埋葬できるようにです。彼自身はその後まもなく捕まえられ、処刑されました。そしてここにあなたはナーディラ・ベグムの霊廟を見ているのです。」

私たちは、華奢な尖塔アーチのあるその小さな建物へ行った――私は、ラホールを三十年前に初めて訪れたとき、この霊廟がどんなに悲惨な廃墟だったかを思い出した。それは洗濯人の居住地区にあって、屋根も窓もなかった。けれども、社会福祉活動で際立っている、ある中年のパキスタン女性の休みない献身のおかげで、この建物が古い美しさを失わずに再建が実際可能になっていた。洗濯人の地区はとっくに都市の周辺へ移されていた。「何と素敵な話でしょう」と学生は言った。「それからどうなったんですか。」

「さて、アウラングゼーブはほとんど半世紀の間支配し、人生の最後の三十年をデカン地方で過ごしました。南のムスリム諸国家をもムガール帝国に併合するためにです。そして帝国はそのことで絶望的なほど拡大し、防衛が不可能になったのです。彼の姉ジャハーナーラーは神秘思想にずっと忠実でいて、デリーでニザームッディーン・アウリヤーの近くに埋葬されました。一方彼の娘ゼーブ・ウンニサー〔一六八九没〕は、伯母ジャハーナーラーの文学的関心を受け継ぎ、女流詩人として有名になったのです――彼女はマホフィー「隠された」の名で書きました。彼女の作とされている詩が実際そうかどうかは、むろん必ずしも確かではありません。でも私は彼女のペルシャ語の詩句のファンです。それは「インド様式の」複雑なコンシート〔珍奇・奇抜で凝った比喩・表現・語呂合わせ〕を優雅に映しています。彼女が、

画家が私をモデルに選び出すとするなら、
彼はどのようにため息の形を描けるだろうか。

と言うとき、自分の孤独な生を要約しているのです。無為に燃えつきる墓前のろうそくのような生、無益な花火……けれども、この王女は数多くの詩人の後援者で、ペルシャ語の作品に刺激を与えました。例えば、最大の神秘主義詩人ジヤラールッディーン・ルーミー教本の注釈です。そしてラホールの多くの建物は彼女によって建てられています。一度チャウブルジ Chauburjiをご覧なさい。それはなくなってしまった庭園の入り口門です。いわゆる、「ゼーブ・ウンニサーの庭園」では、せいぜい、人目につかない囲壁部分の色とりどりのタイルが少し見られるだけです。……彼女の姉妹ジーナト・ウンニサー〔一七二一没〕の方は、デリーに小さなモスクを寄進しました。レッド・フォートの囲壁の下すぐのところです。そこでは、十八世紀の二〇、三〇年代にデリーの詩人らが集まって、アウラングゼーブの死後北インドの文学語にゆっくり成長していったウルドゥー語のために詩句論と修辞学の規則を作り上げるためです……。

「それで、デリーで詩作していた間、ラホールでは何をしていたんですか。」私は笑った。「ああ、あそこで詩作だけをしていられたらいいのにね……デリーは再三略奪されたのです。十八世紀中ずっと、破局に次ぐ破局がもたらされました。そのことはパンジャーブにも当てはまります。十六世紀初めに神秘主義の団体として設立されていたシィク教徒が、ムガール支配者たちの――その先頭にはジャハーンギールが来ます――不器用な策略によって軍事共同体になってしまったのです。それが今や、ムガールに困難をもたらすために、彼らの力の範囲内でできることすべてを行ったのです。彼らは十八世紀にはパンジャーブの大部分を獲得しました。彼らは一七九二年にランジート・シング〔一七九二～一八三九〕とともにそこを正式に支配さえしたのです。あなたが今日午前に大モスクとフォートの間に見た、魅力的なパビリオンはこの時期のものです。あなたは一度そこの床にある極上の大理石はめ込み細工を詳しく見たらいいでしょう。」

彼にその建物の見物を勧めていた間に、私はそこで、神学学校のメンバーを前に語っていたあの日のことを思った。絨毯が広げられ、絹の覆いが私たちを好奇心から見る人たちの視線から守った。私はイスラムの現代に即した解釈を話していたとき別の世界にいるように感じた。

一九七五年頃にこの問題はまたしても特別切実になっていた。実にさまざまな宗教諸派が国内で自己の主張を聞かせようとしていた。ゲーテ・インスティトゥートが私に運転手を自由に利用できるよう提供してくれた。私はその運転手との長い討論を思い出す。巡礼で羊を犠牲として捧げるよりも、そのためのお金を貧しい人たちに与える方がずっと合理的ではないか（それは非常によく分かることだった）と、彼は言った。しかし、ムラーがそれを厳しく拒んだと彼は嘆いた（ところで同じことは、イスラムの他の国でも起きていた。屠殺の儀式は、たしかに、アブラハムの犠牲を、人間の犠牲が動物の犠牲によって代えられた、あの革命的な出来事を思い出させるからだと理由が述べられていた）。

私はまた同伴者に向かって言った。「シィク教徒の支配は数十年後に終わりました。一八四九年にイギリス人がパンジャーブを併合したのです。彼らがシンドを破ってから六年後です。現在のパキスタンのもうほぼ全土にあたる両地域では、新しい組織、新しい行政機関が作り上げられました。続く年月の経過するうちにラホールは再び北西インドの重要な文化中心地になっていったのです。ムガール帝国の方は一八五七年に劇的な終わりを迎えました。しかし私たちはここで最後の百五十年の全展開を論じることはできません。ただ次のことを考えてください、この都市はウルドゥー文学の発展にとって、重要な刺激を受けたということです。そしてここで知識人の、ジャーナリズムの著しい活動が成長していったことです。イクバールも、ラホールでカレッジ教育を受けて、初期の詩をここで出されていた雑誌のために書いたのです。彼は一九〇八年にケンブリッジとハイデルベルクでの勉学を終え、学位論文〔『ペルシャ形而上学の発達』〕の口頭試問をミュンヘンで受けた後、ここに居をかまえました。……そして彼が亜大陸の北西で、ムスリム国家という考えを初めて一九三〇年に、アラハバードでの全インド・ムスリム同盟の年次総会で表明したのですが、ここでは一九四〇年三月二十三日パキスタン決議が採択されたのです——あなたは今亜大陸の運命に決定的に重要なところに立っているのです……。」

それから私たちは別れた。私は、色彩鮮やかな都市での私の「いつもの」生活に戻り、沈潜した。そこで私は、それまでの数年、イクバールの息子とその才気ある精力的な妻の家に住んでいた。私は実にいろいろな人たちと知り合った。大学の老学者、画家、カリグラフィー書家もいた。政治やジャーナリズム、文学で活動していた驚嘆すべき女性たち——ジャーヴィード・イクバールの妻〔ナースィラ〕がそうであるような——女性法律家、女性運動の先駆者、三〇年代にイギリスの植民地主義者にたいする戦いを積極的に支援した老婦人たち、現代の生活にたいし準備をし、カラフルな〈シャルワル・カミース〉を着て、楽しい花々のように芝生でスポーツをしていたカレッジの若い女性たち。ラホールはそれ自体一個の世界だった。けれども私は、通りの雑多な群衆、バザールのいろいろ混じった匂いを楽しむのはごく稀にしかできなかった。それは、サミーナ・クラエシが彼女の（私は「私たちの」と言うところだった）書『ラホール。都市の内部 Lahore, The City Within』で写真にとらえていたような、生の匂いである。私はいつあの都市の広大で豊かな周辺地域に行ったことがあっただろうか。そこでは、土地の塩害被害増大にもかかわらず、穀物が豊富に成長し、よい乳畜が飼われ、農業生産ではどんどん現代技術を使うようになっている。

私にはラホールはずっとムガール人の都市、庭園の都市、近代文学運動の都市でもあって、そういうものとしてずっと魅力があった。イクバールが夢想したように、確固たる防塁ではなく、傷つきやすい国境都市であった。インドとの国境にどんなに近いかを、美しいシャリマール庭園を後にし、つつましやかな動物公園ジャロ・パーク **Jalo-Park** を訪れて初めてよく感じられるからである――そこにはとてつもない入場門が、かつてのムガール世界の片側を別の側から遮断していた……。

ラホールでは私には、別の大きな驚きもあった。学芸後援者としての女性の役割がまだ終わっていないことを示す驚きであった。パトロンに当たる人は、この場合ムガール王女ではなくて、私がハーバード大学で知り合ったイギリス人女性だった。ある日彼女はほとんどおずおずと私に尋ねてきた。彼女が相続した遺産を使ってアンネマリー・シンメル財団を設立し、それで毎年パキスタン出身の若い女性をひとり、一年間英国かアメリカ合衆国で研修させることができるようにしたい、それに私が反対かどうかと。その選抜の本部は、ラホールにある古くから有名なキンナード・カレッジ **Kinnaird College** にしたい。――そしてこれまでに三人の若い女性がこの奨学金を利用した。

私は今度はひょっとしてムガールの詩人クドゥシー〔一六四六没〕の言葉で言うべきだろうか。

　希望が実現するならば、それはよくない――、
　ページは全部書きつくされたら、めくられるのだ。

でも私は結局のところ、たしかに「私の」通りも「私の」奨学金も望んではいなかった。本当である、一度でもそういうことを夢みる気を起したことはなかった。

# 第二部　インド

# 6　ムガール人の都市

## 1　ファテープル・スィクリ

ラホールでは訪問者にアクバルを思い出させるもの、彼がファテープル・スィクリを去ってラホールで過ごしたほぼ十五年を思い出させるものは、ほとんどない。皇帝の名が特に結びついているのは、ファテープル・スィクリの方である。アクバルは、初めて生まれた双子がまもなく死んだので、後継ぎが欲しくて、パークパタンのファッリードゥッディーン・ガンジ・シャカールの子孫であるチシュティー教団聖者サリーム〔一五七一没〕に頼った。妃のひとり、ラージプート族女性のマルヤム・ザマニを、妊娠の間アーグラ近くの村である、当時彼が住んだ居城のスィクリに連れて行った。そこに暮らしている聖者の有り難い霊力に彼女を守ってもらおうと思った。一五六九年八月三十一日に息子が生まれた。その子はサリームと名づけられた（けれども聖者への畏敬から決してその名を口にしなかった）。〔神の友〕の祈りのおかげで生まれた子に、まさにその「助力者」の名をつける習慣はイスラムでは一般に広まっている。感謝の念を抱いたこの君主は、チシュティーのサリームの小さな住居の周りにファテープル（「勝利の都市」）・スィクリと名づけた都市を築いた。

私たちはアーグラから来て、もうはるか遠くから、その居城都市に入る巨大な入り口門を認めた。それは砂岩からなる丘の連なりの上で何よりも高くそびえていて、アクバルの祖先チムールの堂々たる門建築を記憶に呼びおこす。もっと近づくと、まず小さな村を通らなければならなかった。その村は私たちが目にしたかぎりでは、小屋と、ぞんざいに組み立てた屋台からできていた。その屋台はぶらぶら通る人たちに、何か言い表しがたいもの——明らかに食物である——、山のように高く積み上げられた灰茶色のものを提供していた。ここへやって来た巡礼者は、そしてこのすばらしい建築物を嘆賞する異国の訪問者は、そうだ、何か食べて元気づけられねばならない……。

私たちは三十二段の広い階段を登り、門建築物にいよいよ驚かされた。これはちょうどファテープル・スィクリの南に位置している。〈ブランド・ダルワーザ〉つまり「雄大な門」という表現が皇帝のいますところにふさわしいなら、それはここである。高さ約五十メートル、幅十メートルのその入場門は、高い囲壁とともに都市設備の最重要部の前に建ち、訪問者をチシュティー教団サリームが眠っている小さな廟前の、大理石が敷かれた境内に導く。

門から通ずる道の右側には、皇帝アクバルが一六〇一年にハーンデーシュ **Khandesh**〔デカン地方〕征服後に取り付けさせた碑文が見られる。それは、シンド地方の出の偉大な歴史家、作家、芸術家であるミール・マッスーム・ナーミー〔一五三七～一六〇八〕によるカリグラフィーで書かれてある。私は何年も前のずっとずっと昔、ローリー〔パキスタン〕にあるその人の墓塔を一度訪れたことがある。ひょっとして人々は勝利の言葉を期待するかもしれないが、こう読める。

この世は橋である——そこを渡ってゆけ。しかしその上に家を建てるな。

これはイスラムではイエスの箴言として、ムスリムには、ご存じのように、神を愛する偉大な苦行者、貧と愛の模範と思われているイエスのものとして通用している言葉である。小房に囲まれた広い境内をゆっくり渡って行くと、視線はずっと、ファテープル・スィクリの中心であるチシュティー教団サリームの墓に向きっぱなしだ。

それは白い真珠のように、ほとんど砕けかけている赤い砂岩でできた建物の巨大集合体の中にある。すっかり香りで満たされた内部は、全部真珠層がはめ込まれている。本来の墓室の周歩廊には、白い大理石の〈ジャーリー〉という透かし彫りがある。十九世紀のイギリスの訪問者は、それが石を刻んで作られたのでなく、編まれたような感じがする……と書いた。

小さな宝石にも似たこの建物の囲壁際には、何人かの婦人が、祈りと連禱を唱えて立ったり座っていたりした。彼女らは子供がなくて、かつてアクバルの妃を祝福してくれたように、聖者が彼らを祝福してくれることを願っていた。

サリーム・ジャハーンギール誕生の二年後、この聖者の没年に築かれ毎年拡大されたこの都市で、皇帝アクバルの人生での重要な時期が過ごされた。新しい居城での生活についてのペルシャ語の報告がある。例えばそれは、バダーウーニーのしばしば皮肉で批判的な描写である。そして、バダーウーニーの初めは友人で後に対立するアブール・ファズル〔一五五一～一六〇二殺害される〕が書き表した熱狂的な褒め言葉、また冷静な総括がある。それらは一五八〇年のアーグラに到着したイエズス会士らの報告によって補なわれる。これによって分かるのは、細密画があって、それらの絵は皇帝とその臣下がヨーロッパからのこれらの客人と一緒にいる姿を示している。そこでは客人らの黒い法衣は、ムーガル大人らの色豊かな着衣と奇妙に対照的である。

このイエズス会士の一人、モンセラーテ師はローマとの定期的報告で、若い支配者がキリスト教関連の事物、特に絵姿にたいして示した関心を描いた。そうである、彼が誇らしげに報告するのは、アクバルが一度イエズス会士のクリスマスに参加し、キリスト降誕図とマリアとイエスの絵に敬意を表した様である。

絵画はアクバルの大変な情熱の対象であり、ファテープル・スィクリの時期は〔新ムガール派〕の重要な初期作品が誕生した。〈ハムザナーマ〉の数百葉である。裏にはそれぞれ物語のテクストが、大きな美しいペルシャ語のカリグラフィーで書かれている。朗読者が高く掲げられた絵の後ろに立ち、預言者の伯父ハムザ〔六二五戦死〕のように

——メールヘン中の人物に変形されて——遠い地で激しい冒険を体験し、人間たち、それに竜と戦う様を朗読した。

さてアクバル自身が文盲であったか、あるいは最近提案されたように、読書習得困難《ディスレクシア》のひどい障害があろうと——彼は読むことを重視しなかった。朗読させることを好み、ペルシャ語の古典詩歌を知っていた。ルーミーの神秘主義的詩であれ、アミール・ホスロー〔一三二五没〕の叙情詩あるいはハーフィズのそれ、アンワリーとカーカーニー〔一一九九没〕の頌歌であれ。そして彼は自分の図書館に新しい写本を収納できるたびに喜んだ。あるペルシャ語詩句が彼のものとされている。そのことが正しくても正しくなくても、飾り気のない二行は、彼が数多くの詩から知っていたもの、ペルシャ文芸が数百年の間ずっとくり返した主題を表現している。

バラに落ちるのは、露のしずくではない——、
それは小夜鳴き鳥の涙にすぎない。

生と芸術のどんな面にも興味を抱いた皇帝は、時々採石場にすら行き、計画した建築物のための砂岩を自分の手で少し切り出したと報告が主張する。彼はファテープル・スィクリに実にさまざまな建物を築いた。それらのうちの多くは、今ではむろんもう確認できない。造幣局があった。すべての書類が書き写され、保管された記録所があった。多くの浴場があった——中世のイスラム都市ではどうしても必要な施設である。〈ナッカラハーナ〉があった。これは久しい以前から君主の居住地にある城門では普通であったように、そこから一定の時間にあらゆる種類の太鼓、吹奏楽器での軍楽が聞けた。〈ファルラーシュハーナ〉もあった。それはテントと絨毯が保存されていた建物である、などなど。というのはファテープル・スィクリは、ご存じのように、いつも気づかねばならないが、ムガール人の最初の、実際〈計画された〉首都であった。彼らの生活はそれまでは広範囲にテントで営まれ、時折、中心となる城砦を築いたものの、ひとつの都市全体を建設したことはなかった。中央アジア・トルコ系の遊牧民らしい生き方は、王朝

の落ち着かない創始者たちにも生き続けた。アクバルもこの伝統にある意味で生涯忠実だった。彼の旅は途方もない行列で、馬や象、楽士に画家が付き添い、一緒に運んだテントの休憩室で毎日暮らした。皇帝用に使われたムガール朝のテントを一度見た人は、〈ファルラーシュハーナ〉の内部がどんなに高価なものかをそれとなく感じる――金糸刺繍がしてある、あの赤ビロードのムガール朝のテント。それを私たちは一九八五年にニューヨークのメトロポリタン・ミュージアムでの〔インド展〕のために、ジョードプルのマハラジャ〔ヒンドゥーの藩王〕から借りることができたが、本当に千夜一夜の世界からやって来たように思えた。約七・四メートル四方の広さ、高さ三・八メートルの広間となり、ビロードが巻かれたほっそりした木柱で支えられている。最大のテントだと、中に一万人も立てるほどの大きな空間があった。何重にも上部が重ねられた豪華なテントは、専門家が何週間も作業して組み立てた。それから祝いの日にすばらしく飾りつけされ、薫香も、インドでは大変好まれる重い香水もしみ込まされた。

　私たちはあの日にファテープル・スィクリの通りを通りぬけ、奇妙な形に作られた建物にしばしば感服した。そのかたわら、これらの城やパビリオンが絨毯、クッション、実に細かい作業で作られたビロードの窓掛けを備えたら、今よりはるかに美しい印象を与えたに違いないと想像してみた。グジャラートとラホールのビロードは、中世のペルシャ語詩の中でさえ讃えられている。そして、いくつかの美術館で驚嘆できるような絨毯は、生い茂った植物界で、動物の戦いの息詰まるような場面で、さらには神話上の奇妙な生きもの――花々の中から生い育ってきているような象、暖かい深い赤が優勢なきらめく色彩の中の混合動物――によって傑出している。伯母グルバダンは宮廷の歴史記述者でもあるが、彼女がメッカ巡礼から戻って来るというのでアクバルが通りを絹で覆わせたとき、町はどんな風に見えたろうか。夜昼の長さが同じ春の日である〔ナウルズ〕に、商店街があらゆる種類の贈り物であふれ、宮廷の女性たちがバザールを散策し、香水と薫香の重い香りが空気を満たし、そして宮廷歌手のターンセン〔一五八九没〕の歌声が皇帝の前で響いたとき、どのように事は進んだのか。まだあれがたしかに、ターンセンが一時住んだパビリオンが建っている……。

私たちは君主の妃たちの名を冠したいくつもの宮殿を通り過ぎたとき、ほとんど五千人の女性が暮らしていた、居城内の女性専用地域での華麗な生活を思い描いた。彼女らは身分、位階に従って厳格に組織されていた。そしてよく機能する独立した管理部門があった。それは、宮廷の男性親族と臣下の場合と同じである。淫らな享楽の場としてのハーレムという西洋人の考えとは無縁で、その女性たちは、皇太子の母が最高位を占める独自の世界で暮らしていた。君主たち自身と同じように彼女らは、大建造物、パビリオン、庭園、宮殿、モスク建設の際に進んで関与した。ラホールを歩くだけで、ムガール女性によって寄進された建造物が何と多く見えることか。ベグム〔本来は、王侯の妃〕というスルタン妃についての、中央アジア・トルコから持ち込まれた古い観念が、積極的で威厳ある王妃としてムガール支配者たちの初期の数世代において維持されていたのを目にするのは魅惑的である。

けれどもこの女性たちの生活には別の面もあった。石材で標識がつけられた競技場について伝えられている。そこでは、――ある種のミューレ〔連珠の類〕である〈パッチッシィ〉をする際に通常の駒の代わりに――十六人の女子が皇帝のサイコロで指示された動きを、いわば、競技場でのバレエとして行った。（それほど高貴でない女性たちは、この都市外にある、〈シャイターンプーラ〉「悪魔の町」という名の赤線地帯に配属された。彼女らはそこでやはり厳しく組織され、厳格に管理された。）

アブール・ファズルはアクバルの宮廷の管理部門について、私たちが知識を得る、尽きることない源である。彼はいくつかの労働者グループの賃金に至るまで、馬の飼料とモルタルの値段に至るまで、あらゆる細部を書き留めてくれた。しかし後の訪問者の興味をもっと引くのは、ファテープル・スィクリの精神生活である。アクバルは、ご存じのように帝国内の宗教すべてを互いに近づけようとする試みで、西側の宗教研究者らには讃えられ、正統派のムスリムからは非難されているからである。彼は〈イバーダトハーナ〉「信仰の家」〔祈りの館〕を建てさせた。そこで彼は実にさまざまな宗教の――、ムスリム、ヒンドゥー、ジャイナ、仏教、ゾロアスターの代表者と、一五八〇年からはキリスト教徒とさえ毎金曜日の夜に討論した。その建物自体はまだ確認されていない。私たちはそれが、むしろ一般には〈ディヴァーニーハース〉〔貴賓謁見の間〕という、かなり近い間柄の訪問者のための応接間とされている建物だと思った。この建物は別の集会にも役立ったろうと思えるからである。

その建物の中心には巨大な柱が立ち、この柱が四分割された壇につながって伸びている。やはりまた豪華に区分されたリングの形で広がっているいくつもの別の柱に支えられて、風通しのいい壇は、技巧豊かな格子細工に囲まれている。だからこの建物はわりと小人数で討論するのにも適していただろう。

それがどうであれ、私たちはその壇の角のひとつに立っていたとき、通訳の身分でまた一種の秘書としてもそれらの会議に参加したバダーウーニーが伝えていることを私は思い出した。ヒンドゥー教徒である善意にあふれたラージャ〔王族の人物〕が、コーランについての対話の際に喜色満面で「神様はきっと雌牛が大好きに違いないでしょう、そうでなければ神様はたぶんコーランの最長の章を雌牛にちなんで名づけたりはしなかったでしょう」〔初めに「雌牛の章」がある〕と述べたことを……。私たちは対話相手たちの哄笑をよく思い浮かべることができた。

そのような宗教対話の際には、必ずしもいつも愉しかったり平穏に進んだわけではない。バダーウーニーが語っている。

> ある晩〈ウラーマ〉〔イスラムの教学者〕の動脈が腫れたことがあった。それでかなり甚だしい騒ぎと騒乱になった。陛下は彼らの粗野な振る舞いに大変に腹を立て、私に言った。「これからは、たわごとをしゃべり、きちんと振る舞わない〈ウラーマ〉がいたら、誰でも報告せよ。朕はその者を広間から立ち去るようにする。」私は低い声でアサーフ・ハーンに言った。「私がこの命令に従うとするなら〈ウラーマ〉の大部分は立ち去らないといけないでしょう。」すると突然、陛下は私が何を言ったかを尋ねた。彼が私の返事を耳にすると大変に喜び、自分のそばに座っていた人たちに私の言ったことをもう一度述べた。

バダーウーニーはこの時期にはまだアクバルの姿勢を是認していたのだが、彼は年々この支配者に批判的になった。皇帝は幻視を見た結果、ますます神秘主義の傾向がつのり、その信心に向かい、一五七九年には有名な〈マフザール〉

を起草させたからである。ヨーロッパの歴史家はそれを一種の「無誤謬の勅令」と呼んだ。そこで断言されているのは、この支配者が宗教問題では最高権威を持つということである。彼は、歴史記述者アブール・ファズルがはっきり言っているように、神秘思想家がいつも話し、待望していた、まさにその完全人間であるからである。そして彼は自己の内に王の神的な輝きをつけている。

その〈マフザール〉の発布三年後に〈ディーニ・イラーヒー〉「神聖宗教」の設立が告知された。それは諸宗教を折衷したもので、そこではアクバルが彼に最も好ましいもの——太陽、火の崇拝、ある種の節制規則など——を大宗教から取ってきていた。むろん〈ディーニ・イラーヒー〉に信仰表明したのは、支配者とじきじきに接する周辺から出た、ごくわずかの人々しかいなかった。けれども、ヒンドゥー教徒の将軍マーン・シングのような幾人もの高位の親しい者たちは、それに聖別されることを拒んだ。〈ディーニ・イラーヒー〉を積極的に信奉する者は少数だったろうが、「正統派」のイスラムからますます離れるという、皇帝の一般的な傾向は、臣下たちにある影響を及ぼした。バダーウーニーが腹を立てて書いているように、事態は「イスラムの学校が、断食月ラマダンのときの酒場よりも空っぽになる」に至った。そのかわいそうなバダーウーニー自身は同じ頃に、優れたサンスクリット語の知識のために『マハーバーラタ』をペルシャ語に翻訳するように委託され、この巨大な作品中の「子供っぽい無意味さ」にうめき声を上げた。そこではインドの神話の形をとった歴史が、はるか遠くまで氾濫していく広い大河の中でのように語られている——それは、彼が言うには、分別のある人間なら誰も真面目にとれないような作品である。

〈ディーニ・イラーヒー〉のような人工宗教が、亜大陸の多様な宗教団体を互いに融合させるのに実際役だてるかどうかを私たちが論じていた間に——宗教団体のそれぞれには、知ってのとおりそのしっかり継ぎ合わされた社会構造があり、（十一世紀早くにもうビルーニー 一一〇四八没）がインド論で断言しているように）それは他の宗教団体の構造と共通なものはほとんどない——宗教史の問題に深く没頭していた間に、私たちは風通しのいい壇から見下ろした境内から、同じく大声のおしゃべりを聞いた。しかしそれは神学を論ずるアラビア語でも詩歌を語るペルシャ語でもなかった。本物のザクセン地方のドイツ語だった――当時の東ドイツの旅行グループが、この都市の驚嘆すべき事柄の説明を聞いていた。彼らの故郷の話し声は、私を再び現在に引き戻した。

それから私たちはさらに通りをぶらぶら歩き、ムスリム建築の、特にグジャラートの建築の、実に多様な要素がさらに発展していったのが分かる、様式のさまざまな種類に驚き感動した。こちらで屋上に怪獣キマイラを、竜のような支えアーチを目にしたかと思うと、あちらでは壁の石に刻まれた繊細で幾何学的な図柄を目にし、長く伸びた丘のへりから小さな湖に目をやった。私たちは、あの支配者が競技者の巧みさに感嘆し、また象らの戦い、闘牛、闘鶏を見物していたポロ広場を想像してみた。アクバルの時代に敬虔なムスリムが残念に思ったように、とても多かった犬たちの吠え声が、今でも通りに響いていた。

下の谷間では通りのひとつが遠くで霞んで見えなくなっていた――それは皇帝アクバルが何度もアジュメールへの巡礼を企てた道である。聖者ムイヌッディーン・チシュティー（一二三六没）の祝福を請い求め、その墓廟にたっぷり捧げ物を持って行くために――そして彼の子孫は、この敬虔な習慣をさらに受け継いでいった。秋の澄みきった日の一瞬の間、アクバルの魂が現存しているようだった。サリームのつましい住まいの周りにメールヘンのような都市を築いた彼。彼の心臓はサリームの霊廟の中で依然として打っていたのではないか。彼はこの都市を早くも十五年後に去った。

亜大陸の北西にどうしても彼が来ていなければならなかったからである。その地では、パターン人の間で反乱の危険な兆候がふつふつとたぎっていた。ラホールは情勢をコントロールするのに適した場所だった。けれども宮廷のたいていの女性たちは、ファテープル・スィクリに残った。アクバルとその後継者たちもときにそこへ戻った。それどころか、特別の祝日に、たびたび宮廷詩人に歌われた祝日に、皇帝あるいは王子たちの伝統的な体重測定のような、祝い行事さえまだ時折実行された。その測った体重と同じ重さの分だけ金、銀あるいは宝石が、慈善目的で支出された。

しかしゆっくりとこの都市の住民は戻っていった。長いこと思われてきたように、水不足からではなく、帝国の重心がアーグラとその周辺からデリーへと移り始めたからである。それからデリーは、アクバルの孫シャー・ジャハーンの下で、「人間と霊たちにとっての心」に、ムスリム文化の象徴になるはずだった。

## 2 デリー

〈ハズラーティ・デリー〉「崇高なデリー」は、七つの都市、七つの文化層から成り立っている。ここを訪れる人はこれらの文化層を見分けようと努力するが、文化層の多くは、もちろん、広い自動車道路と巨大な立体交差の新しい建設の下で失われていっている。それは、近東や極東の歴史的に由緒ある大都市のどこでも起きているのと同じことである。

トルコ系奴隷出身の軍人イルトゥトゥミシュは、多くの奴隷軍人（マムルークという）と同じように、征服し統治した地域の支配者に自らなり、十三世紀前半の数十年に大きなモスクを建設した。それらは大部分が、ヒンドゥー寺院に使われた建材が再利用され、高くそびえるクトゥブ・ミナール（尖塔で勝利塔またはどちらか）がある。モスクと支配者廟に記されたアラビア語碑文は、実に技巧豊かな編みあげクーファ体〔初期イスラム時代のアラビア語書体のひとつで角張った太字〕で書かれていて、亜大陸ではその種の唯一のものである（少なくとも他には残っていない）。それらが、例えば、セルジュークトルコ〔セルジューク朝は一〇三七〜一一五七〕のアナトリア（ディヤルバクル、コニヤ、スィワァス）で同時期に成立した碑文とどんなに似ているかを見て、私は再三うっとりした。十三世紀の半ばのコニヤの祭祀建築物で、クーファ体での見事な碑文が優雅な斜字体の碑文と並んで見つけられるように、力強く文字がリボン状に刻まれてあるクトゥブ・ミナールも、クーファ様式だけでなく、斜字体でも飾られている。

最初の支配者のこのあふれんばかりの精力を告げているような——なぜなら彼のモスクは正当にも〈クワワト・アリスラム〉「イスラムの強さ」という名前なのだから——これらの見事な砂岩建築物は、決して見飽きることがなかったが、私たちはさらに周辺もあちこちを歩き回った。イルトゥトゥミシュの息子スルターン・ガーリー（一二三一没）の飾り気のない墓廟を訪れた。君主はトルコから持って来た習慣に従い、この早逝した王子の代わりに娘のラズィヤ・スルターナを支配者に任じた。彼女は四年間（一二三六〜四〇）国を統治した。

大モスクと空港の間で、茨や茂みが繁茂している風景の中にどこでも、中世の遺構が見つけられた。いくつかは感動的なほどの美しさをたたえている。オーストリアの芸術史家であるエバ・コッホは、私とそのようなものを見つけるツアーをよく行った。その彼女が私に思い出させてくれたことは、この地域はムガール支配者の時代には狩猟地域として好まれたということである——偉大な皇帝たちの誰もが、アーグラからデリーを訪れたときは、ここへ狩りにもやって来た。

クトゥブ・ミナールから近くにあるメフラウリへ行くことができる。そこでは聖者バフティヤール・カーキー（一二三五没）が自分の最後の憩いの場を見つけた——この人はイルトゥトゥミシュの時代に中央アジアからやって来て、アジュメールのムイヌッディーン・チシュティーと同時に、北インドでチシュティー教団を導入した人である。彼は十四、十五世紀のパターン族支配者に優遇された聖者だった。木々に囲まれている聖域を訪れる敬虔な人々に欠けることはない。女性の訪問者は、垣をめぐらされた庭園へと案内される。そこはこの聖者家族の女性たちが眠っているところである。そこにふさわしいように、私は一握りの花びらを彼女らの墓所の上に投じた。けれどもその管理者たちは、訪問するたびに、その老師が死との戦いの間に次のように歌った歌手たちに耳を澄ました様を語ってくれた。

献身という刀によって殺された人たちには、
毎回新しい生が彼岸からやって来る。

この師が三日間生死の間をずっとさまよい続けた後に、とうとう歌い手は最初の半行後、歌を止めた。聖者は二度と眠りからさめることはなかったという。それは一二三五年のことだった――が、七百五十年以上の後に、この話はまるで昨日のことのように語られた。

私たちは旧市街で、重たげに見えるキルキ・モスクを訪れた。それは難攻不落の砦の感じを与えるが、内部は一部はドームで覆われ、一部は開いた屋根によって、光と影の交錯を見せてくれている。私たちはトゥグルクバードを見た。いかにも十四世紀らしく、傾斜をつけた囲壁のある霊廟は、一三二五年から一三五一年まで統治した――インダス川沿いで反乱者相手に戦死するまで――ムハマド・トゥグルクを思い出させる。

ムハマド・トゥグルクが、いつも自分の王座脇に処刑吏と王室会計担当者を立せて、悪人をすぐに懲らしめ、敬虔な人や乞食に報賞を与えることができるようにしたと歴史家バラニー〔一二八五頃～一三五四後〕が書いている。ムハマド・トゥグルクは極端に走る男だった。その支配欲において限度がなかった。自分の帝国を「やや小さなチベット」（つまりカシミールの北端ラダック）まで拡大し、有力な家系とスーフィーズムの人たちをデリーからデカン地方のデーオギルへ移住させて、権力を国の南部でも強化しようという虚しい試みでも限度を知らなかった。与えることでも取ることでも限界を知らず、極端だった――彼は、同時代の歴史記述者の作品でそういう風に表されている。私たちは彼の宮廷生活についての特に重要な情報を、そこで長年裁判官として活躍したモロッコ出身のイブン・バットゥータ〔一三〇四～七七〕に負っている。

ムハマド・トゥグルクの後継者フェローズ・シャー〔一三五一～八八在位〕は、ハウズハースという美しい施設に埋葬されている。それは、一部は緑で埋めつくされているが、宗教用、世俗用の広大な建物群である。私たちは、今では公園としてよく手入れされているローディー庭園を通って散歩するたびに、さまざまな王朝を貫いて建築様式がゆっくり変化してきたことに気づいた。一四五一年から一五二六年まで支配したローディー朝の人々の墓は、ある意味でもう墓廟建築の理想を準備している。それは、この王朝後にムガール朝インドで根を下ろすことになった。

でも私たちはプラーナ・キラ「古い城」へ行くのが特に好きだった——もちろん最近の数年もそうである。この宮殿都市の高くそびえる門の脇にフォルクローレ博物館が開設されて、インド全域からの手工業を感嘆できたからである。そこでは毎月それぞれ別の工芸の代表者——織工、壷造り、木彫り、宝石研磨の人たち——が活動していた。ああ、そこは心を惑わす場所で、私は美しい贈り物を何か買い求めたい気持ちに一度も抵抗できなかった。

プラーナ・キラそのものは、そこの大きなモスクによって興味を引いた。宮殿地域がローディー朝のスルタンらによってどの程度開発されたか、それからどの程度ムガール皇帝のフマーユーンによって最初の短い統治時期に拡大されたかは、まだすっかりは解明されてない。特に私の興味を引いたのは、壁龕と戸の上部アーチの大理石、入口の間の柱に記してあるアラビア語碑文である。それらは、亜大陸で数百年間、コーラン筆写に用いられた、いわゆるビハーリ・スタイル〔アラビア書体でインドだけに見られる様式〕に似て、普通には見られない筆法だからである。訪れるたびに新しい装飾模様と新しい銘が発見できた。それは、これまではむしろ鈍重に思えるモスクに独特な優雅さを加えていた。

フマーユーンが亡命先のイランから一五五五年にデリーに戻ったとき、プラーナ・キラはおそらく彼の最も重要な滞在地だった。ここで彼は、もう一五五六年一月に、図書館シェール・マンダルの階段から落ちて死んだからである。だが彼の短いデリー滞在の間に注目すべき出来事があった。インドに漂着したオスマンの海軍提督《アドミラル》シデ・アリ・ライスがここへ来た。皇帝は彼とともに居城都市の最も大事な場所を訪れた。聖者バフティヤール・カーキーとニザームッディーン・アウリヤーの墓である。

オスマン・トルコとインドの君主の関係は、はるか昔にさかのぼる。オスマンの支配者は一五一七年にエジプトのマムルーク朝にたいする勝利後「カリフ」の称号を名乗ったので、敬虔な人たちには、正統な「すべてのムスリムの」首長とみなされていた（歴史的に見るとそれは虚構であったけれども）。カリフにはイスラムでは「教皇のような」宗教上の権力はない。けれども、トルコ人にたいして抱く一般の共感とともに、カリフが特別な地位を持つという考えは——何といっても結局ムガール人も、ご存じのようにトルコの出身であったから——シーア派のイランによって、まるで楔でのように分け離されていた両大帝国間の全く独自な結びつきを作り出した。政治だけでなく、文学でも関係があった。インドでのペルシャ語文芸は、十七世紀のオスマンの詩歌に深い影響を及ぼした。

トルコ人とインド・ムスリムの友好的な関係は、ムガール帝国が一八五七年に滅んでもさらに深まった。特にそのことを示しているのは、一九一一年から一二年のバルカン戦争でインド医療使節団によるトルコ支援である。ケマル・アタチュルク（一九三八没）が一九二二年にトルコ人を自由へと導いたとき、インドではまさにカリフ（制擁護をうたった）運動がその頂点に達していた。人々は第一次世界大戦でインドのムスリムがイギリスの指揮の下に、信仰を同じくするトルコの兄弟と戦わねばならないことを恥と見ていたからである。今や人々には少なくともトルコのスルタン・カリフを「精神面での」指導者として承認したい気持ちがあった。けれどもインド・ムスリムの指導層——その中にはアガ・ハーンもいた——の努力にもかかわらず、アタチュルクは、一九二三年に退位させられたオスマンのスルタンを「カリフ」として活動させず、一九二四年三月にはカリフ制を廃止した。インド・ムスリムの初めての広範囲に大衆に支持された運動は、成果なく終わった。それは多くの犠牲者を出した。絶望してイギリス支配のインドから移住して出てゆく数千の人々のうちでごくわずかの人たちが、ひょっとしたら数万人の信心深い人たちが中央アジアで新しい故郷を見つけた。

私たちはプラーナ・キラにあるフマーユーンの建物の中をゆっくり歩いた。そしてその赤い砂岩が夕日で内側から赤く灼熱しているように見える八角形の小綺麗な図書館をくり返し眺めている間に、私たちの脳裏をそういう考えが通過した。

しかし私たちは、ニザームッディーン・アウリヤーの霊廟から遠くないところにあるフマーユーンの廟の方がもっと好きだった。その力強い八角形の建物は見飽きることがなかった。この建物には洗練された構造内に円天井の百二十四の部屋があり、みな秘密の方法で結びついている。九重の階——王墓がある中心とその周囲に配置された八つの主要部分——それはムガール霊廟の典型的な形式である。いつも新たな壁龕と思いがけない眺めが、この建物の外側から見た設計や内部の作りにも魅惑されている訪問者を驚かせる。この建物はひとつの壇の上にそびえていて、それで、前に配置された庭園池に姿が映る。赤い砂岩と白い大理石の結合は、続く数世代の王朝建築の模範となっている。

フマーユーンの墓は、ほとんど一世紀の間デリーの本来の中心部分だったからである。アーグラであれ、ファテープル・スィクリ、ラホールであれ——それぞれの時期の首都から支配者がデリーへいつ来てもこの場所を、まさしく聖者墓のように大事にされ、ニザームッディーン霊廟と同列に置かれているこの場所を訪れた。エバがそこで私に説明してくれた。

「ご覧なさい。アクバルとジャハーンギールは訪れると毎回、上手に振り付けされたとでも言えるツアーを行いました。まずフマーユーンを、それからニザームッディーンを訪れました。ドームの『霊的な』感じを与える白さと砂岩の輝く赤い色の結びつきは、象徴として理解されることがありました。ムガール支配者たちが自分で獲得した権力と、神から贈られた栄光の結びつきとしてです。」実際、白い大理石のドームのおかげでその広く、ずっと伸びている建物は何か霊妙なものを感じさせる。

エバが話し続けた。「それはシャー・ジャハーンの宮廷詩人カリームに讃えられている唯一の建物です。この詩人は実際その霊廟が壇——〈クルシー〉のことで、それは「王座」も意味します——の上に立っている事実を、皇帝王座の真の所有者が眠っていることの示唆と見ているのです。そしてこの詩人は、この皇帝が歴史上の人物としては本来かなり弱体でしたけれども、皇帝の支配者としての栄光を承認しています。それはつまり、フマーユーンの後継者にとってこの霊廟が彼らの正統な権力の象徴であり、デリーの中心部であったのです。彼らがここに全然住まなくなったときでも……。」

霊廟から遠くなく、下に深く垂れている樹木ですっかり覆われた小道を通って達するところに、小さなスーフィー修行僧の墓廟があった。私はある敬虔なインド女性とそこを一度訪れた。また別のときには当時そこで暮らしている盲目のハキーム〔賢者〕を見た。この人は医者で――ほとんど百歳だった――診断を脈だけで行うイスラム古来のやり方で患者を治療していた。この人は、天分に恵まれた賢者で神秘主義者だった。金銀それにあらゆる種類の植物素材が混ぜて作られた丸薬を使って、知人の何人かをすっかり癒してくれた。

父の早い死後にアクバルが統治を受け継いだとき、デリーはその重要な役割を失った。アーグラ、ファテープル・スィクリとラホールが彼の時代と息子ジャハーンギールの政府所在地だった。そしてやっとシャー・ジャハーンの下で、デリーは心の中心地からまた本来の首都となった。シャー・ジャハーンはムガール皇帝たちの中で最大の建築主で、その都市のシャージャハナバードと呼ばれている地域を建造した。これは大きなモスクとムガール権力の象徴となった〈赤い城〉のことである。

しかし、彼の名は、少なくとも西側から来た訪問者の意識では、ずっとタージ・マハルと結びついている。これを彼は愛する妃ムムターズ・マハルのために建てた。〈タージ・マハル〉は、その皇妃の名誉称号――「宮殿のうちの最も精選されたもの」――の意味であるムムターズ・マハルの変形である。インドの多くの言葉では、柔らかい z と j が交換されるからである。ターズ「王冠」との一致がその変形をより適切なものにした。一六三一年に産褥で亡くなったムムターズ・マハルの霊廟は、十五年かかってジャムナ川の岸辺に建てられ、メールヘンのようなインド建築の最高のものとなった。でもその建築物の偉大さ全体を把握するには、建物の庭を通って流れている水路に、見かけは浮かんでいるように映った一個の記念碑として見るときではない。それが分かるのは、モスク、パビリオン、庭園の集合構想の最高頂点として見るときである。あるいは、それが分かるのは、壁に刻まれた花々とアラベスク模様の花々のきわめて繊細な大理石の浮き彫りをずっと近くで眺めて、アラビア語碑文――碑文に使われている、黒い大理石からできている完全なアラビア文字が、絶対の完璧さを示してその大きな門を取り囲んでいる——が、いかに見事であるかを認めるときである。

私はアーグラを何度か訪れたが、それはどんな光を受けても美を放っているタージ・マハルのためばかりでなく、ジャハーンギールの舅イティマード・ウッダウラー〔一六二二没〕の廟が特に好きだからである。それは、非常に豊富な石製象眼細工のある、大理石でできた宝石箱のように、ジャムナ川対岸の庭で、観光客の途方もない群れに押しかけられることもなく、静かに横たわっている。明らかに皇妃ヌール・ジャハーンが大好きだったのは、高くそびえるドームを持たず、長く伸びてかなり平たい霊廟建築であった——彼女の父の霊廟、夫ジャハーンギールの霊廟は同じ型にならっている。

シャー・ジャハーンとムムターズ・マハルの長男ダーラー・シコーは、曾祖父アクバルと同じく、イスラムとヒンドゥー教を神秘主義を基盤にして結びつけようと試み、『ウパニシャッド』をペルシャ語に翻訳しさえした。しかし弟アウラングゼーブは野心にあふれた政治家で戦士であったが、一層強くイスラムの形式的解釈に傾いて、「異端者」ダーラー・シコーを一五五九年に処刑させ、邪魔な弟二人も片付けた。

インド世界に統合された神秘的イスラム。ムスリム文化の独自性を強調している、積極的でメッカ指向のイスラム。一神信仰を含んだり排除したりしている宗教。それらは、亜大陸では全世紀を通して見られる。私たちの世紀ではそれは、アブール・カラム・アザド〔一八八八～一九五六〕とムハンマド・イクバールの姿で認識できる。前者はイスラムの糸をインド文化という織物から分離しようとした。後者は亜大陸北西でムスリムのための固有地域を夢み、それはご存じのようにパキスタンとして実現した。

ムムターズ・マハルは、次の数世紀の苦痛に満ちた展開をともに体験する必要がなかったという点で幸せだったと言える。長女ジャハーナーラー、孫たちゼーブ・ウンニサーとジーナト・ウンニサーは、王族という高位によって制約された隔離にもかかわらず、自ら芸術家であり、芸術家と学者たちの後援者であった。そして宮廷の女性たちの役割が、建築計画と実行の際にどんなに大きかったかが、やっとゆっくりと人々に分かってきた。デリー、アーグラ、ラホールは、ムガール女性の趣味変化によって影響されている。そうでなくても、インド・イスラムで女性が果たした役割は特に興味深い。もう一二三六年に最初の支配者イルトゥトゥミシュが、たしかに、娘ラズィアを後継者に任じていた。歴史は意欲ある勇敢な王妃、アフマドナガール王国のチャーンド・ビービーの名を知っている。彼女は一六〇〇年に自分の将校たちによって殺された。そしてボパールでは十九世紀半ば以来、賢明なパターン族女性たち、ボパールのベグムたちが、その国家を二十世紀まで指導した。イギリスの植民地支配にたいする自由の戦いで果たしたムスリム女性の役割は、しばしば過少評価されている。

ベグム・イクラームラッー〔パキスタン作家〕の自伝『〔女性隔離の風習のしるしの〕隠し幕《パルダ》から議会へ』（一九六四）のような、魅力的で引きつけて離さないこの書は、このような発展の最良の証言のひとつである……それでパキスタンのベナジル・ブットーとシュエダ・アビダ・フサイン〔政治家。一時駐米大使〕、バングラデシュの政治で活動している女性たち、カーリダ・ジアー〔バングラデシュ大統領〕のような人は、全く例外ではない――亜大陸における数多いムスリム女性の状況が、コーランと伝承が誤って理解された結果どんなに困難であろうとも。パキスタンの最も厳格にイスラム指向したグループ、ジャマーティ・イスラミでさえ、初代大統領の同胞、ファーティマ・ジンナーを候補者として一九六七年の大統領選挙で擁立しなかったか。

けれども、ムガール皇女たちの時代と現代ムスリム女性が見せる活動性の間には、敗北の長い時期がある。十八世紀のデリーの歴史は、権力闘争、内乱、略奪、政治の破局であふれている。アウラングゼーブの征服によって広くなりすぎて、統治不能になった帝国は数十年の間デカン地方も含んでいたが、東では太守《ナワーブ》たち、後の藩王たちの国が、ファイザーバードとラクナウという中心を離れた。南部ではハイダラーバードのニザームが独立した。デリーは敵にも味方にも略奪された。この時代の偉大な叙情詩人のひとり、風刺作家のサウダー〔一七一三～八一〕が、ため息まじりに歌ったのは正当である。

どのようにして、眠りの中で目を閉じることができようか、
不幸自身が盗賊たちを恐れて目覚めているとすれば。

目覚めている幸福という伝統的なペルシャ語の表現。それは人間に笑いかける幸せであるが、それがここでは天才的着想から「目覚めている不幸」という表現に向きを変えられている。この不幸自身は、恐怖におびえているものの決して目を閉じず、いつも目覚めている猛獣のように、人間に襲いかかってくる。

イギリス人の権力は一七五七年以来拡大した。イギリス人によって一七五九年に皇位につけられ、一七七一年に亡命からデリーに戻って来たシャー・アラム二世（一七七一～一八〇三在位）も、何ら重要な影響を及ぼす可能性を持たなかった。彼はアフタブ「太陽」の筆名で詩を書いた。けれども、復讐心にもえたローヒラ族のグラーム・カーディル（一七八九没）に一七八八年に目をつぶされて、彼は「盲目の太陽」にすぎなかった。玉座のビロードを手探りし、詩集を手渡す宮内官を待ちながら――デリーのムガールの画家たちは彼をそのように見た。彼はようやく一八〇六年に死んだ。二人の後継者がいたものの、イギリス人がベンガルから出発して少しずつシンドの地域（一八四三）を、パンジャーブ（一八四九）を征服し、一八五六年にはアワドの王国も終わりにした。だが〈赤い城〉ではまだ、筆名ザファール「勝利」のバハードゥア・シャー（一八三七～五七在位）が支配していた。することもなく何の役にも立たないで、うごめく王子たちであふれている宮殿で果たした彼の役割を支配と言い表せるかどうかは、別の問題である。

けれども「チムールの家系」の創立者バーブルは、かつて特別な〈カッティ・バーブリ〉「バーブル体」を発明したのであるが、家系の最後の人は、意味深いアラビア語やペルシャ語文との祈文句を用いて、優雅な小さな樹木とさまざまな顔を描き表した。そしてバーブルが力強いトルコ語で思い出をつづったのにたいし、最後の子孫も優れた詩

人であり、ウルドゥー語で、今日まで好んで朗唱される魅惑的な歌を書いた。バハードゥア・シャーは、最後には一八五七年の兵士の反乱で犠牲になった。デリーで軍人の圧力の下にもう一度、ある種の権力を取り戻そうと試みたこの老人は、退位させられ、息子たちを目の前で射殺され、自分はラングーンへ追放され、そこで三年後に貧困と悲惨のうちに死んだ。けれども彼は自分の辞世の句でどのように言っているか。

私は、誰かの目の光ではない、
　誰かの心の安らぎでもない。
私は、他の人たちに役立つものをもたらすことはない
　わずかの土ぼこりにすぎない。
私は、形も色もうなく、
　友は私から引き離された。
垣で囲まれた小さな森の春期にすぎない、それが私だ。
　だが秋には破壊されている。
私は、おまえにはもう恋人でもなく、
　恋仇でもない。
そうではなく、生の幸福を破壊された者、それが私だ。
　荒れ果てた風景だ。
私は、おまえが喜んで耳を傾ける、
　心を元気づける歌ではない。
私はただ、ひどく苦しめられた者の上げる声、
　苦悩する者たちのため息にすぎない。
誰が、私のためにまだ祈りを唱えてくれるか。

誰が少しの花を折ってくれるか。
誰が、私のために蝋燭に火をともしてくれるか。
私は無力さの墓にすぎないのだ。

デリーのシャー・ジャハナバードにある貴族住宅地域は、一八五七年後に取り壊された。それからデリーは数十年が経つうちに、大規模に計画された英国行政中心地に変えられた。そこの広い通りは、赤い砂岩を用いた建築でムガールの建物を模倣した政府関係の建物に通じている。英国の支配者国王ジョージ五世が公式訪問した一九一一年に、この新しい都市は完成した。

一九五八年秋に初めて短い間訪れたデリーと私の関係は、簡単にまとめることができる。私が一九六六年にハーバード大学でのインド・ムスリム文化の教授職を得たとき、まず書籍を買わねばならなかった。ハーバードにはウルドゥー語の書物はごくわずかしかなかったからである。私の課題は——少なくとも公には——ウルドゥー語の有名詩人たち、ミルザー・アサドゥッラー・ガーリブ（一七九七～一八六九）と偉大な叙情詩人ミール・タキー・ミール（一七二四～一八一〇没）を研究すること、それ以上に西側世界に紹介することだった——その講座の寄付者はそう望んだ。この人はインドのムスリム、厳密に言うとパターン人で〈ミニット・ライス〉（調理ずみの袋入りご飯）という役立つ発明によって財なした。そこで私は、もちろんガーリブ専門家と連絡を取り、彼が生涯の大部分をすごした都市、ニザームッディーンの近くで彼が葬られている都市をよく知らねばならなかった。

最初の「公的な」デリー訪問がずっと私の記憶に特に残っていたのは、その際に当時のインドの国家元首であるザキル・フサイン博士（一九六九没）と会ったことによる。第一次世界大戦後にインド人はたいてい英国の大学で勉強したが、彼は英国支配への嫌悪を表現するために、ドイツへ行ったあのインド・ムスリムのひとりであった。このグループにはまた、ラジーウッディーン・シッディーキーも入っている。この人はハイゼンベルク（一九七六没）の弟子であり、パキスタンで三大学が設立された当時の学長であった。さらにまた、サリームッザマーン・シッディクィもこのグループのひとりである。この人は化学者で、ラウヴォルフィア〔ドイツ人植物学者ラウヴォルフにちなんで呼ぶ植物。アポキヌム、バシキルモン属。最も知られているのはインドのラウヴォルフィア・セルペンティア〕を化学的に分析し、重要な薬品として世に知らせた。彼は九十歳をかなり越えて一九九一年冬にも、研究活動のためにカラチ大学化学研究所へ毎日行っていた。現在ドイツと日本の援助のおかげでこの研究所に導入されている超現代技術は、彼にはたしかにややなじみがないものであったけれども。一九五八年に私が初めてカラチに滞在した際に、ドイツ女性の夫人とともにとても温かく迎えてくれた彼との再会は、感動的であった。私が全亜大陸で知り合った最も印象深い人物のひとり、ザキル・フサイン博士に紹介してもらえたのもサリームッザマーンのおかげであった。私たちは、ガーリブ、イクバールのこと、それに彼が大好きな鉱物について長い対話を重ねた。

彼の弟のユースフ・フサイン・ハーン〔歴史家、文学史家。一九七九没〕はフランスで教育を受け、インド・ムスリムの神秘思想、特にガーリブと取り組んだ。三番目の弟マフムード・フサインはパキスタンを選び、一時、文部大臣を務め、パキスタンのさまざまな大学の学長だった――それは亜大陸での高い教養を持つムスリム家系の運命である。

ザキル・フサイン博士を訪問したとき、私たちは、ガーリブの詩を予備知識のない西側読者に理解させるのがどんなに難しいかを話し合った。けれども、あの講座の良き寄付者は、自分が大好きな詩人が、ちょうど〔フィッツジェラルドの自由訳〕でオマル・ハイヤーム〔一一二三没〕が十九世紀のイギリス人を引きつけたように、アメリカ人をも引きつけるだろうと思い込んでいた。私はホテルに戻って、初めて「我々の」詩人のウルドゥー語短詩で試みた。

私は行きたい、誰も私を知らず、
誰も私の言葉を話さず、誰も私の名を呼ばないところへ。

私はほしい、壁のない、戸のない、入り口のない、
隣人も誰ひとり近くなく、その前に誰ひとり見張りがいない家が。
そこでは、私が病気になれば、誰ひとり世話をする者はなく、
そして、私が死ぬとき、嘆きの声を上げることもない。

私は大統領〔ザキル・フサイン〕にこの小さな翻訳を贈った。彼の称賛で励まされて、実際「ガーリブ学」に打ち込むことになった。初めての訪問後三年経って、私たちは一九六九年初頭にガーリブ没後百年を、湿っぽく寒いカラチでと、もっと湿っぽく寒いデリーで祝ったとき、私は彼の作品と生涯の実にさまざまな解釈を聞く機会を得た。そして、『ガーリブ・ブンダー・ロード・メーン mēñ』という劇作品は、実に洗練されたウルドゥー語ときわめて精妙なペルシャ語を書いた詩人が、おそらく今、カラチの生命線であるブンダー・ロードに立つと——言葉が違い、風俗習慣がムガール貴族の事細かに規定された作法とは大変に異なっている——、どのように感ずるかを、才気ある風刺をきかして示していた。

けれども、イクバールに深く敬われたこの詩人は誰だろうか。イクバールのメッセージを私はもう若い学生の頃熱狂して受けとめた。そのイクバールとは別な風であったけれども、私の生涯を変えたこの詩人は誰だろうか。イクバールに比べてガーリブのことは、私は学生時代からごくわずかの詩句しか知らなかった。彼の「詩集《ディヴァーン》」がベルリンで一九二六年に、ペルシャ人に設立された小さな印刷所から出ていた。それは戦争中に偶然私の手に入り、ハーバード時代の数年間、ずっと私の座右の書だった小さな本である。アーグラのトルコ系家族から出たガーリブ自身は、自分の「色彩豊かな」ペルシャ語詩句を「色彩乏しい」ウルドゥー語よりも好んでいた。けれども、亜大陸での彼の名声は、百にも満たない、たいてい短いこれらのウルドゥー語詩のおかげである。とにかく彼は自ら一度こう言っているではないか。

「どうすればウルドゥー語がペルシャ語よりも好ましいものになりますか」と誰かにきかれたら、ガーリブの詩行を見せなさい、
そうすればその人は見て分かり、こう言います。「こうです、これでいいのです。」

二言語で創作した彼の文芸になじむにつれ、ますます私にはっきりしてきたのは、ペルシャ・インド文学の全背景を、修辞的技巧すべてを、個々の語が持つ意味のすべてを、歴史や神話関連の暗示のすべてを知っているときだけ、彼を正確に解釈できることである。彼の詩を原典批判《フィロロギー》の観点で校訂して英語版またはアメリカ版を作ることが、ハーバード大学での最初の数年の間課題のひとつになっていたので、語義とその背後のもっと深い意味がぼやけ、すっかり変えられているのが分かるたびに、私は絶望的になり、たびたび頭を振ったものだ。翻訳者がいてその母語がウルドゥー語だとする。そして彼が一度も文芸やイスラム学にあまり詳しく取り組んだことがないとする。その翻訳者が大ざっぱな訳を仕上げてアメリカの詩人に贈ったら、この詩人たちはそこから何かを調合してこしらえるかもしれない。それはときには、アメリカの優れたモダンな叙情詩であるかもしれない。しかしそれは、倍音と言外の響きを持つはるかに洗練されたガーリブの言語芸術とはもう似ていない。乾草の束がバラの花束に似ていないのと同じである。

けれども私はガーリブのせいだけで何度もデリーに来たのではない。ラホールと同じように、いくつもの友情が結ばれて育った。私はクトゥブ・ミナールからサフダル・ジャング **Safdar Jang**〔アワドの太守。一七三九～五四在位〕のロココ調の墓までの古典的場所だけでなく、七番目の最新英国式都市にある広くて大規模に設計された通りが大好きだった。また、コンノート・プレス周辺の、何か買いたい気になってしまう店が目につく、色彩豊かな暮らしぶりが大好きだった。

そして私の誠実な友人シュリ・アルフレート・ヴュルフェルは、一九三五年以来インドに住み、数十年間私たちの大使館で文化部門を主宰し、デリー（とラージャスタンで）の興味深い人なら誰でも、興味深い商売なら何でも知っ

ていたので、私たちはこの都市の実にさまざまな片隅をあちこち歩き回っていた時間を楽しんだ。長い年月の間、彼の客人歓迎の家は、デリーで私が本当の我が家と思えるところであった。そしてドイツとイギリスからの大勢の訪問者には、「シュリ」は、実際、デリーの魂のようなものである。

それにまた誰が、カタール大使宅で過ごした夕べを忘れることができようか。その家は――もちろん非常に豪勢な――ベドゥインのテントのように設備されていて、オリエント音楽に耳をすませたり、後の庭でおとなしいカモシカであるガゼルの姿を眺めることができた。あのアラビア語の詩句はどう言っているか。

骨を折る人が誰でも、ガゼルを狩りで捕らえるとはかぎらない。
けれどもガゼルを捕らえる人は、きっと骨折った人である。

私は、優雅な動物たちの一匹が私の手からポテトチップを食べるようになるまで、たしかに骨折った……。

もちろん、生きることは――ラホールでと同じく――そのような楽しみ事ばかりであったわけではない。再三講演があった。ニザームッディーンの近くのガーリブ・アカデミーで、トゥグルカーバードでのイスラム研究インド・インスティトゥートで。そこの所長S・A・アリーとその家族は私にいろいろな示唆を与え、友情を示してくれた。この研究所はデリーにある多くの他のイスラム文化センターと同じように、ハケーム・アブドゥル・ハケームによって支援されている。彼の兄弟はカラチで同様の任務に身を捧げていた。この人はそこで薬学センターの長を務め、あれこれの科学プロジェクトを援助している（私は彼の医学上の功績を賛嘆する気持ちでいっぱいだ。だが私に分からなかったのは、どうして最悪のモンスーンの時期でさえも、ほこりっぽい砂漠から風が吹くときでも、長旅の後や疲れる会議の後でも、彼が頭から足まで、汚れひとつない白衣に身を包んで現れることができるかである――彼はおそらくどんな汚れも防ぐ透明な守護霊によって守られている。）

マックス・ミュラー・バヴァン。これは偉大なドイツ人インド学者マックス・ミュラー〔一九〇〇没〕を記念して、インドにある文化センターがそう呼ばれている。そこがしばしば私の招待者だった。もちろん私は、この都市のずっと北にあるデリー大学で講演しなければならなかった。私が特に好んで訪れたのは、ジャミア・ミリアである。この教育の場所は、第一次世界大戦後に、インドの自由のために戦うムスリムによって最初はアリーガルに設立され、それからデリーに移された。人々はここで、――幼稚園からカレッジまで――リベラルな教育を導入しようと試みた。それにはムスリムもヒンドゥーも等しく参加した。ザキル・フサイン博士がここで活動した。困難な初期の後もなお数十年の間、比較的古いカレッジ全体に特に活気を吹き込んでいた熱意が感じられた。

長い談話では、批判的だが愛情に満ちてインド・ムスリムの過去と将来（もちろん不確かな将来だが）を分析したのを知ることもあった。それは特に、学識がありながらつつましいS・アビドゥ・フサイン〔歴史家。一九七八没〕によって主張されているような分析結果である。

それにまた私たちを葦笛の響きが深く感動させた音楽の夕べもあった。大規模農場への遠足もあった。そこでは裕福なインド人とアメリカ人が、際限なく膨張していく都市の騒然とした生存活動から離れて、自由に行動できる空間を創造しようとしていた。もちろん私が最近訪問したときには、新築されたバハーイ教寺院も欠かさなかった。これはちょうど花開こうとしている巨大な白い蓮のように、みすぼらしい小屋に囲まれた地域にそびえている――おそらくインド空間の最も美しい現代建築物である。それにまた聖廟が、いつも新しい聖廟があり、そこではデリーの歴史全体が集光鏡で集められたように現れている……。

# 7　北インドの聖者廟

## 1　デリーの聖者廟

私はいつデリーに旅しても、ニザームッディーン・アウリヤーの聖廟を訪れた。そこは清潔でもなくいい香りもしないちっぽけな路地に囲まれていて、この都市の近代的な地区の近くにある。そこを訪れた後、フマーユーンの墓とハーンハーナーンの美しい霊廟訪問がたいてい続いた。後者は——十八世紀にその大理石の上張りがはぎ取られている——ムガール時代の最も印象的な霊廟のひとつである。それどころか何人かの芸術史家には、タージ・マハルの構想にヒントを与えたものと考えられている。

ニザームッディーン聖廟には参拝者が路地を通って押し寄せてくる。そこの路地ではやや大きい聖廟でたいていそうであるように、花束やジャスミンがいっぱい入った籠が売られている。ある程度高価な掛け布も売られている。人々はそれを石棺に置いたり、置かせたりする。特に「高貴な」訪問者はこの覆い布を手に入れたり、その一部を「祝福に与れるために」もらう。シャー・ジャハーンの下で今の形になった小綺麗な霊廟の境内では、この師のさまざまな崇拝者が眠っている。

バラニーの飾りけのない墓はほとんど見えない。この人は自分の書いた『年代記』と『君主の鏡』という書で、十四世紀に、ムスリム支配者の義務を定義した。「支配者は正しい信仰を保護し、弁護してやらねばならない。新たに改宗した元ヒンドゥー教徒では決してなく、トルコ血統の男だけが支配の最高段階によじ登ることが許される。」バラニーは、当時はっきりと、文化的帰属性《アイデンティティ》を特別に強調しているインド・ムスリムの一部の態度を表明していた。彼らがそれを強調したのは、精神面では宗教の中心地メッカとメディナに、政治面では支配エリート層のトゥラーン地方の故郷に結びついていると感じることによってであった。

アシュラーフ ashrafとアジュラーフ ajlaf、つまり、西または北西から数世紀のうちに入り込んできた指導層と、インド生まれでヒンドゥー教徒からイスラムへ改宗した者。神の前ではどんな人間も平等だと強調されているにもかかわらず、カーストによる制限、人種による制限をイスラムが拒否しているにもかかわらず、この二分はいつもインドでは感じられてきている。ある〈サイイド〉〔預言者の子孫の呼び方〕家系から出た女友達は、預言者からの出自をとても誇っていた伯母が、今やひとりのミルザー〔イラン人やムガール貴族の称号〕の脇に葬られているとため息をつかなかったか（この男はたしかにとにかく軍人貴族層にも属してはいた）。

シャー・ジャハーンの娘、王女ジャハーナーラーは、約三百年も前に家系も地位も気にかけなかった。彼女は繊細な大理石格子で周囲が囲まれた、屋根のない質素な墓にいる。それはニザームッディーンの崇拝者たちの真ん中である。そしてどの訪問者もアミール・ホスローの墓を訪れるだろう。彼はその甘美なペルシャ語詩句のために「インドのオウム」と呼ばれ、またその神秘思想の師ニザームッディーンに情愛こめて「神のトルコ人」と名づけられた。彼はトルコ人将校とインド女性の息子だったからだ――けれども「トルコ人」とは、当時のペルシャ語では愛する男も意味する。アミール・ホスローの詩は、むろん、神の愛に打ち込んだ神秘思想家の言葉である感じは与えない。彼が「その人の住まいの周りで天使らが鳩のように飛ぶ」と、その師を讃えて高く舞い上がるような詩句を書いていても。

彼の叙情詩はチャーミングで実に技巧豊かであり、頌詩の方は、デリーの王座に次々とついた君主すべてを歌っている。彼らがその前王の後を、合法的に、あるいは陰謀で、それどころか殺害して後を継いだかはどうでもいい。彼は、ペルシャ語詩句で多数の詩人たちのように、ニザーミーが一世紀半前にその高雅な「五重奏」である〈ハムザ〉で描いたのと同じ主題を扱うだけでなく、同時代の出来事も扱った。そのことで彼は、ある意味でジャーナリズム風だがデリー宮廷内の重要な出来事を伝える、文学の新ジャンルの創造者になった。最後に挙げると、ペルシャ語の書簡文作法について彼が著した広範な書は、読者をさまざまな社会層の表現形式に案内する。この作品を忍耐強く解きほぐす人には、実にいろいろな学問と芸術に精通していた（例えば天文学が重要な役割を果たしている。それは何と言っても中世文化の一部だったからである。）この詩人の、驚くべき器用さを見せてくれる。

アミール・ホスローは若い頃、当時の皇太子である、スルタン・バルバーン（一二六六〜八七在位）の息子と北インドを旅して回ったとき、その地をムルターンからベンガルまで十分に知った。それで個々の地域とそこの住民の風俗習慣、さらには、言葉の独自性についてまで適切な発言をすることができた。

私はイスラマバードでアミール・ホスロー会議の際に、十三世紀遅くにムルターン近くでパターン族兵士について言われたように、ホスローのパシュート語（アフガニスタンの言語。東部イラン方言のひとつ）についての、必ずしも自尊心をくすぐるわけではない記述に言及した。そのことで私は何人かのパターン人聴衆の怒りをかった。彼らは七百年後でも差別されていると感じていたのである。

アミール・ホスローはインドを愛した——この「インドのオウム」は故郷の美しさをくり返し描いたり、ほのめかしたりすることに倦むことがなかった。彼の叙述は、次のように歌うときは、今ではやや古めかしいけれども。

ヒンドゥスタンよ、何と幸せなことか、宗教の輝きに照らされて。
そこでは誰もが神の掟を敬い、誰もが大事にしている。
学識では、デリーはブハラに似ている。
支配者たちは、はっきりとイスラムの強さを見せる。
ムスリムの人たちを周囲に生み出す、すばらしい国だ、そこでは魚さえ流れの中で良きスンニ派なのだ……！

ドームが覆っているニザームッディーンの大理石霊廟の境内は、いつも音楽が流れている。インドと近東の伝統を結びつけているヒンドゥスタニ音楽の基礎を作ったと言われているのは、他ならぬあのアミール・ホスローだからである〔この説を証明するものはない〕。人々は、北インドの音楽で実に中心的な役割を果たしているシタールという響き豊かな弦楽器も、彼の発明だとしている。

歌い手と楽器奏者のたいてい小さなグループによって演奏されるあの宗教音楽である〈カッワーリー〉を一度聞いた人は誰でも、アミール・ホスローの詩句がたびたび独特に変奏されて、他のテーマと結びつけられて前面に出ているのが分かるだろう。彼の最も美しい歌は、そのリズム形式によって歌えるし、また覚えやすいからである。くり返し預言者ムハンマドを讃える歌が鳴り響き、そして預言者は最後に、陶酔させる天上の酌人として現れる。

私は知らない、どの席がそれだったのか、
　私がいたのは夜の席だった……
ムハンマドがそこでは酌人だった。
　私がいたのは夜の席だった……。

一三二五年にニザームッディーン・アウリヤーが没したとき、友人で弟子であるホスローが短詩を、ヘンドゥヴィ語という、当時もう時折神秘主義の歌で使われていた民衆語で書いた。

褥には最愛の方が眠っている。
黒髪がそのかんばせを覆っている。

ホスローよ、おまえも帰宅するがいい。
夜が世界を覆っているから。

ほどなくして彼は老師の後を追い、その霊廟近くに埋葬された。けれども、弱いのに極端なところを見せるムガール支配者ムハンマド・シャー〔一七一九～四八在位。自堕落な生活態度で知られる〕が一七四八年に死んだとき、人々は彼をよりによってニザームッディーンとアミール・ホスローの墓所の間に葬った。続く数十年の間に、ますます略奪に見舞われた都市の住民は、「ムガールの黄昏」が彼らを襲い壊滅させると思った。この瀆聖行為によって、弟子と師、愛する者と愛された者の心からのつながりが妨げられ、それで祝福の流れはもはや流れることができなかったからである。

私たちがニザームッディーンの霊廟をいつ訪れても、誰かがバラの花びらを欄干で囲まれた石棺の上に撒き、周囲を敬虔に回っていた。ここでは女性は、カーディル・ジーラーニーやチシュティーの墓でそうであるように、内に入るのは許されなかった。境内で歌い手たちが、まるで風が葦の茂みでざわめくように感動的に、狭い音域で思慕の歌を歌った。ときにはひとりの男が甘いものがいっぱい入った大きな盆を持って来て、中へ運んでいった。そして彼が祝福を得られたと思った後、周囲にいる人たちにそれを配った。ときには私たちは、十四世紀初めにできた、隣接している赤砂岩モスクの敷居や大理石板に気軽に腰を下ろし、男たちが欄干にしがみついたり、私たちの世俗世界と〔神の友〕の世界を分け隔てている入口の敷居にキスしたりする様を眺めていた。そこの境内を埋めていた大勢の男女は毎日やって来て、夢の中で、また幻視を見させて彼らの進むべき道で導いてくれた聖者と本当に個人的精神的な親密さをしばしば育んだ――その聖者が生きていた間孤独に貧しく暮らし、同時代の人たちを導き、権力者との付き合いを拒み、瞑想と祈りから活力を汲み出していたのと全く同じように。それを彼は敬虔な母から学んだ。それは、彼が「外的」学問に大変に才能を示した学生の頃、パークパタンのファリードゥッディーン・ガンジ・シャカルとの出会いによって中世インドの実に偉大な魂の導師のひとりとなる前のことである。

ときには私たちは、その修道場の現指導者である〈サジャッダニッシーン〉を訪れ、背の高い人と談笑した。その人はスーフィー修行者の高い、黄色い帽子でますます堂々と見えた。私たちは彼と神秘主義文芸や現代の政治問題を論じ、その際に果物とお茶で元気づけられた。

彼の住まいからの帰り道に、道端でわずかの金額で売られていたモダンな礼拝用具として印刷したシリーズを見て、私はそれを全部を買いたい気持ちになり、抵抗できなかったことに、当然だが彼は少し驚いていた。けれども、預言者が乗った奇跡の動物であるブラーク〔天国への旅で預言者が騎行する動物〕の、胸が引き裂かれるほど悲痛な気持ちになる俗悪な描写を、あるいは、前景で少女が天を見上げ、祈りのために両手を開いている様子が描かれたカーバ神殿の絵を、私はどこでまた見つけられるだろうか。いや、この現代の民衆芸術はあまりに気持ちをそそった。残念ながら私は、これと比肩するほどのものをラホールで運よく買い求めたものにしか見つけなかった。それでは、楽園にいるファイサル王〔サウジアラビア王〕が描かれ、孔雀、フール〔という天国の処女〕たち、バナナ籠や花籠で囲まれている。そしてラファエロの天使や――ルルドのマドンナの絵を思い出させる――天上の乙女が、王の周りで微笑んでいた……。

あるとき私は、大学卒のジャーナリストでチシュティー教団に属していた敬虔な人と聖廟に行った。私はその人とある会合で出会い、彼は集会中にいろいろな聖なるところへ案内することを約束してくれた。この人の名は忘れてしまったが、目の前にまだ彼の姿を思い浮かべることができる。髪と髭は暗い色の巻き毛で、頭にはスーフィー修行僧の小さな帽子をかぶり、眼光鋭く限りなく深い目をしている痩せた男――その人からは彼が神秘主義道の奥義をどんなに深く突き止めていたかが見てとれた。私たちがデリーを探訪周遊して最後に、彼は私を自宅へ連れて行ってくれた（タクシー運転手は狭い旧市街路に入り込まねばならず、大変にむくれていた）。私たちは、広い表入口を通って入った。私は伝統的な住居の印象をうけた。薄暗い通路を通って庭に入り、その周りにはいくつかの部屋が集まっていた。どこかでかまどの火が燃えていた。そこで折れそうなほど弱々しい女性が、私のために何か特別にいいものを用意していた。そのスーフィー修行者はぐらつくテーブルに私を座らせた。テーブルの後ろには、古新聞と神秘主義小冊子が載った小さな本棚が目についた。本棚にはガンガン鳴っているトランジスターラジオがあった。それはバッハのように響く何かを演奏していた。それに合わせて、三匹の愛くるしい灰茶色のネズミが本棚の上で踊っていた――本当にそうだった――。そのネズミたちは後になって物欲しそうに私たちの皿の周りで輪舞して回った。私は有り難く、また敬虔な気持ちで食べた。その間ずっと私の心をつらくしたのは、この家族が私にご馳走するために、どんなに食べるものを切り詰めねばならなかったかという思いであった……。

数年後に私は、私を迎えてくれたその招待主と再会した。彼は友人を介してある集会から私を呼んだ――その集会に私はそれほど熱中して参加してはいなかった。彼自身は自宅の別の部屋でみすぼらしい寝台に横になっていた。セキセイインコと他の小鳥が、周りで飛びかっていた。ネズミにかじられたペルシャ語とウルドゥー語の本を何冊か所持していた。そして彼は一層透明に、一層彼岸の人になっていた。数分後に彼の下を去ったとき、私は彼がまもなく、生涯の間この地上という不完全な部分にいてそこに到達しようと努力していた、光のあの世界に入って行くだろうと思った。

私は続く数年に幾度か、彼と同じデリー人のひとりであるクワージャ・ミール・ダルド〔神秘主義詩人。一七二一～八五〕に取り組んでいたとき、彼のことを考えた。あるとき私は、次のダルドの詩を読んだことがある。

おまえ、愚か者よ、私たちが死ぬとき、
　確かめられるだろう。
私たちが見たものは夢だった、
私たちが聞いたものはメールヘンだった、と。

私はこの飾り気のない詩句に衝撃を受けて、彼の作品を研究する決心をした。ダルドはウルドゥー語を神秘主義の詩句に使った最初の人だった。彼の薄いウルドゥー語詩集は永年にわたって讃えられ愛されたのに、ペルシャ語の詩、特にペルシャ語で書かれた広範な散文作品はほとんど読まれない。大版で八百枚にもなる『イルムル・キターブ』は、これまで十分に分析されたことがない。その作品で彼は、特に、すべての預言者の序列を通して自分の精神的上昇を、原ムハンマドにある神的なものの最初の出現点である〈ハキーカ・ムハンマディヤ〉（神によって劫初に創造され、ある意味で、認識不可能な神的存在と被造物間の境界領域である「預言者の精髄」。それとの結合が、神秘思想家が進む道で到達できる最高段階である。）との結合に至るまでを描いている。それにまた見事な言語美にあふれた霊的な日記である『四つの書状』も読まれない。

私たちはダルドの墓も探した。S・A・アリーとその妻も探すのを手伝った。ついに私たちはそれがトゥルコマン門の外の、小さな丘の上で、低い垣根で囲まれたところの後であると突き止めた。そこには昔、皇帝アウラングゼーブの娘が、ナクシュバンディー教団の高名な神秘思想家だったダルドの父に贈った建物が立っていた——それは水路が縦横に貫き、音楽の催しのための場所もあった地所である。

ダルドの『痛み』という作品はここで一七二一年に誕生した——彼はこの屋敷を一度も離れたことがなかった。この少年は、スーフィーズムに改宗したかつての将校である父ムハンマド・ナーシル・アンダリーブ（一七五八没）の屋敷で、ペルシャ語の最も豊かな詩人のひとりであるサドゥラー・グルシァン（一七二八没）を目にした。その人はそこに一七二八年に死ぬまで暮らしていた。当時の北インドで彼とその友人たちの周囲の文学サークルでは、ウルドゥー語が文学語へと高められた。デカン地方の詩人たちはそれをとっくに使っていたが。

けれども、アンダリーブは詩人であるよりも神秘主義者だった。一七三四年に彼は幻を見て、〈タリーカ・ムハンマディヤ〉「ムハンマドの道」の指導者に任ぜられた。これは伝統的イスラムの、神秘主義思想で深められた形式である。アンダリーブの目標は、――後期の多くの神秘主義思想者と同じく――彼が肉体的には〈サイイド〉としてそこに由来している「預言者のうちに完全に復原する」ことだった。そういうことでダルドには預言者〔原ムハンマド〕との一体化は、神秘主義をさすらった最終段階では、同時にまた自分の父との一体化であった。そして彼の作品は、心理学者にはこれまでほとんど伝えられてきていない、伝統からの豊かな素材を提供している。

私たちは半ばくずれた塀壁に座っていた。内部ではそこの家系の身内が最後の安息を見つけていた。だからここにはデリーの貴族が来て、ダルドが家で手筈を整えた神秘主義的演奏会に耳をすました。皇帝シャー・アラム二世アーフターブさえこのような夜会の客人のひとりだった。もちろんそういう夜会は、ダルドの仲間には目の上のたんこぶだった。音楽はあまりにヒンドゥーの習慣を思い出させるようだったから、ナクシュバンディー教団は音楽を拒否していたのである。しかし若いとき「音楽への敬意」について小さな書を書いたダルドは音楽が大好きで、父と同じように、インド伝統の傑出した精通者だった。彼の詩も全くの音楽で、水中の足跡のようにはかなく、花の影のように繊細である。ダルドの時代にこの建物はどのように見えたろうか。きっとそこにはバラがあった。彼のウルドゥー語の詩句は、バラに捧げられているからだ。

私の出会いとおまえの出会い、それはバラと露のそれだ――。
すべての微笑みはおまえから、そして泣くのはすべて私から。

リルケ〔一八七五～一九二六〕の百五十年前に、彼はもうバラのあの矛盾を認識していた。

形と内容の点では、喜びと苦しみは、
　等しい。バラは――
好意の心と呼ばれようと、

失意の心と呼ばれようと。

作品、詩句そして旋律は、彼には神の贈り物だった。数多く書いた書は、自分の子供のように思えた。しかし彼には現実の家族があり、神秘思想家の場合には全く普通でないが、作品のひとつで実に率直に呼びかけている。「私は妻と子らを優しく愛している……」。彼の繊細で響き渡る祈りは、特に『四つの書状』に含まれているが、イスラムの実に豊かな祈禱文学から知られている、神への最も感動的な呼びかけのひとつである。

神よ、人間は火からできているのではありません。だから、あなたは彼を火に投じるべきです。人間は大気からできているのではありません。だから、彼を氷のような地獄の風に委ねるべきです。人間はちりからでき、全くの謙虚の心です——あなたはわずかのちりを相手に一体何ができますか、謙虚を許すのでなければ。

私たちは墓から少し土を取り、今では「絶対存在という聖なる谷間」に達した彼のために祈りを口にした。この谷間は彼の生きていた間には、浮き世の出来事という移動砂丘にたびたび変化していた。デリーの住民がかつて大好きだったもの一切をその下に埋め尽くす砂丘に。デリーが、ペルシャ人、マラータ人、シィク教徒、アフガン人によって何度も略奪されても、ダルドは故郷の都市を離れず、時折、ため息を吐くだけだった。

デリーよ、いまおまえは運命によって荒廃している。
そして涙が川の代わりに流れている……

それに比べて、彼の幼なじみであるミール・タキー・ミールは、ウルドゥー語での繊細に感受する叙情詩人として有名になったが、第三次パーニパットの戦いの後である一七六一年の首都の状況をもっと具体的に描く。

アフガン族とローヒラ族が今や彼らの仕事である殺戮と略奪を始めた。戸をこじ開けて、中に見つけた者は誰でも縛り上げ、多くの場合には生きたまま焼き殺したり、首をはねたりした。至る所で流血の惨事があり、残虐行為があった。このような残忍は三日三晩続いた。国の支えであった男たちは滅ぼされた。高貴な地位にあった男たちはすっかり落ちぶれた。さまざまな家族が、愛していた人誰をも失った。たいていの者たちは、侮辱され辱められながら通りを当てもなくさまよった。婦女子は捕まえられ、誰も略奪と破壊をおし止める者はいなかった。

その際に、この不幸な都市を荒廃させたのは敵ではなく、「友軍であり援軍」である人たちだった。一七三九年の春にペルシャの軍勢は、ナーディル・シャー〔一七三六～四七在位〕の下で首都を略奪しつくして、その結果イランの住民は三年間税金を払う必要がなかったほどだった（一六三五年にシャー・ジャハーンのために造られた〔孔雀の王座〕も、そのときペルシャ人の戦利品になった）。今回は――ずっと前から中央インドから次第に進出してきていたマラータ人に対抗するため救援に呼ばれて――勝利した後に今や首都に殺到したのは、アフガン人であり、パターン族の氏族ローヒラたちであった……。

ある意味でこのような破局に連帯責任があった人は、デリーのナクシュバンディー教団の偉大な指導者のひとりだったシャー・ワリウラーである。イクバールに最初のムスリムと呼ばれている彼は、イスラムの根本的な革新にねらいを絞った人である。というのは、ダルドの方が神秘主義に没頭して自分の道を進み、〈ムハンマドの道〉に従うように同郷人を誘い、人々は瞬時の幻影にすぎない（彼の時代においてはむろん悪夢であったが）世界を渡っていったのであるが、シャー・ワリウラーの方は、彼の信仰仲間たちが貧しくなる原因を分析し、政治の権力闘争に介入して、少なくても多少はその原因を取りのぞく手助けをしようと試みたからである。

ダルドの悲しげな最後の休息の場からやって来て、私たちは彼の同時代人シャー・ワリウラーをも訪れた。少し苦労した後で、小さいが手入れされてある墓地に目立たない黒い石がある質素な墓を見つけた。

私はS・A・アリーに、「ワリウラーは実際は、現在一般に思われているように、先見の明のある神学者だったと思いませんか」と尋ねた。彼は少しためらって返事した。その返事は私には、いろいろ教えるところが多いように思えた。私は以前に、特に、シャー・ワリウラー・アカデミーさえあったシンド地方で、この改革の神学者についてとても多くの称賛を聞いていたからである。「彼はたしかに偉大な人でした」と同伴者は返事した。「神学者と法律家の家庭で育ち、早くから成熟したこの若い男は、メッカでしばらく過ごしました――メッカ、ご存じでしょう、それは巡礼地であるだけでなく、多くの敬虔な人々が、志を同じくする友らと討論したり、カーバ神殿の祝福のおかげをうけて、大きな仕事を創作するために数年、いや数十年滞在しました――イスラム世界の周辺地域のほとんどすべての改革運動は、長いことメッカで暮らしたことのある人たちによって刺激を受けていました。ちょうど十八世紀初頭にメッカとメディナには、厳格に信仰を守る偉大な思想家がとどまっていたのです。シャー・ワリウラーがそこで、イブン・アブドゥル・ワッハーブ〔一七九二没〕と知り合った――その人の厳格な神学の方向は、ご承知のように今日サウジアラビアで支配的です――ということは大いに考えられる、それどころか、どうやらそうらしいです。」

私は尋ねた。「あなたは彼の多面性にどんな説明をつけますか。彼は、預言者に敬意を表して熱烈な詩を書く一方で、多くの点でコーランと諸伝統を一種の脱神話化することを始めました。」同伴者は言った。「彼の実際比類ない成果は、コーランを、紀元一〇〇〇年を過ぎた頃からずっと教養人たちの言葉だったペルシャ語に翻訳したことだったと思います――実際、見事な翻訳です――言葉の真の意味での〈奇跡〉としか言いようのないものです。こういう活動はとても必要なことでした。アラビア語ができない、たいていの信心深い人たちは、たしかに数百年のうちに、神の言葉であるテクスト、根本では単純なテクストの周りに解釈と屁理屈という貫通不能の外皮がかぶされた注釈を頼りにしていたからです。シャー・ワリウラーは、インドのムスリムたちにコーランの核心へ直接通ずる道を示そうと、後年の解釈者たちが付け加えたものをコーランから取り去って清め、真実な生の泉にしようとしました。」――私は付け加えた。「それから彼の息子たちは、聖なる書のウルドゥー語翻訳で似たことをしましたね。」さらに尋ねた。「その思慮と洞察にもかかわらず、彼は一体、自分の過ごした日々にインドの上に嵐雲のように垂れ込めていたあの危機を意識していなかったのでしょうか。イギリス人が一七五七年にベンガルのプラッシーの戦いとともに斜堤を獲得し、そこから出発して彼らイギリス人が、弱体となったムガール帝国を容易に打ち負かすことができたことを、一体知らなかったのでしょうか、それとも理解しなかったのでしょうか。」――「そうです。」私の会話相手は、仕方なく認めた。「デリーの弱い政府は、イギリス人がもうアワド州、ファイザーバード、ラクナウへ手を伸ばし始めていたのに、まさにマラータ人を真剣に考えるべき本来の敵と思っていました。そういうことでデリーにいるトゥラーン地方出のスンニ派の貴族たちは、ワリウラーの祝福を受けて、まだ権力を持っていた、周辺の唯一のスンニ派の指導者に頼りました――それは、カンダハルのアフマド・シャー・アブダーリー・ドルラーニー〔一七四七～七三統治〕だったのです――彼の封臣たちが敵よりも一層憂慮すべき乱暴をはたらくとどうして予見ができたでしょうか――だからこのような彼の浅慮を許してくれるよう私たちは神に願いましょう。」「アーメン」と私は言った。

しかしこの風変わりな男の姿は、私の脳裏から離れていかなかった。――ナクシュバンディー教団への入信歴だけでなく、さらに四つの他のスーフィーズム教団に入信したことのある神秘思想家。まさしくダルドと同じように、自分の時代のほとんどの神秘思想家を〈カラーマートゥフルーシャーン〉「奇跡の小売り商人」と呼び、広く知られている聖者墓への巡礼を最も禁止したがった人（「私がコーランにちょうどピッタリのそのような禁止の箇所を見つけられればなあ」）。同時に、自分が見た十三の幻視を自慢している――その中では神が彼を、とりわけ〈ハッカーニヤ〉つまり〔神の真理（〈ハック〉）の質への関与〕を意味するマントで覆ってもらったという人。そして、アラビア語の主著『フジャト・アラー・アルバリーガ』で慧眼にもムスリム権力の没落の社会的政治的背景を分析しようとした人。彼は実際誰だったのか。ダルドが、自分は誰なのかを見いだすために、その瞑想の中でいつも新たな名と呼び方を与えていたのにたいして、シャー・ワリウラーは、神が彼を「叱責のうちに預言者の後継者に」任じたことを我が身で知った。彼は財政の乱れ、不具合な組織、軍隊と役人の教育の欠如を指摘した――それは同時代のウルドゥー文学の中ではミルザー・サウダーの風刺作品で鋭い形で表現されたテーマである。

私たちはその飾りけのない黒い墓石の前で長いこと考えにふけり、その偉大な思想家をインドのイスラム、イスラム神秘主義の、多彩な網の中に組み入れようとしてみた。私たちは、彼がデリーのナクシュバンディー教団のスーフィー修行僧マズハール・ジャーンジャーナーン〔一六九九～一七八一〕とウマが合っていたことを知っている。この人の後継者たちは今日までデリーで活動的である。「天使にも等しいさまざまな性質によって傑出していた」マズハールが、――ダルドとはすっかり反対に――かなり醜い妻を何度も嘆いていたことは、彼を実に人間らしく思わせる。

しかしシャー・ワリウラーの後継者たちは、〈タリーカ・ムハマンディヤ〉の中へと結びつけられていた。それは、心の純化に方針をとった神秘主義の運動からシィク教徒との闘争へと変化していった。彼らはこのシィク教徒からパンジャーブで権力を奪おうとしたができなかった。シャー・ワリウラーの子孫、イスマーイール・シャヒードは、一八三一年に北西の国境州での戦いで命を失った。タリーカ自身はゆっくりと反英の組織へと成長していった……。

「私たちもっと何か全く別のものを見ましょうか、先生」と私の同伴者は尋ねた。「もちろんです。」「それなら大モスクへ行きましょう。そこの近くに私たちはいつも訪れる小さな墓があります。アブール・カラム・アザドは、そこに埋葬されている人を大変評価していたからです。」

私の同伴女性のきらめくほど赤いサリーは、低く垂れている枝の下でほとんど見えなくなった、ずっとつましいあずまやの暗い壁で真っ赤なチューリップのように際立った。「これはね」とS・A・アリーが言った。「サルマド・シャヒド〔一六六一処刑〕の墓です。」「皇太子ダーラー・シコーの友だったサルマドですか」と私は少し驚いて尋ねた。「そうです、まさにその人です。」サルマドは、ムガール時代の大変に風変りな人物のひとりであった。ペルシャ系あるいはアルメニア系のユダヤ人であるこの男は、シラーズ〔イランの都市〕の有名な哲学者モラー・サドラー〔一六四〇没〕の下で勉強した。イスラムに改宗し、商人としてシンド地方のタッタへやって来たが、そこで彼は、あるヒンドゥーの少年への恋でショックを受けて、その結果彼はスーフィー修行者として身ひとつで歩き回った（そういうことは宗教の掟で禁じられていることである）。最後にムガールの宮廷にたどり着き、皇太子がこのとっぴな詩人と親しくなった。それは、宮廷での正統派グループがダーラー・シコーを攻撃する理由となった。

サルマドは、ペルシャ語での最も優れた四行詩詩人のひとりとされている。彼の詩句は深いメランコリーをたたえているが、また皮肉も折り混ぜられている。彼は、「サタンは唯一真の一神論者である。サタンはスーラ２の３１で伝えられているように新しく創造されたアダムにひざまずくことを拒んだからである。――崇拝することは、専ら創造者にたいしてだけふさわしいことである」というハッラージュのモチーフを取り上げた。そしてサルマドが王子にたいして、神が汚れなき人にだけ「身ひとつという衣装」を授けると自慢するならば、彼は自分の生が根本では完全に「逆さま」になっていることをやはり知っている。


人間たちの言葉を信頼すること、それはああ、
　全く間違っている。

彼らの「はい」という言葉は逆である。彼らの「具合よい」も逆である。彼らの「今日」も逆である。

　彼らの「まもなく」は逆である。

そして、私の生についてのあの本がどんな風であるか、
　それは尋ねるな。

書かれたものは間違っている。意味は間違っている。文体も間違っている。

　形式も間違っている。


王族の友シコーの処刑後二年経って、同じく異端の徒として首をはねられてここに彼は横たわった。処刑吏が近づくと、彼は笑いながら言ったという。

魅力ある人よ、私の友よ、私の首をはねた人よ。
彼は仕事を簡単に片付けた——そうでなければ私の頭は大変に痛んだろう。

何年も経ってから在米のユダヤ系の熱烈なファンが、「サルマドは、彼にふさわしい霊廟に埋葬されていますか。サルマド・フェスティバルを開けないでしょうか」と私に尋ねてきた。私は彼を失望させざるをえなかった。

## 2 ガンジス川とジャムナ川の間

その乞食はアリーガルのバスターミナルの近くに座っていて、時折体を揺すりながらウルドゥー語の思慮深い歌を歌っていた。

アティーハイバス、　ジャティー　ハイバス、
アッラーフバス——バーキーハワス。

自由に訳してみると、

バスが来て、バスが行く、
神だけが残り続ける。

この言葉は、ラクナウの東にあるスーフィーズムの聖地へ旅する私たちに格好のモットーであるように思えた。

正直に言うと、私はアリーガルを別な風に思い描いていた。イギリス人によって「王室の臣下」として貴族に列せられたサー・サイイド・アフマド・ハーン〔一八一七〜九八〕が、一八七五年にアングロ・ムスリム・カレッジとして設立し、数十年間ムスリムの近代化の拠り所だった有名な大学は、たぶん、小尖塔で飾られた巨大なラクナウ駅に似て、ヴィクトリア様式の大きな建築群だろうと私は思っていた。だがそこの建物は、公園に似たかなり広い敷地に散在し、また非常に現代的な感じのする、設備のいい図書館もあった。

ここは二十世紀初頭からヨーロッパの学者が、アラビア学とイスラム学を教えたところである。彼らは、たいてい北インドの中流上層の出である学生を文献学の観点からの原典研究を重視したヨーロッパ式手法に導き、インド人同僚との友情を楽しんだ。このインド人たちには、イスラムの学問を近代に適合させて発展させること気にかかっていた。むろんアリーガルは当初から、より伝統主義の立場に立つムスリムから鋭く批判されていた。その設立者サー・サイイドは、やや脱神話化気味のコーラン解釈のために、〈ネーカーリ〉「自然主義者」と罵られ、それどころか不信心者の烙印を押された。けれども、アリーガル運動はベンガルからシンドまで広がった。アクバル・アラーハバーディー〔一九二一没〕のような風刺家は、イギリス人に気に入られようとし、彼らを真似し、好意を示されたらどんな場合でも感謝するという、サー・サイイドとその友らの試みを嘲った。

インドのフクロウのほらは、
実に一見に値する。
英国人がフクロウを鷹に、
「名誉上の狩りの鷹」に任命するとき。

デリーの北にあるデオバンド神学大学は、ある意味で、この親英のアリーガルと対抗するものとなった。神学の伝統的な路線は――設立者たちがチシュティー教団と結びついていたので――神秘主義にも少し考えが傾いている、実にさまざまなイスラム諸国出身の学生を引きつけた。

私は二週間アリーガルで、仕事仲間である、ノース・カロライナ州デューク大学のブルース・ローレンスの家で過ごした。彼は、インドのイスラム初期神秘思想に関する優れた専門家とみられているK・A・ニザーミ教授宅に、講義のない学期の間住んでいた。私たちは学識あるインド人学者とともに、あるときはアーグラ、ファテープル・スィクリそしてグワーリオルを訪れたように、今回はこの人とその妻と一緒に、東部のUP〔連合州〕のスーフィーズムのいくつかの中心地をじっくり見ることに決めた。ラクナウでは、私が勤務するハーバード大学の女子学生のひとりで、ちょうど北インドを調査していた人がさらに加わった。それで私たちは、インドではいつもそうであるように、小さくて強力なアンバサダー〔インド産小型車〕に体を押し込み、ジャムナ川に沿って南東に進んだ。

ラクナウは、かつて優雅な詩の都市、王侯の愛人たちの輝ききらめく都市である。そしてシーア派分派の12イマーム派に、彼らのイマーム〔導師〕の誕生と没年に敬意を表して行われる祭りがロマンチックな劇作品に広がってゆく都市である。長い間デリーとムスリム・インドの文化的中心の地位を競ったラクナウには、もう昔日の輝きを示すものは何もなかった。十九世紀初頭に最も優雅なウルドゥー語が話されていたこの都市は、とっくに過ぎ去った時代から浮かび上がった、半ば忘れられたメールヘンのような感じを与える。そこは音楽で満たされていて、そこの巨大な〈イマームバーラハ〉〔ムハッラムの道具がしまわれる建物〕は、シーア派君主の宗教的熱心さを証明している。このシーア派君主たちの下でこの町は、一七七〇年から一八五六年にかけて栄えた。

その間にイギリス人たちも、太守《ナワーブ》たち――一八二一年からはアワド（オウド）の「王たち」――の贅沢と浪費癖のせいで、その地域が遅かれ早かれ自分らの手に落ちるだろうと冷静に認識しながら、早くから統治支配に介入していた。

ラクナウの宮殿には、かつては見事な書庫があった。イギリス人に支援されたナワーブが、一七七四年に、その地域がデリー北部に広がっていたローヒラの君主ハーフィズ・ラフマト・ハーン〔一七七四没〕を倒したとき、ラクナウにある、芸術と文学愛好のこのパターン族君主の書庫も陥落した。オーストリアの舌鋒鋭いオリエント学者アロイス・シュプレンガー〔一八九三没〕が、一八五〇年にこれらの宝物の目録作成を依頼された。彼は今日でも貴重な目録の序言で書いている。

書物は、壊れた約四十の箱に――ラクダ用荷箱だ――保存されている。それは同時に実に多産なネズミの家族に住まわれている。このコレクションを訪れる機会がある、オリエント的習慣の賛美者は誰でも、彼が動物学者兼オリエント学者であるというのでなければ、中に手を入れる前に一度ステッキで突いた方がいいだろう。

ネズミがどんな宝物を食い荒らしているかを想像したとき、私たちはため息を吐いた。さらにまた、アワド国の最後の皇帝、楽しみ事が大好きなワージド・アリー・シャー〔一八四九～五六在位〕が四百人の勢揃いした女性とともにカルカッタへ追放されたあの一八五六年に、イギリス人のラクナウ占領時になされた爆破がどんな財宝を破壊しただろうかと思い描いたときも、私たちはため息を吐いた。

アリーガルの徹底的な近代化とデオバンドの伝統主義の、ある意味で中間コースになっていた神学大学、学識ある歴史家シブリー・ヌマーニー〔一八五七～一九一四〕によって一八九四年に設立されたナドワト・アルラマーがまだ光を放っていた。私たちはそこを短時間訪れ、大学のシラバスに接し、全世界からそこを目指してきている学生たちを目にした。そうだ、このナドワト大学は、「どこの家も結婚式が行われている家に似ている。通りはカーニバルのようだ」と言われたことのある都市の肯定的な側面だったし、ずっとそうだった。

私たちが「巡礼」する途中で最初の滞在地は、近くにあったデーワ・シャリーフだった。これは今世紀初頭に、ワーリス・アリー・シャー（一九〇三没）〔チシュティー教団神秘思想家〕を記念して建てられた。力強い緑色のドームが霊廟の上にのっていた。〈廟《ダルガー》〉の人たちは、私たちを温かく迎えてくれた。インド人同僚のワーリス・キルマニ〔ペルシャ文学教授〕は、自分と同名の聖者を信奉する人々のひとりだったからである。影を落とす木々が植わっている広い境内は、修行僧の小さな庵室で囲まれていて、そこで私たちは夜を過ごした。太陽のように黄色の衣をまとった二人の修行僧が、この世で唯一色のついたところとなっていた。ちっぽけな庵室にある、何も覆っていない石の上の寝床は、私をさすらうスーフィー修行者の気分にするのにちょうどよかった。そして、一時間ごとに歌を歌っていた二人の修行僧の声は、そこの雰囲気を温かさと喜びで豊かに満たしたので、庵室も石の寝床も、音楽の揺する響きの下で柔らかな雲になっていくようだった。

午前に私たちはさらに、ルダウリ・シャリーフという、チシュティー・サービリー教団の古くから有名な中心地へ行かねばならなかった。そこには、かつて偉大なアブドゥル・ハック（一四三八没）が住んでいた。この人によって、チシュティー教団の禁欲傾向が強い分派がこの地方で広がった。アブドゥル・ハックは六カ月間墓の中で過ごし、その後またこの世での課題に取り組んだという伝説が残っている。

そこの建物群の壮大な建築物は、ルダウリが前にどんなに重要だったかを示していたが、今は、多くの巡礼地がそうであるように、全インドで進行した世俗化の影響を受けていた。昔は相当な数でそこへ押し寄せる巡礼者が、ある意味で収入源だったからである。彼らは願をかけるとき、お金や品物、食物、布の形で寄付を持って来ていた。そうこうするうちに、〈アウカフ局〉（宗教財団担当部局）の管理部門は政府に引き継がれ、そこを「管理する」だけで、設備の維持と改善にはほとんど関心がなかった。私たちを親しく迎えてくれたピールは、このような衰退を嘆いた。しっくいが剥げ、塀全体がすっかり倒れているのは、実際、無残な光景だった。壁のどこにでも書かれてあった〈ハック〉（「真実、神」）という言葉の恵みすら、何の効き目ももうないようだった。鳩の鳴き声や木の葉のそよぎの中で〈ハック、ハック、ハック〉と反響していた――この修道場は危篤状態だった。寂しい赤い花がかつての集会室の瓦礫の中から育っていた。

私たちはそのピールの家に泊めてもらった。私はベッドと〈カッモード〉の特権を得た。それはウルドゥー語で寝室用便器を意味する。その他の衛生上の設備については、儀礼上沈黙する。朝にはアクアマリンの空が小さな雲を浮かべて、崩壊過程そのものにあってもなお印象的な建物群の上に広がっていた。私たちは厚遇に感謝して一定額を献金として残し、去った。スーフィー修道場は、その部屋を賃貸することは決してないだろうからである――どこかの聖地が願い事を聞き届けてくれたり、奇跡的回復や似たようなことで有名になり、それから常に新たな救いを求める人々を引きつけると、すぐそこを大変に裕福にしたのは、まさしくそのような「供物」だった。そういう状況では、〈サジャッダニッシーン〉が――特にこの高位が世襲の場合には――たびたび資本主義的な大土地所有者に変わることがあったことは明らかだ。ちょうどこの理由から、多くの近代化主義者と同じく、イクバールは激しく「ピリスム」に反対した。ピリスムは彼には、情け容赦ない師が信心深い貧しい信奉者を搾取して、貧しい者たちをさらに愚鈍化（もともとたいてい文盲である）し、それとともに、イスラムの新たな解釈の妨げに、近代的な生活に参加する妨げになっているように思えた。ここで彼の思考は、ある意味でアタチュルクと符合する。後者は一九二五年にトルコで托鉢苦行修行僧団を廃止した。彼の意見ではそれは近代とはもう関係がないからである。

小さな金色の雲が厚くなり、すぐにまた重たい灰色の雨雲になった。モンスーンがあの年には特に長く続いていた。ジャムナ川沿いの単調な風景が灰緑色だった。悲しげであり高慢に見える雌牛が無数に点在していた。

私たちの同行者たちは絶えずキンマを噛んでいた。この風習――あるいは悪習――は、亜大陸全体に広がっている。暗緑の葉に薄い粘つく石灰乳が塗られる。細かく刻んだナッツを、ときにはまた他の成分を詰める。特に食後に消化促進剤として噛まれる。葉の赤い液が歯を染め、年月が経つうちに歯が抜ける。キンマにいったん慣れた人は、さまざまな葉の種類と詰め物がよく見分けられる。私たちがワインの種類を見分けて、楽しむことができるのと同じようである。そして、葉やナッツなどをしまっておく銀の小さな容器が、本当に芸術作品であると言えるのはたびたびである。

道は、十八世紀後半にはアワドの太守たちの居住地であり、彼らの浪費で有名であるファイザーバードを越えて、巡礼の目的地へつながっていた。キッチャウチャ・シャリーフである。私はこの地についてはあまり知らなかった。そこはジャウンプールのシャルキ朝（一三九四〜一五〇五）支配者の時代に築かれた。チムールの軍勢を恐れてとても多くの宗教指導者と〈サイイド〉がイランから逃げてきたときである。それからその軍勢は、一三九八年にデリーの前に迫り、そして一四〇二年にアンカラ近くでオスマンのスルタン、バーイエジード一世（一三九〇〜一四〇二在位）を打ち倒した。

移住民のひとり、サイイド・アシュラフ・ジャハーンギール（一四一七か二五没）は、この地にある、悪霊が満ち、ヨガ行者が住んでいたジャングルに居を構えた。彼は大変教養の高い人で、同時代人であるグルバルガのゲースーダラーズ（一四二二没）と、人智学傾向の神秘思想の諸問題について興味深い文通をしていた。またベンガル地方の政治紛糾にも介入していた。彼が一目で聖別した猫が、敬虔なスーフィーのふりをしていた男が異端者であることを見抜いたという話が私は特に好きである。もちろんその男は直ちに改宗し、その師に忠誠の誓いを立てた。

私たちはやや暖かな霧雨の降る中を目的地に着いた。そこは、静かで厳粛なルダウリとは全く反対であるようだった。いくつものモダンな建物を目にした。そのうちのひとつに私たちは迎えられ、あまり知的な感じがしない二人の給仕にお茶を出された。たしかに、もちろん私たちはここで喜んで宿泊できるだろう。昼食、ベッド、みんなそろっている――しかし私たちはまず、修道施設の本来の中心部を訪れようとした。刺すような目つきの若い男が、いくつかのスイス製金時計と大変繊細な質の網シャツで目立っていたが、くるぶしまでぬかる泥道を通って私たちを本来の僧院領域へ案内した（そうだ、そこは残念ながらまだ舗装されていないと言われた）。

サイイド・アシュラフは彼の精神力のおかげで霊もヨガ行者も打ち勝ち、自分の支配領域から追い払ったので、彼の聖性の名声、悪霊を抑える彼の力の名声は全土に広まった。まもなく、彼の霊力にすがって悪魔のさまざまな力、魔法から、癒されることを望んだ取り憑かれた人たちがやって来た。あの時期以来、キッチャウチャはそこへ精神を病む人たちが連れて来られる、そういう中心地のひとつになった。強調しておきたいが、そこだけ一カ所というのではない。全イスラム領域のほとんどにそういう場所がある。どの「神の友」もそれぞれ特別な奇跡に専門化されているからである――それはまさしく、キリスト教の聖人が喉の痛みを治したり、なくしたものをまた見つけるのを手伝ってくれるのとそっくりだ。

本来の聖廟は池の小島にあった。池の死体色によどんでいる水は、私たちをぞっとさせた。男性は上の階に上がることが許された。私たち女性は、下の階にいる女性たちのところへ導かれた。そこには彼女らがいた。髪を振り乱し、体をしょっちゅう揺すり、転げまわり、頭を壁に打ちつけていた。彼女らは変わることなく反復運動をし、悪霊が体から去ってゆくことを希望していた。何人かは鎖につながれて叫び、何人かは石床にうつろにうずくまっていた。……希望のない様だった……私たちがほっと息を吐けたのは、その建物を去り、またぬかるみの道に出たときだった。しかし、あそこの女たちの誰かに取り憑いていた悪霊が、彼らを写真に撮ろうとしたとき、たぶん私のカメラに入りこんだにちがいない――あのときから、忠実な〈網膜《シャッター》〉はもう動かなかった。ドイツへ持って帰ってきても、カメラのどこにもはっきりした故障も修理できる箇所も見つけられなかった……。

「こんなところには残っていたくない」と、私たち女性は異口同音に言明した。しばらく話し合った後に、友人ワーリスのためらいにもかかわらず、私たちは勝利した。彼の懸念によれば、まだ三時間のドライブをしなければならない……それにトゥーグもいる。きっと私たちは殺されるだろう。それに、往路でパンクしていたタイヤの修理ができているかどうか誰も分からない――などなど。しかし私は、トゥーグ（昔、よく旅人を電光石火のうちに布で絞殺していたあの待ち伏せ山賊だ）の方を、霊に取り憑かれた者たちの町――指の骨のように細い尖塔から一羽のカラスが私たちの後からカアカア鳴いていた――よりもいいと思った。そこで私たちは足とズボンに泥をくっつけたままで、たっぷり三時間かけて何にも邪魔されることなくファイザーバードへ向かった。そこは、イギリス人画家ティリー・ケットル〔十八世紀後半の画家〕が一七七二年に誇り高い支配者ナワーブ・シュジャーウダウラ〔一七五四〜七五ファイザーバードを支配〕の肖像画を描いた、あの時代からの古い美をたぶんまだいくらか残している。しかし私たちは残念ながらそれらは何も目にしなかった。

私たちが見つけたホテルは、マイナスの星をもらわなければならなかったろう。幸いなことに、私の寝室に吊るされた電球の光がとても弱くて、シーツの色が白くなく、壁の色が灰色の恐ろしい感じであったのを目にしたのは、ようやく朝になってからだった。しかし到着した晩に私たちは、全く聖にふさわしくないことをした。あの女子学生が自分の胃の問題のために大量のヨード錠剤を所持していた。デリーの良き友が私の荷物にバーボンウィスキーを一本しのばせてくれていた——私たちは、寝室に備え付けてあるデカンターからの、ああ、とても濁っていた水でこの二つの薬品を割り、混ぜたものを飲んだ。それは恐ろしい味がしたが、キッチャウチャからずっと私たちの周りで暗欝に舞っていた悪霊たちもそう思ったのは明らかだった。私はすばらしい寝心地だった。翌朝、私たちは、引き続き雨雲の中をラクナウへ戻れることでうれしかった。翌朝早くにアリーガルへ着いたとき、私は電報が届いているのを見た。インディラ・ガンジー〔一九八四暗殺〕が数日後に私の訪問を待っているとのことだった。

## 3　ビハール

バンキプルは、オリエント学者なら誰でも胸を一層高鳴らせる言葉である。ビハールの都市パトゥナーの一角であるそこに、有名なクーダバクシュ図書館がある。それは、今世紀初めにインド人収集家で学者である人によって設立され、アラビア語とペルシャ語でのきわめて珍しい歴史や文学関係の写本が見つけられる。一部の写本には貴重な細密画が付いている。それらのいくつかには、何人ものムガール皇帝の署名と欄外の書き込みがある――そこで私も少なくとも一度はそれらの宝物を見ることに大変興味があった。

昔ゴータマ・ブッダが悟りを開いた（その地ボドゥガヤは、パトゥナーから南方九十キロも離れていないところである）ビハール州は、ジャウンプルとベンガルの間に広がっている。この州は文化と文芸では、傑出した独自性はほとんど発展させなかった。そのことはまた、亜大陸分割後のビハール人の悲しい運命に現れていた。彼らはこの州から出ようとしたムスリムの逃亡者であり、ベンガルでも当時の西パキスタンでも喜んでは受け入れてもらえず、すべての利益団体の外に位置していた。

ビハールはそのムスリム史上最高の時期をシェール・シャー・スーリーの時代に体験した。それは行動力あふれた地方長官であった彼が、短期間（一五三九〜四五）、逃亡するムガール皇帝フマーユーンの地位を簒奪し、北部インド全体を知性と精力を傾けて支配した時期である。ササラムに彼が建てた力強いドーム墓廟は、亜大陸では十六世紀半ばの最も印象深いモニュメントのひとつと見られている。

私はデリーから行った。ポールが私を飛行場に迎えに来てくれた。彼はオーストラリアのイエズス会士で、数年来パトゥナーの聖ザビエル大学で教鞭をとり、スーフィーズムの文学にますます深く精通し、ビハールの偉大な聖人シャラフッディーン・マネーリー（一三八一没）の作品を英語に翻訳した。

「私は、今夜クーダバクシュ図書館での講演をあなたのためにセットしました」と彼が言ったのは、彼が第五アヴェニューと呼んだ通りを車で行っていた間である。その通りの両側には排水路が走り、近くには肉屋、パン屋、菓子屋、八百屋などがあった。私はおとなしくうなずいた。「そうです。あなたに婦人科クリニックに泊まってもらうことにしました。そこは、ネズミが部屋の外にしかいない唯一の場所です。そこのクリニックはスイス人修道女によって経営されています。」私はますますおとなしくうなずいた。とうとう私たちは病院通りに曲がった――そして実際私の部屋は頼もしく見えた。くり返し停電したこと（それは亜大陸の多くの場所で起きる典型的なことである。もともと十分でない送電線が、特に夏はエアコンのためにはなはだ負担が大きかったからである）は、私には、電動タイプライターで博士論文を書き終えようとしていたかわいそうなポールほどは残念ではなかった。

私たちはガンジス川へ行った。川は力強く、深く息をしているように土手の脇を流れていた。私たちはすばやく疲れをほぐした後、すばらしい写本を、簡素で安全に守られているなどとはとても言えない棚に収蔵している図書館に行った。館長と職員は非常に親切だった。私は宝物を眺め、さらに、注意深く触るのを楽しんだ。それは中世の宝物であり、本来、ずっと丁寧な保管に、人間の手、ネズミの歯、シロアリを防ぐためにもっと丁寧な保護に値するものである。インドにあるいくつかの図書館と違い、求める人はここでは希望することがみなかなえられた。頼んだ二つ折り版やページの写真を手に入れることはたやすかった（他の地にある所蔵豊かな図書館の館長は、そのような関心にはよくこういう回答をくれた。「私たちは写真を撮られるのを好まない。」また別の宝蔵館からは、自分たちはマイクロフィルム製造機を贈られたくない。そのことで、自分らの所蔵する原稿の貴重性がもう保証されなくなるからであると聞いた。）いや、パトゥナー・バンキプルの司書たちは親切だった。見かけるところ、彼らの貴重品にたいして示された関心を喜んでいるようだった。そしてすぐにもう、蒸し暑い秋風に吹かれて、無数の学問好きな蚊に囲まれて、私が（たいてい自然にそうなってしまう、準備なしの）講演をしなければならない時間が来た……。

私が、予想に反して何にも邪魔されず夜を過ごした翌朝、庭を渡って朝食へ行くと、小綺麗なシスターのひとりが私に向かって来た。腕には七匹のひからびて醜い小さな動物を載せた板を持っていた。「これはみんな昨夜生まれたんです」と顔を輝かせて言った彼女は、私が全く感激しない顔つきなのを見て、少し非難する感じで付け加えた。「神様はこの子たちみんなを愛してくれます……。」さらにこの病院の優れた院長との短い会話もある。この人のところへは、手厚く世話してもらうために、周辺から、特にムスリム女性がやって来ている――私は、ここに清潔さと安らぎのオアシスを作り上げたこのスイス人女性に感動した。

それからポールがまた迎えに来てくれた。私たちとともにS・H・アスカリ教授〔歴史家〕もいた。この人は、自国のどんな石でも写本でも知っているように見える、厚い玉の眼鏡をかけた、折れそうなほど細い老人である。私たちは、美しい近代的な市街地区に囲まれているものの、気分をめいらせる都心から抜け出た。パトゥナーは、ご存じのように、州都にとどまらず、ずっと前から石炭が採掘され、鉄が製造されてきた地域の経済の中心でもあったからである。この都市で一六四九年に、終わりつつあるムガール時代の実に独特な詩人のひとりが生まれた。トルコ将校家系出のミルザー・ベーディルである。後の賛嘆者は彼のことを、「雄弁さの酒場。樽の中に座っている、より深い考えを持った〔ギリシャのプラトン〕」と呼んだ（ペルシャ語の伝承はいつもプラトンとディオゲネスを混同しているからである）。ペルシャ語で書くどんな作家も、読者をベーディルほど難しい目に合わせない。イランから逃げた詩人アリー・ハズィーン〔一七六六没〕が一七三五年頃インドに来たとき、ベーディルについてこう書いた。この人の作品は、ペルシャ語を母国語としている人に頭を振らせるか、笑わせるのに適しているだけだと。それでもベーディルの叙情詩と押韻散文の優れた作品は、イラン以外のどこでも愛好されている。ベーディルは、今日までアフガン人とタジク人の間で尊敬されている大家である。そしてイクバールは彼を、自分にひらめきを与えた偉大な人たちのひとりと讃えた。彼の詩句の周りに巻き付いているように見える絶望のベールの下に、抑えがたい不安がくり返し感じられるからである。けれども私たちはベーディルについて話そうとはしなかった――それは私たちがルダウリへの巡礼行で話し終えていた……。

いや、私たちはシャラフッディーン・マネーリーを訪れようとした。クブラーウィー・フィルダウシー教団の神秘思想家で、十四世紀に、デリーのニーザムッディーンの墓への巡礼やベンガルへの巡礼の後に、前代未聞の苦行修行に打ち込んだ人である。ラージギールで私たちは岩の細い割れ目を見た。そこで彼は、人間界から遠く離れて、瞑想に打ち込んだ。彼はこのちっぽけな洞穴でどのように生き延びたのか。そこの入り口はほっそりした人間でもほとんど体を押し込めることはできない。それは事情に通じていない者には謎である。〈チラ〉という四十日間外界から隔絶された生活が、この神秘思想家が行った中心的な修行である。極度の孤独、ほとんど完全な断食。それらが、コーランの絶えざる読唱、そして神秘思想家にその修行道での「滞留」段階ごとに定められているお経と結びついている。そのことによって心という「鏡」は磨かれ、研ぎ澄まされる。もう四十日の隔絶生活が人間をかくも純化するのであれば、——神を不断に思いつつ過ごす何年もの孤独は、どれほど多くのことが清められるだろうか。

数年後にシャラフッディーンの友人らは、彼をまた世の中に連れ戻すことに成功した。ある親しい「探求者」へ宛てた手紙と集められた箴言（〈クワーニ・プル・ニ・マト〉『恩寵にあふれた卓上』）は、彼が魂の偉大な導き手であることを示す。「百通の手紙」は、何世紀にもわたって、スーフィー修行者ばかりでなく、王侯や君主にもじっくり読まれた。これらの手紙の原稿は、ムガール皇帝たちの価値ある所有物のひとつである。同時代人たちのしばしば抽象的な説明と違って、彼の手紙は全く実際的な性格を示す。それらは高く舞い上がる詩的暗示に解消されることもなく、理論的体系を告げることもない——それらは、深い信仰と神への衷心よりの愛から行った体験という果実を全く素朴に差し出している人間の証言である。神への愛と人間への愛——それが彼の言葉の中心にある。彼は「祈り、断食、そして、義務以外の善行としての活動。それは良いことである。だがもっと重要なのは、人間を幸せにすることだ」と知っていたからである。

私たちはさらに緑の平地を抜けて、マネールにあるシャー・ダウラトの技巧豊かな霊廟を見た。これは十七世紀の二十年代にできて、屋根が少し曲がっていて、多くのミニあずまやで飾られた小塔がある。インドの墓廟建築の特に美しい例である。時折小さな村落に古い建物がそびえていた——スーフィーの伝統がさらに担われている場所である。私たちは、そこに暮らしている敬虔な人たちのそばに座り、出されたお茶をすすった。アスカリ教授は私たちを、ここに葬られている聖者たちの歴史と伝統へも導いてくれた。私たちは出発する前に親切な老人にも敬虔な気持ちで耳を傾けた……。

しかしこれらの小さな村落は、何ということだろう。私たちはできるだけめったに息をしないようにした。そこの匂いが、――聖域の真実の香りから遠く――実にきつかったからである。私は、ヨガ行者とスーフィー修行者がおそらく、長く息を止める技の修行に主に励んだのは、この悪臭で彼らの黙想を妨げられないためである、というはなはだ邪教の考えを抱いた……。

午後にポールは私をまた飛行場へ連れて行ってくれた。デリーで、

香りを放つ灌木の下で
ジャムナ川の微風に吹かれて、

たしかに、――『ギータゴ・ヴィンダ』〔十二世紀後半ジャヤデーヴァがサンスクリット語で書いた叙情詩集〕でのように――「林苑の花冠で飾られた人」ではないが、ドイツとオーストリアの友人らが待ち受けていたからである。そこの庭園の涼しい静けさを楽しんでいた間、私は自分の体験を語らねばならなかった。ムガール建築の優れた専門家のエバが言った。「知っているでしょう、あなたがとても気に入ったマネールのシャー・ダウラトの霊廟は、ムハンマド・ガウト・グワリオリ〔一五六二没〕の霊廟を手本にして作られています――そこに行ったことがありますか。」

巨大で人なつっこいバーナード犬が近寄ってきて、私の脇に座っていた間、私は約十年前にアリーガルから企てた、グワーリオルへのあの奇妙な旅のことを思い出した。私たちがアーグラで乗った列車は、――私たちはヒンドゥーの少年サッカークラブ選手に囲まれていた――五時間かかって百二十キロ離れたグワーリオルへ走った。そこに真夜中少し前に着いて、モーターリキシャで清潔な通りを走り、可愛らしいホテルを見つけた。

朝に、砦を訪れる前に――そこの美しさは、どれほど多くの政治犯が何世紀もの間そこの地下牢で呻吟したかをほとんど予想させない――私たちは、ムガール墓廟建築の最も印象的な例のひとつである有名な霊廟へ行った。白い大理石でできた棺台周囲には、同心状の形をとったいくつかの回廊に囲まれた欄干が回っている。回廊の大理石ででき

た〈ジャーリー〉という透かし彫りは、柔らかな茶色っぽい大理石からできている。ファテープル・スィクリのように輝かしいほどの白ではない。しかし、石工の作品の繊細さは息を飲むほどだ。星と幾何学模様が実に洗練された風にしていつも新しい構成の形を示して結びついている。

構成――それは適切な表現であるようだった。ムハンマド・ガウトは、魔術的神秘主義の偉大な師であった。皇帝フマーユーンの精神的指導者シャイフ・プフルの兄弟であり、インドで魔術ハンドブックとして大いに使われた作品『五つの宝石』の著者である。この作品では、星占術の秘密、神の名の秘儀、感覚で捉えられるものと超感覚的なものの間の結びつきが描かれる。無限なるものと調和して送られる生へ至る道が教えられる。すべてがすべてと結びついているのである。そのことは事情に疎い者には理解できないが、知を有している人にはちょうど数学のような明確な形式で説明される。

私はエバの質問に答えようとして言った。「まるでその導師の世界の見方がこの大理石格子の中で、ある意味ではっきりと結晶化したように思えます――それにひょっとしてターンセンの音楽もともに流れ込んだでしょう――。」「そうです。この霊廟を建造したとたしかに最終的に言われているのは、アクバルではなく、――彼はムハンマド・ガウトが死んだときにやっと二十歳でした――この聖者の偉大な崇拝者である歌手ターンセンだと言われています」と客のひとりが確認し、続けた。「あの時代で最高の音楽家そして歌い手として、彼は自分の魂の導き手のために、そのような霊廟を据える資力も持っていたのでしょう。音楽と神秘主義が、ヒンドゥーとイスラムの間の懸け橋を形成している様を、ここでまたも認識できます。ターンセンはたしかに、他の大勢の有名な音楽家のようにヒンドゥー教徒でしたから。」――「だから正統派のムスリムが、音楽にたいして抱く反感もあるのです」と私は付け加えた。

「あなたは『五つの宝石』を読んだことがあるんですか」と誰か他の人が尋ねた。私は深く息を吐いだ。「正直に言うと、ないんです。私はたしかにアリーガルの図書館でかなり良い写本を見たことがありましたが、この複雑な思考の経路を理解するには、実際その奥義を伝授されなければなりません。――その点で、私にはちょうど適切な先生がいないだけでなく、忍耐心もないのではないかと恐れているのです。」

　私は、興味を寄せて耳を傾けていたように見えるあの大きな犬を撫でた。それからためらいながら付け加えた。

「でも『五つの宝石』は、それについて、神秘主義者がいつも逆説の形で発言してきた、あのような体験の体系化として理解できるかもしれません。ルーミーが彼の〔マスナヴィー〕で語っているように、

　人間がろうそくになり、ろうそくが木々になる。あるいは手が目になり、目が聞くことができる。

　要するに、五感は陶酔状態では交換可能です。それは少なくとも、エジプトのイブン・アル・ファーリド〔一二三五没〕がムハンマド・ガウトの三百年前に記しています。彼が次のように歌うときです。

　私は全身、舌、目、そして両手になっていた。
　見るため、聞くため、話すため、そしてつかむための。」

　談話はしばらくの間別の話題に移っていった。それからエバが尋ねた。「あなたに一番印象的だった場所は、一体どこでしたか。あなたは実にいろいろな国々でとても多くの聖者廟を訪れました——どこが一番美しかったですか、あるいは感動的でしたか。」

「一番感動的だったのは……」と私は言った。「ひょっとして一番感動的だったのは、カイロのカラーファにある、先に名を言われたイブン・アリ・ファーリドのかなり地味な霊廟です（コニヤでいつもくり返されたマウラーナー・ルーミーの霊廟訪問を別にすれば）。それはそこの建築が美しかったからではありません。そこでひとりのスーフィー修行者が、窓からその詩人の棺台を見ることができる、閉じられた小さな部屋の前に立っていました。彼が連禱に

節をつけ調子をつけて唱えていた間に、中では、うっかり閉じ込められた子猫がミャーと鳴いていました。——その修行者の祈願と子猫の嘆願が、聖歌の応誦のように響きました。両方とも自由を、牢獄の狭い場所から、神の創造であるこの世の狭さからの救済を求めていました。」

忍耐強いバーナード犬はこの話も落ち着き払って傾聴していた。

「他にはどうですか。特別な思い出がまだありますか」と誰かが尋ねた。「そうですね。イエメンのザビードを訪れたことでしょうね。それは、カイロで何日か過ごした後すぐのことでした。ハーバード大学の私の女子学生の一人が中世のザビードについて博士論文を書いていて、ちょうどそこに滞在していましたので、私たちはサナアから間髪入れずにザビードに車で向かう決心をしました。ウルズラ・ブライプホルツは、数年来アラビア語写本の修復技術者としてサナアで活動し、イスラム初期のものであるコーラン写本と断片の、一部はひどい状態にある羊皮紙写本をまた読むことができるコーラン紙面に変えようとしていました——それでウルズラは、私たちを自分のジープに乗り込ませました。二三五〇メートルの高地に位置するサナアから一五〇〇メートルの谷間に下り、それからほとんど同じ高さ（二四〇〇メートル）の二番目の峠を越えて、ティハマの海岸地帯へドライブをした人は、あの——ちなみに第一級の立派な——道路を忘れないでしょう。特に綺麗なのは暗くなった帰り路です。トラックがみんな光の連鎖で飾られ、車体上のクリスマスツリーのように、次のカーブのひとつで現れるときです……。ホダイダ港へ通ずる平地へ行かずに、左に曲がり、ザビードに着きました。」

「でも、一体ザビードで特別なことはあったんですか」と誰かが尋ねた。「そこは、学生の頃その地名が言われているのを知ってからというもの、私には特別な響きを持っているそういう場所のひとつです。詳しく言うと、あの偉大な神秘思想家ハッラージュは、荒野の真ん中で空腹の仲間たちのためにザビードから甘いものを魔法で取り寄せたのです」と私は答えた。「それから私が後に知ったのは、ザビードが、インドからの巡礼者がメッカへ旅するときの有名な中継地であることです。彼らの多くは短い間あるいは長い間そこにとどまりました。その町は神学学校やモスクでいっぱいでした。十八世紀後半の、インド生まれの、アラビア語辞書学の師は、サイイド・ムルタダー・アズザビーディー〔一七九八没〕として知られています。私たちは翌朝、中世の最も印象深い大きな建築物のひとつを見ました。しかしその前に、私たちは晩にその小さな町に到着したとき、私の女子学生のコネのおかげで町で一番美しい家に泊めてもらいました。〈バイタル・ワキディ〉というところで、そこの豊かに飾られたしっくいの正面は、しばしばスケッチされ、写真に撮られてきています。部屋の壁はどこも植物界や動物界から取ってきた多くの多彩なモチーフが描かれています。私たちの宿泊所になった、七階の〈マフラージュの間〉からは、そこでは普段は午後に〈カート〉〔軽い神経興奮作用のある多年生草本〕噛みに耽るところですが、ヤシ林のかなたを眺め、私に奇妙にもグジャラートを思い出させたモスクのドームを目にしました——そして私は、自分がインドにいる感じがしました。」

バーナード犬は、興味を失わずにいて私の膝に頭を載せていた。私はさらに報告した。「晩に私は、ある老学者の広大な家も訪問しました。その学者とあの女子学生はイエメンの歴史の問題を論じていました。一方私とウルズラは女性たちを訪れました。〈世話が簡単なベビー〉のために彼女らがしたセッティングは、本当に見るかいがありました。若い女性たちは大きな木綿布をベッドの二本の足に巧みに結びつけ、それで一種の揺りかごができ、それを足先で揺するのです。この〈揺りかご〉の下に小さなブリキ皿がありました。母子たちは大変に満足気に見えました。」

みんなが笑った。「それで、そこが聖者廟とどんな関係がありますか。」誰かが全く当然のことに尋ねた。「とても簡単です。この家で私たちは、町の手前数マイルのところで、もうだいぶ荒野に入ったところですが、ウワイス・アル・カラニーの墓があることを聞いたのです——そこへ行くのは、私には義務でした。」

「ウワイスって、一体誰ですか。」「それは伝説上のイエメンの牧人です。預言者の時代に生き、預言者を一度も見たことがないのに改宗したのです。預言者はこう言ったということです。『私は、イエメンから私に向かって、恵み深き神の息吹が吹いてくるのを感じる。』生きている師による導きなしに神秘主義の道で生きて行くあのスーフィー修行者たちは、後年〈ウワイス〉と自称しました。超越的力あるいは逝去した師の霊によって奥義伝授されたという彼らの主張は、正統と見られました。だから私も、奇妙なことに特にトルコ系諸民族で崇拝されているウワイスを見なければいけなかったのです。一三〇〇年頃アナトリアの神秘思想家ユーヌス・エムレ（一三二一頃没）が歌った、あの歌を思い出してください。

主の友という、愛された友――、
　イエメンの地にいるウワイス・アル・カラニー。
彼は決して嘘をつかない。禁じられたものを決して食べない。
　イエメンの地にいるウワイス・アル・カラニー。

彼は早朝に起き、自分の道の上を進んだ。
千一回神を思いつつ、
『アラー、アラー』と彼は、ラクダを引きつつ唱えた、
　イエメンの地にいるウワイス・アル・カラニー……。」

「その訪問は、少しはかいはあったのですか。」「はい、ある意味でたしかにそうです。あの小さな霊廟は、白いしっくいを塗られて、かなり寂しく立っていました。男が見張っていて、めったに来ない訪問者からできるだけ多くの入場料をせがもうと努めていました。その小さなドーム建築物の内部は、若干の紙ぐさりの長い飾りと他に似たようなもので飾られています。要するにそこは、かなり味気ない場所です。それでいてそこにはある種の抗しがたい魅力がありました。私たちは一四〇〇年頃の一瞬に戻された気がしました。砂がきらめいて、背景の山々は熱い靄にかすんでほとんど見分けられません。それからあの見張りが、毎年インドとパキスタンから多数の巡礼者が、ウワイスに敬意を表明するためにここへやって来ると言いました。だから、インドと南アラビア地域の間の古い巡礼路が依然と

して生き続けているのです……。」「そして憐れみたもう方からの香りが、敬虔な人たちが祈りを唱えているどの場所からも私たちに吹き寄せています」と誰かが考え深げに付け加えた。そしてあのバーナード犬が同意するように私たちを見つめた。

# 8　デカン地方周遊

……悲嘆の森のただ一本の枝、
「心」と呼ばれたもの、それは無傷で残った……

「彼があそこで歌っているのは何の歌ですか」と私はジアに尋ねた。あの祭りの晩に、歌い手が終わりの部分を毎回変えて技巧みに独唱で披露した叙情詩にすっかりとりこになり耳を澄ましながら。「あれはスィラージュ・アウランガーバーディー〔一七六三没〕の詩です。あなたのために書き取ってくれるように誰かに頼みましょう」と彼は言った。

日常の事柄すべてを越えた彼方にあったその歌は、私たちが過ごした晩にちょうどふさわしく思えた。私たちはプラーニー・ハヴェリのテラスに座っていた。これはハイダラーバードの六代目ニザーム〔ハイダラーバードの藩王〕の大きな都市居城のひとつである。もう以前に私たちは、数世紀以来ニザームらと結びついた家系〔パイガ **Paygah**〕の出の人で、その地のかつてのニザーム領地の保管人のひとりだった友人ムジェーブの案内でそこを訪れたことがあった。

それから、カリー・ウェルチとエディス・ウェルチ〔二人とも芸術史家〕が、私たちとともにしたデカン旅行の最後に私とハイダラーバードを訪れたとき、私たちは彼らを驚かせる決心をした。彼らが──カリーが当時イスラム部門の責任者だったメトロポリタン・ミュージアムでの壮大な〔インド展〕のさまざまな準備しているうちに──魔法で呼び出されたような過去の雰囲気を少しでも感じられるようにと思って。ムジェーブが今回も人並みならぬ技を使ってくれた。宮殿前部の居室が私たちのために開かれ、コックたちが典型的な、めったに味わえないハイダラーバードの料理を作ってくれた。楽士はたえず演奏した。あの歌い手はいつも新たな旋律を歌った。私たちの方は、ヒンドゥーの人たちがあの晩に町でディーワーリー祭〔十～十一月。富と幸運の女神ラクシュミーを祀る光の祭り〕のために打ち上げ、時折宮殿の広くて暗い庭園を照らしていた花火を眺めていた。突然また響き始めた。

ここで、恋の思いからの困惑の知らせを聞きたまえ──
　妖精はもう残らなかった、錯乱も残らなかった。
そして〈おまえ〉はもう残らず、〈私〉ももう残らなかった。
　何が残ったか。知らせの欠如だけが残った。
自己からの離脱という君主、彼は私に今授けてくれた、
　礼装として裸体という覆いを──
理性の繕い仕事ももう残らず、
　錯乱から覆いを引き裂くことも残らなかった。
目に見えないものから暴風が吹いてきた。
　そして喜びの庭はすっかり焼き払われた。
悲嘆の森のただ一本の枝、
　「心」と呼ばれたもの──それは無傷で残った……

私は、自分をあれほど感動させた神秘主義的の詩をペルシャ語で、いや、ウルドゥー語でも知らない。この詩人ス

イラージュは、若いときに——と人は言っている——故郷のデカン地方の岩だらけの風景の中を憑かれたようにさまよい、そこで忘我的な愛の詩句を岩に刻んだ後に、一七六三年デリーで死んだ。この詩句のリズム、ラヒー rahi で踏む韻——そのイーの音は美しい調べで即興で延ばすことができた——は、歌詞そのものと同じく私を魅了した。常に懸命な知性の試みを、繕い仕事という比喩以上に見事に言い表す以外に何ができるだろうか。スーフィー修行者が旋回舞踊で我を忘れて自分の上着を引き裂くとき、知性は愛によって生じた傷を修理しようとする——むろんそれはただ、自分の大胆な企てが失敗し幻滅するのを次々と体験するだけである。ルーミーがすでに歌っていなかったか。

恋の思いは着物を引き裂く。その上に理性はつぎ布を当てるのか。

ルーミーの詩では理性の役立たない活動を、永遠に恋する人があらゆる活動に終止符を打つことによって浮き上がらせるのに対し、スィラージュでは、理性を無意味な役立たない試み——体を覆うことと覆いを取り去ること——から解放するのは、「自己からの離脱という君主」である。つまり、静けさ、消滅、自分と恋人という二元性の解消——けれども、弱い、震える心は運命という暴風を受けながら依然まだ生き続ける……。

あの魔法で呼び出された晩に私を初めて感動させた彼の詩は、その都市、その土地の状況に当てはまらなかったか。私たちがあのとき過去に運ばれて、数時間の間、白昼の政治や宗教の緊張状態を忘れていた土地の状況に。喜びの庭をあんなにも多く焼きつくし、あんなにも大勢の人々の拠り所を失わせた暴風が、ニザームの豊かで強大な土地の上に吹いたのではなかったか。一九四八年に——亜大陸分割の一年後に——パキスタンに併合されることを選んでいたニザームの王国を、住民は過半数がヒンドゥーで、何世紀もずっとムスリムの藩王の下で暮らしていたので（ほとんどもっぱらムスリムの住民がヒンドゥーの支配者の下で暮らしていたカシミールも同じくインド連邦に取り込まれた）インド共和国が自分のものにした。

そのことで始まった政治の大変動を受けて、豊かな輝かしいハイダラーバードも変わった。ますます長い間ますます多く、このような変化は、古いハイダラーバードの見事な建物――例えばアーティショークに似た屋根飾りがある独特な［パイガー家］墓――が、一層放置され手入れされないままになっていることに表れている。そして年々多くのムスリム知識人がアメリカへ移住した。例えばシカゴはほとんど小ハイダラーバードであり、そこには「ゴルコンダ協会」が、あの都市とデカン地方の光栄ある過去全体の思い出を守ろうと努めている。

けれども、何世紀も経過した古い喜びの庭がゆっくり瓦礫になっても、――心の「小枝」、ハイダラーバードが名高い理由になっているあの洗練されたムスリム文化、彼らの友情の温かさ、それらは今日まで残った。それらは依然として緑でありさわやかである……。

一九八〇年の二度目のデカン旅行の終わりになったあの晩にプラーニー・ハヴェリで、そういう思いが私の脳裏をよぎった。私は南インドをよく知りたいと十年間も夢見ていたが、いつも新たな政治の緊張がインドとパキスタンの間にあって、そのような旅を不可能ではないまでも、必ずしも勧められないものとした。一九七九年の秋に、Z・A・ブットーの処刑後、私はこれまでのようにパキスタンへの空の旅をしたい気持ちがあまりなかった。そして、ハイダラーバードのマックス・ミュラー・バヴァンが何回かの講演をしてくれるようにと私を招くということがあった。

後から聞いたところでは、若干ためらいながらであった。この地方で女性イスラム学者が何をするのだろうかと思ったからであった。ヨーロッパとアメリカは、デカン地方が十三世紀後半からムスリムの支配下にあり、イスラム文化の全部門（文学、造形芸術、神秘思想）できわめて重要な中心地だったことを、インド共和国へニザームの地域が併合された後にもう忘れていたらしい。しかしまもなく明らかになったのは、この文化は少なくともデカン地方自身では、依然輝かしい思い出として生き続けていたことである。そして訪問のたびに、私の講演予定は膨れ上がった（一九八〇年には六日のうちに十三回の登場となっていた）。マックス・ミュラー・バヴァンばかりでなく、大学、カレッジ、協会が突然に、イスラムのカリグラフィーのこと、インドでのムスリム文学のこと、スーフィーズムのこと、イクバールのこと、ルーミーのことを知りたがった。……おそらく、最も心がこもった称賛を、デカン地方の芸術収集家で優れた精通者であるヒンドゥーの人からいただいた。彼はある講演後に、自分たちは今やついにまた偉大なイスラム文化の良き古き時代にいるかのような感じがしたと言った。

しかしそれは後に起こったことである。一九七九年十月初めに私はボンベイに着いた。そこは私をいつも限りなく憂欝にする都市である。ちょうどいくつかの祝日が重なり、誰もが休暇中だった（そのことを私に言うのが忘れられていた）ので、私は恐ろしく騒がしい小ホテルで数日間ぼんやりと無為に過ごした。ファティーマ朝史の分野でインドの指導的学者であり、急進的なイスラム近代化の主張者でもある、A・A・A・フュゼーとのお茶だけが、私に若干の有意義な考えを抱かせた。

フュゼーはボホラ **Bohara** のメンバーだった。エジプトでファティーマ朝のカリフ、アルムスタンシールの死後——彼は六十年間統治して一〇九四年に死んだ——皇太子ニザール〔一一〇〇頃没〕ではなく（この信奉者は、今日ではアガ・ハーンに従い、インドで「コージャー **Khoja**」と呼ばれているイスマーイール派の人たちである）、支配者の下の息子ムスタリー〔一〇九四～一一〇一在位〕を後継者として承認することに賛意を表明したイスマーイール派のあのグループである。

ムスタリーの信奉者の本拠地はイエメンになった。そこでは今日でもイスマーイール派の山村が見つかる。彼らの伝道者たちは、まもなくインド西海岸に達し、グジャラートで教えを広めた。そこには今でも彼らのセンターがある。彼らはたいてい商人だったので、〈ヴホラ〉「商人」と呼ばれた。それで彼らは今日まで〈ボホラ〉という名であった——観光客なら誰がカラチで色彩豪華なボホリ・バザールを訪れなかっただろうか。共通の目的を持った集団すべてがそうであるように、ボホラの場合も分裂に至った。そしてユースフ・イブン・スライマーン〔一五六七没〕がイエメンからインドに来たとき、彼に多数の信者が従った。それは今〈ダウディス〉と呼ばれている。小さい方の、非常に影響力があったスライマニ・グループが独り立ちし、イエメンとの文学的文化的結びつきを保ち続けている。フュゼー教授はこの後者のグループに所属しているのであった。

　このスライマニの人たちは、少なくとも十九世紀末以来最も進歩的なムスリム少数派のひとつである。インド国民会議派の最初のムスリム総裁、バドゥルッディーン・チャブジェー **Tyabujee**（一八四四〜一九〇六）は、ボホラであった。それらの指導的な家系は、巧みな結婚政策で亜大陸のほとんどすべての、政治的影響力のある血統と姻戚関係にある。特に女性問題では、スライマニの人たちは驚くほど大胆であった。彼らの女性たちの何人かは、もう一九〇〇年頃独力で英国へ旅した。その中にはイクバールの心の友であるアティヤ・ベグム（一九六七没）もいた。この女性は彼と一九〇七年にドイツも訪れた。彼女たちはインドのムスリム中で最初の女権拡張論者の一部である。

　けれどもダウディ・グループは、サイイドナー聖下の厳しい君臨下にある。この人の広範囲に広がった一門は、その師の言葉にたいする揺るぎない敬意を払うようにしつけられる。彼は、現在全世界に住みついている信奉者をボンベイのサイフィ・マハルから導いている。イスラムのどこかで教皇制と聖職者の位階があるとすれば、それはここ、ダウディ・ボホラたちのところである。ちょうど最近の何年かにサイイドナーは絶対的権威でもって原理主義的基本方針を指令した。女性が厳格にベールを被ること、利子徴収の拒否（クレジットカード、抵当も含む）――アメリカに居住している信心深いボホラたちの場合には大変な困難を引き起こす命令である。その指令を守らない場合には、彼らは破門を覚悟しなければならないからである。そのことは、わりと小さな共同体では、社会的ステータスの完全な喪失を意味する。スライマニヤの人たちは彼らには、逸脱している者、それどころか、ほとんど不信心者と見られている。

　A・A・A・フュゼーとの対話は、いつものように興味をそそり、元気づけるものだった。私はボンベイでの最後の日をエレファンタ島への遠足に使った。そこで私は、広い洞窟寺院にある力強いシヴァ神像の発する、無限の安らぎと内的緊張を熟視した。その洞窟から深い平安が流れ出ていた――あらゆる現象の無常について、マヤ（仮象・幻影としての現実世界」の動きについての知から生まれてくる平安である。

それから列車でプーナへ行った。そこで私はいくつかの講演をすることになっていた。私はホテルで朝のコーヒーの際に、職務上手なグル・ラジュニシュの女性信奉者たちが彼らの体験について論じているのを聞いた。その際に彼女ら自身は実に単純で実に当然の事柄を大変に大げさな言葉で説明していた。彼女らはそう、自分らの新しく発見した魂を印象深く披露したかったからである……。

私は――プーナから戻って――ボンベイからマドラスへの飛行機に乗っていたとき、ほっとして一息ついた。太陽に満ちあふれたマドラスで私たちの総領事の客もてなしのよい館での三日間は、何と休養になったことだろう。そこは一六四〇年来イギリス人の根拠地だった――そこの大聖堂の数多くの墓石が、病気のために青春の真っ盛りに連れ去られていった男女のことを語っている。

「マドラサ・ムハンマディヤ」に属する半ば私的な図書館で、私はうっとりと貴重な写本を見つめた。その図書館は、見かけは中世から取り残されたような、弱々しく、限りなく感じがいい二人の男に担当されていた。彼らは、倉庫に保管されていた実に美しい写本を長いテーブルの上に広げた。その中には、十七世紀初めにカシミールで書かれ、豊かな唐草模様と、金銀の色合で飾られた、見事なコーラン写本もあった。アラビア圏から来た法律書のめったに見つけられない写し、聴衆と伝承者の覚え書きがついた伝承物。またそこにはペルシャ語の詩も見つけることができた。この図書館は、ハイダラーバードにある図書館と対となるものだった。後者では、「サイディヤ図書館」が中世の学者と神秘思想家の似たような自筆原稿を保存していた――古い時代に特に神学者、法律家として南インドで活動した、広く分家別れした学者家系にかつて所有されていた財宝である。この家系は〈ナワイト〉に属していた。これは、南インドの海岸地帯でその地の女性と結婚したアラビア人のことである。彼らは数百年の間教授、裁判官、宗教指導者として活動し、巡礼の際に、そしてアラビア世界への定期的な旅の際にこのような宝物を増やした。

この家系のもう一人の親切なメンバーが、私を別の宝物庫である大学図書館へ導いた。そこには、トルコ語での写本があったからである。それは独特な、ほとんど解読できないチャガタイ・トルコ語で、ムガール皇子のアズファリーの手になるものである。この人はデリーの〔赤い城〕から逃げ出し、先祖の言葉であるトゥルキ語をラクナウで教え、最後にマドラスで教え、一八二七年に死んだ。

もちろんマーマッラプラム〔マハーバリプラム〕への遠足も欠けてはいけなかった。そこでは、青い海の近くで〔ガンジス川の降下〕を感嘆できる——限りない技を駆使して、九世紀のヒンドゥーの石工がその国の多様な動物を黄色っぽい砂岩から刻み出した。それらは本物そっくりで、ときには人々は思わず撫でたりしただろう。すべての動物たちと同じように、生を恵む川の降下を喜んでいる力強い象の鼻の下に、一匹の雄猫が後足で立っている。前脚を天に伸ばして——びっくりし楽しそうな秘造物たちの中で心温まる小さな贖罪者である……。

それから——インド到着後一週間して——ついに、私のさまざまな希望の目的地ハイダラーバードへ着いた。飛行場には当時のマックス・ミュラー・バヴァンの館長ペーター・ゼーヴィッツが、背の高い紳士と一緒にいた。彼は私にその人をジアーウッディン・シャケーブ博士〔歴史家〕だと紹介した。そのときから、どの瞬間も驚きと喜びに満ちていた——ゴルコンダ城から遠くないところで、丘の上にあったゼーヴィッツの住まいへの走行だけでも、ひとつの体験だった。忘れがたいのは、そこからこの都市のさまざまな地区のすばらしい眺めが望めた——私にはそう思えたが——メールヘンに出てくるような宮殿の庭園にある、私にあてがわれた小さな建物だった。毎朝日の出前に遠くから、五つ六つのモスクから祈りの声が聞こえ、太陽は一日中照っていたようだった。

夕食の際にすぐいろいろな計画が立てられた。私の講演が始まらないうちに、シャケーブ博士が私と一緒にデカン地方の歴史的場所を回ることにしましょう。インドでは実際的でまた割安だから、運転手付きの車を借りることにしましょう。国営のいろいろな宿泊客用バンガローは、別に問題にならないでしょう。そういうことになった。私はハイダラーバードと古い城砦であるゴルコンダを初めて見渡してから数日後に、ムスリムの王侯の古い都市がある西部に向かった。

デカン地方は十四世紀にはデリーの王国の重要な一部になった。一三二七年にデリーのスルタン・ムハンマド・トゥグルクが、デリーの知識人や神秘思想家大部分を、デーオギル／ダウラターバードへ送る前に、インド南西海岸にはムスリムの集落があった。そこのにぎわった文化生活（例えば男子それに女子！　のための学校）を北アフリカの旅行家イブン・バットゥータが驚いて描いている。そうだ、ここの地方伝承が伝えるところでは、預言者ムハンマドの時代に南インドの君主が、ある晩に月が割れるのを目にしたという。彼は使者をアラビアに派遣した。使者には、あの晩に実際メッカで月が割れるという奇跡が起こったと確認された。それは預言者の真実性を示すはずのものだった。そのインドの王様はその後直ちにイスラムに改宗した。

かなり早い時代からアラビア半島と交易関係を維持していた南インドのムスリムたちは、そのような伝説で彼らの役割を強調した。そして今日まで、宗教史家にはきわめて興味深いムスリムの集団がいる。例えばインド最南のマピラ（モプラ）〔ケララ海岸のムスリム〕である。その地の最も優れた現代作家のひとりである、ケララ出のヴァルコム・バシェール・モハマドは、故郷のムスリムの生活を、数十年来目につく、伝統的価値のゆっくりした崩壊を母国語のマラヤーラム語で感動的に描いた。

けれども最初の数世紀間ムスリム・グループは、独立の王国を築かなかった。彼らは主に商人、船乗りとしてその地のヒンドゥーの君主に忠実に仕えた。しかし、デリーから追放された人々は初めやっとのことでデカン高原のやや荒涼とした風に慣れることができてから、自分らの国を築こうと試みた。そしてあの風変わりなムハンマド・トゥグルクが一三五一年にインダス川河畔で倒れ、ある歴史家の表現では「自分の臣下から自由になり、臣下も彼から自由になる」直前に、デカン地方で初めて王国が打ち立てられた。多くの場合にそうであるように、ハサン・ガングー〔一三四七～五八在位〕に祝福を与え、彼を一三四七年にバフマンシャートとして任じたのは、ここでもまた、神秘主義の指導者シャイフ・ジュナイディー〔一三七九か八〇没〕だった。この敬虔な君主は、喜捨としてたっぷりと金銀を寄付した。彼が若いときその祝福を受けたデリーの聖者ニザームッディーン・アウリヤーの名においてである。バフマニー朝の所在地は最初グルバルガだった。そこの支配者は中央イスラム世界の知的エリートや詩人たちと接触を持とうと試みた。学者たちを大勢乗せた船がアラビアからインドの港へ、それからグルバルガへ運ばれたと年代記が伝えている。そうだ、王たちのひとりは、シーラーズの詩人ハーフィズを故郷の町へ呼ぼうとさえした。

世紀が変わる数年前に、チムールに略奪されたデリーから幼年時代を過ごした都市へ戻っていた偉大な神秘思想家ゲースーダラーズが没した一四二二年の後（二五年）に、バフマニー朝の首都は戦略上もっと有利な位置にあるビーダルに移された。しかしこの王国は一五〇〇年の少し前に滅び、五つの独立王国ができた。ビーダルではトルコ系のバリードシャヒー（一四九〇〜一六一九）が、アフマドナガールではニザームシャヒーが続いた。後者は――ヴィジャヤナガール出のブラーフマンの改宗した息子であるアフマド・バフリー（一五一〇没）によって築かれた――デカン地方の政治で重要な役割を果たすことになる。一方ベラール王国は、イマドシャヒーに治められていたが、全く短命だった。しかし最重要の二つの王国はゴルコンダ・ハイダラーバードのクトブシャヒーのそれと、ビージャプルのアディルシャヒー（一四八九〜一六八六）のそれで、ムガールのますます激しくなる圧迫に一六八六、七年まで抵抗していた。

## 1　ビーダル

歴史の経過と違って私たちの旅は、グルバルガではなく――地理的理由から――約八〇〇メートルの高所にあるビーダルで始まった。そこに私たちはやや起伏のある高原を通過して約七時間の走行後に着いた。私たちはまあまあの宿泊所を見つけ、夕方の街を少し歩き回り、翌朝もっと詳しく探索することに決めた。ジア・シャケーブはその際に、尽きることない情報源だった——彼がアンドラプラデシュの国立文書館の文書係だったのは無駄ではなかった。彼は歴史的場所にあるどんな石ころでも知っていて、デカン地方の諸都市に絡みついているあらゆる逸話、詩、歴史にも詳しかった。私たちとの談笑に趣をそえた豊富なペルシャ語ウルドゥー語詩句については言うまでもない。

ホテルから巨大な城砦までは遠くなかった。それは珍しい赤石でできた設備である。初めは土のように柔らかく、空気に当たると急速に堅くなり、それから、見て分かるように、数百年の歳月に耐えることができた。城砦の囲壁の赤は、風景の穏やかな緑と対比をなし際だって見えた。私たちは、間に城砦の掘がある三重の防塁に驚嘆した。高くそびえる宮殿廃墟にも感嘆した——かつて王座があったところには、そのとき寂しく自転車が寄りかかっていた。尖頭アーチのホールを持ち、前に池が設けられた長く延びた大モスクは、まだほとんど完全に保たれていた。中世の城がみなそうであるように、ビーダル城は全体が一個の都市だった。そこでは兵士と軍馬がたっぷりと空間を持っていた。虎のさまざまな絵が城砦の門のひとつを飾っていた。その門上の王室楽隊の居所〈ナッカーラハーナ〉が、まだ残っていた。同じく、繊細な真珠母の装飾があるランギン・マハルも残っている。正面入り口の近くで、内庭敷地に堂々としたバンヤン樹が立っていた。それは空中に伸び広がった数百の気根でほとんどそこの庭全体を占有していた。私は、シンディー語の詩人カーディー・カーダンが一五〇〇年頃歌ったあの詩を思い出さずにはいられなかった。

野原に一本バンヤン樹がある。私はそれが大好きだ——
最愛の人があそこの影に座っている。——一本の木、それでいて森なのだ。

そういう風にして彼は、世界の果てしなく数多いしるしの形で啓示される神の統一を感受した。

私たちは風通しのいい塔のひとつから丘陵風景を見回したとき、バフマニー朝の王侯になったような気がした。心の中で私たちは、隊商が、南インドの東海岸を西海岸と結んで戦略上特別に重要な、眼下にずっと連なっている道の上にいる様を思い描いた。デカン地方王国で傭兵や官吏として重要な役目を果たしたアビシニア人が、誇らしげに馬で向かい側の丘陵を下っていった様を想像した。ビーダルとその後継者の歴史を規定していたのは、最終的には、とりわけ、支配者王家にたいする忠誠心ではなかったか。

私たちのルートは今度は古い道を東に向かった。左の丘には可愛らしい八角形の建物があった。そこへ私たちは、茨で守られた原野を少し越え、よじ登っていった。すぐに私の目についたのは、アラビア語による極上の碑文だった。ジアが説明した。「これですよ、先生、これは南インドにあるシーア派イスラムの第一里程標とでも言うべきものです。聖者ゲースーダラーズが一四二二年にグルバルガで没し、アフマド・シャー〔一・ワリー。一四二二～三六在位〕が寂しい首都からここへ移ったとき、彼は精神的な指導者をまた求め、イランからシャー・ニーマットゥラー・キルマーニー〔一四三一没〕を招こうとしました。あの地ではこの人の周りにニーマットゥラヒー教団が作られていました。けれどもこの老師は、インドへの旅に耐えられるとは思えず、孫たちを王の下へ送りました。彼らは一四三一年にここへ着きました。彼らはここに埋葬されています。」

私たちが、もう十五世紀にデカン地方でのカリグラフィーの高度な芸術をはっきり示す碑文を読み解いていた間に、デカン地方のスンニ派と、彼らの助力者であるアビシニア人の間の、もうひとつはイランと中央アジアから来た移住者間とのあの緊張関係を思った。スンニ派対〈アーファーキー〉つまり「外邦人」（本来は異国の地平線から来た者）――宗教グループ間の戦い――は、十五世紀後半全体と十六世紀全体の歴史に決定的な影響を及ぼした。それはスンニ派とシーア派だけでなく、一五〇五年に没したジャウンプルのマフディー〔イスラムでの一種のメシア。ムハンマド・カージミー。一四四〇～一五〇五〕の信奉者も加わった、一五八九年のアフマドナガールの大反乱で頂点に達する……そういうわけでアクバルの年代記作者バダーウーニーは、「よそ者を殺すというデカン地方の人々の恐ろしい習慣」について記している――そのような主張はもちろんいつも誇張されたものである。けれどもスンニ派とシーア派の緊張関係はずっと続いた。そして大帝国の最後の時期に至るまで、ニーマットゥラヒー教団に広められた12シーア派の役割が変化してきているのに何度も気づくことができる。その際にゴルコンダはビージャプルより一層シーア派の色彩が強かった。

私たちは、そこの階段に何頭かのヤギが舞台光景のように実に美しく尻を下ろしていた優美な霊廟を去り、道の果てに――私にはそう思えた――はるかに見える建物へと向かった。「これは後期バフマニー朝の霊廟です」と、それぞれドームがそびえ立つ簡素な感じのする一群の建物に着いたときジアが説明した。私たちはアフマド・シャー・ワリーの霊廟に入った。この人は、ヒンドゥーの人たちにも聖者として敬われている「神の友」である。そこの暗い空間の中でさえ、碑文の名残りを感受できた。それらが記されていたタイルのほとんど大部分は剥げ落ちていたが、落ちないでいた断片は、アラビア語カリグラフィーのどういう巨匠がここで活動したかを知らせていた。ああ、あの華麗さを写真に撮れたらよかったのに。建物を出て初めて私には、表正面の豊かなタイル装飾と、入り口脇で向きが変えられている黒い小柱が目についた――少なくともそれは写真に撮れた……。隣の霊廟は廃墟だった。雷が落ち、壊れてしまったのである。民衆はそのことを神意であると思った。一四六一年に二十一歳で死に、ここに埋葬されている君主は、今日でも〈フマーユーニ・ザーリム〉（一四四〇～六一）、「恐ろしい人」として知られている――そういうことで暴君は死んでもなお罰せられるのである。

私たちが乗った車はゆっくりとまた城砦へとよじ登り、市街へ戻り、町巡りが始まった。それ自体たいして魅力のない町の真ん中で、中心の目印として〈チャウバラ〉が立っていた。これは、約二十五メートルの高さの円筒状の塔である。そこから遠くないところにスーフィーの長老が住んでいた。ジアはもちろんその人を知っていた。そしてまたいくつかの小さなモスクがあり、それを私たちは見なければならなかった――しかしさらに一番美しいものがあった。マフムード・ガーワンが建てたマドレセである。デカン地方の繁栄に引きつけられて、マフムードはイランからやって来た。もっと正確に言うと、カスピ海沿岸のラシュトからである。その有能さのおかげで、その国家の指導的組織者になった。初期の偉大な先見の明のある君主らは、アフマド・シャーの死後無能な若い支配者らに代わったからである。若い暴君フマーユーニ〔一・ザーリム〕が死ぬと、王太后も参加していた摂政会議が設けられた。二十年以上の間マフムード・ガーワンは――〈マリク・アト・トゥッジャール〉「商人の長」という称号を与えられ、真の支配者だった。

彼は、強力なスルタンであるグジャラートのマフムード・ベーグラー〔一四五九～一五一一在位〕――英文学での「カンベイのプリンス Prince of Cambay」という伝説に包まれた人物――の助けを得て、マンドゥーの支配者の攻撃を撃退することにも成功した。一四六九年に彼はゴア地域をヴィジャヤナガールの支配者らから獲得して、そこをバフマニー王国へ併合できた。しかしマフムード・ガーワンは賢明な摂政以上の人物だった。彼の〈リヤード・アル・インシャー〉は書簡文作法学の重要な作品であり、詳しい研究に値する。何といっても彼は、他ならぬ大詩人で神秘思想家ヘラートの〔モラー・アブドゥア・ラフマーン・〕ジャーミー〔一四九二没〕と文通していたのであった。

マフムードの学問にたいする関心は彼を、ビーダルに最初のマドレセという神学大学を設立するまでに導いた。それは、今日では大部分瓦礫になっているけれども（これも雷に打たれた）、依然として昔の美しさの痕跡を見せている。アラビア語碑文のある、輝くタイル装飾の名残りは、かつて南インド最初のこのマドレセがどんなに華麗な建物だったかを想像させる。今でも学生用小部屋のいくつかともっと大きい講義室が見分けられる。そして有名な図書室が昔あった場所が見て分かる――そこは、神学、法学そしてコーラン学の写本数百を保管し、後に、ビーダルが一六一九年に征服されたとき〔ビージャプルの〕アディルシャヒー朝の手に落ちた図書館である。十五、十六世紀にビーダルで教えた教授たちも、その都市が文化中心地の役割を失ったとき、写本の多くをあっさりと持ち去った――私が少し前にマドラスで驚嘆した宝物は、一部はここから来ている。私にはもちろん、高さほぼ四十メートルの丸い尖塔の狭い階段をよじ登ることは免れなかった――ジアはこの点では容赦なかった。

けれどもマフムードに戻ろう。……イランからのこの移住者の権力はあまりに大きくなった――それで、妬む者たちの数も増えた。彼らは休むことなく活動し、ついに、この宰相をあの若い君主スルタン・ムハンマド・シャー三世に中傷して、この王は酩酊のうちに死刑判決に署名し、即座に執行された。彼の死にたいして見つけられる記年銘《クロノグラム》は、〈ビー・グナー・マフムード・ガーワン・シュド・シャヒード〉――「マフムード・ガーワンは罪なくして贖罪者になった」となっている。

数百年の間彼の墓は荒野のどこかにあって、ほとんど知られていなかった。ようやくニザーム・マフブーブ・アリー・シャー（一九一一没）。ハイダラーバードの六代目ニザーム）が、やっと十九世紀末頃彼のために素朴な墓標を立てさせた。私たちは黄昏の中でその見捨てられた場所を探した。案内人は、つつましい土盛り塚の横で大きく枝を張った木の下に影のように座っていた。寂しい一羽の鳥が、この世の名声がすべて無常であることを悲しむかのように鳴き叫んだ。

私たちは思いに沈んで、かつて強大だった人の墓所から去った――預言者は言わなかったか。「人間たちは眠る。そして死ぬときになって、彼らは目覚めるのか。」ひょっとしてマフムード・ガーワンの魂は、私たち二人の旅人が星の清らかなあの晩に彼のために唱えた祈りを喜ばなかったか――それはアティシュ（一八四七没）の簡素なウルドゥー語の詩句である。

神よ、この青い空に長命をください。
それは、すべての貧しい人の墓のための屋根です。

翌朝には、バリードシャーヒー朝の痕跡を探知するのがまだ大事な仕事だった。バフマニー王国の崩壊後に、コーカサス地方出のトルコ人であるカーシム・バリード（一四九〇～一五〇四在位）とともに一四九〇年頃ビーダルで権力を引き取った王朝である。バリードシャヒーの霊廟は高くほっそりしていて、四方が開いている。それは霊廟よりもアーチ道とか玄関大広間に似ていた。墓標のうち最大のものは、アリー・バリードのものである。彼は一五六五年に他のデカン地方君主と連合してタリコータの戦いでヴィジャヤナガールのヒンドゥー君主らを倒した後十一年経ってからの一五七六年に死んだ。この王は文学趣味が少しあったのである。壁と壁龕には青地で大きな碑文を見ることができ、そこにはペルシャ神秘主義文学からの引用がカリグラフィーで描かれてあった。

いつか友らが私たちの土ぼこりへ来るなら、
そしてその土ぼこりに私たちについての報らせを尋ねるならば――、
たとえ彼らが世界の土ぼこりすべをふるいにかけても、
そのとき彼らは私の痕跡はひとつももう見つけないことを知れ。

けれども私たちはビーダルであるものを目にしなかった――ビーダルにちなんで呼ばれ、その美しさが知られている代表的なビードリ製品である。八三・五％の錫、一三・五％の銅、三％の鉛の合金の材料が、焼けた陶土の型に注がれ、続いて硫酸銅で黒くさせる。それからわりと柔らかなその塊に、銀でできたさまざまなモチーフが平たくハンマーで打ち込まれる。全体がナトリウムと礬《ばん》類の混合液でつやだしされる。この芸術の見事な作品は実に複雑な植物模様を見せていて、そこでは銀がほとんど全部黒い地を覆っている。しばしば水煙管《きせる》の盤として使われるような大きな丸い容器は、今日では多くの美術館の誇りである。ところでそのようなはめ込み細工は、当時は金銀容器使用の禁止を巧みに回避することを可能にした（中世で光沢陶器がそうであったように）。いや、そうではない、私たちはこの歴史散歩をしているときにそういう世俗の喜び事は考えなかった。私は後になってようやく、大都市の記念品を扱っている商店で、ビードリ作りの小さなモダンな小皿、灰皿、缶容器をわざわざ見せてもらった。

## 2　グルバルガ

私たちは好天に恵まれすぎた。晩にグルバルガまで行き、宿泊所を見つけてから、日焼けと堅い鉄ベッド――ベッドは穴だらけの蚊帳つきだった――の組み合わせが、私たちの夜の面倒をみた。その夜に私はデカン地方の歴史に十分思いをめぐらせた。朝の紅茶は私たちにバフマニー朝で使われたであろうようなインクを思わせた。人々はひょっとして、そのとき出てきた何切れかのパンのような、厚くて曲がりにくい紙にそういうインクを使って書いたのだろう。しかし、それが何だというのか。グルバルガは、ビーダルよりも平坦で温和な地域に位置し、数多くの名所があったので、私はそのような小さな事は深刻には取らなかった。

もちろん私たちは最初に、偉大な聖者ハズラート・ゲースーダラースの墓廟へ行った。この人は「長い巻き毛で」、「従者たち（つまり人間）を優しく扱う」というあだ名〔バンダ・ナワズ〕で知られていた。ジアが巨大なドーム屋根の建物で祈っていた間に、私は――女性にたいする習慣が定めているように――外の広い庭に立っていた。その庭は管理部門の部屋といくつかの図書室で囲まれていた。私は少しの間、窓辺に立っている色とりどりの衣服をまとった女性たちの仲間に入った。そこの窓から内部にある聖者の豪華石棺を見ることができたのである。

私たちはその墓廟の現在の管理者である〈サッジャーダサーヒーブ〉一家を知っていた。彼に簡単に挨拶すると、午後に訪れるように私たちを招いてくれた。けれども私たちはまず、まだ巡礼者であふれていた街をぶらついた。数日前に聖者の命日をしのぶ祭り、〈ウルス〉が終わっていたからである。南インドにある神秘主義イスラムの最大の聖所を訪れるために約二十万人が来ていたと見積もられていた。さらに街は、記念の小物を売っている屋台で、特に写真屋であふれていた――だって誰が写真を――できるだけ〈グループ写真〉を――聖地訪問から故郷に持って帰りたくないだろうか。

私たちは、暗色の石で築かれた中世の、バフマニー王国で築かれた最初の城砦へ行った。けれどもそれはビーダルの城砦よりも小さかった。石と茨につまずきながら、山上敷地にある大きなモスクに達した。これは魅力的という風にはとても見えなかった。鈍重な建物で、やや大きいドームと六十三の小さな丸屋根で覆われていて、境内がなかった。こういう体裁は、ここと同時代のデリーにあるモスク（例えばキルキ・モスク）から知っていた。私は物悲しい真っ暗な内部を予想した。しかしそれから、呼ばれて来た見張りの人が戸口を開けた――すると私たちの前に広い空間があった。実に優雅な、かなり平たい葱花アーチによって仕切られ、まばゆいほど明るかった。光が、外からはほとんど見えない窓を通って射していたからである。それは夢のようだった――うねっているが穏やかな海の中にいて、寄せる波が遠く遠く、達しがたい天上へと運ぶ、ひょっとして奇妙な形の巨大な帆をいくつか張った船に乗って……私たちはそういう感じを受けた。私にとっては、グルバルガのこの大きなモスクは、知るかぎりで最も美しい宗教建築のひとつである――けれどもそこは芸術史家にさえほとんど知られていない。デリーの友人らは、私がそのことを知らせてもほとんど信じることができなかった。一三六七年――バフマニー朝が築かれて二十年後である――に建てられた。それは数百年間、信心の中心だったが、今はほとんど利用されてない。それでも私は、グルバルガが特別な「祝福の力《バラカ》」に囲まれているという感じを抱いた。

この都市には何と多くの聖廟があったことか。もちろん私たちはジュナイディーの廟を訪問するために時間を使った。そこにはスーフィーの師が住んでいた。この人の積極的な介入がハサン・ガングーを一三四七年に独立した君主にしたのである。ゲースーダラーズの爪楊枝――もっとよく言えば「歯擦り棒」――から育ったという大木の下で、若い女子が果物と花を売っていた。〈サッジャーダニッシーン〉が私たちに心から挨拶してくれて、私と少しアラビア語で話した。それから彼は義務とも言えるお茶の後に、厚い巻き物を持ち出した。そこには〈スィルスィラ〉、つまり、このスーフィズム修行教団の一連の精神的後継者の系譜――預言者まで――が書き留められていた。霊的指導者のさまざまな系列の分派すべてを見るならば、これが実際はひとつの〈シャジャラ〉、ひとつの「樹木」を生み出したということが分かった。静かな、いわくありげな訪問者が私たちに近寄り、聖所の入り口で客人用に役立っていた二つの石ベンチのひとつに座った。彼の先祖は数百年前に、ここの建築物が建てられた土地を所有していたという。今彼は、毎年一ルピーの地代を得て――「神の加護のおかげで」――満足していた。新しい巻き物が持って来られた。預言者だけでなくアダムにまで達していた一番長いものは、三十メートルの長さがあった。ゲースーダラーズの息子が書いた日記のような、宝物と言える他の写本は、私たちはちらりとしか見ることができなかった。

丘の上高くに別の聖廟もあり、大地に白くそびえていた。下の広い城砦掘り割り付近にも、別の聖廟その他があった。それらのどれを訪れても、どこでも私は新しいことを学んだ。それにまた、どこの聖所の小門にもうずくまっている乞食とどう付き合うかも学んだ。ジアは私にハイダラーバードで百ルピー札を百枚の小札に替えさせていた。それは乾した果物のように紐が通されていた。私たちがスーフィー行者〔原義は乞食〕のグループに会うたびに、彼はそれから数枚をむしり、貧者たちの先立ちに与えた。その先立ちが他の者にきちんと分けてやることになっていた。その手筈は見事に役立った。

サイイド・ムハマド・フサイニー。これがゲースーダラーズの本名だった。預言者の子孫であり、小さい子供の頃両親とともにやって来た。それはムハンマド・トゥグルクがデリーのエリートをダウラターバードへ亡命へと強いたときである。後に彼はまたデリーに戻り、そこでチシュティー教団の当時の師チラーギ・デリー〔一三五六没〕――「デリーの明かり」――を援助した。私たちはその神秘思想家がデリーで過ごしたあの長い年月についてはほとんど何も知らない。北方の首都で政治状況がチムールの軍隊の侵入によって悪化したとき、ゲースーダラースはグジャラートを経て幼年時代の土地へ戻った。彼が当時居を構えた低い小さな庵が、今でも残っている。アフマド・シャー・ワリーの霊廟を私たちがビーダルで訪れたが、当時の支配者の弟であるこの人は、この老賢者が大好きだった。この老人は、自分が百歳を越えて死ぬ前に友ワリーの即位を体験できた。高齢になるまで、彼はずっと愛に陶酔した詩人だった。

私は今九十歳だ——おまえなら「私は十八歳だ」と言うだろう。
愛する点で私はとてもすばやい、まるで私が絶え間なく若さを飲んでいるかのように。

しかし彼は神秘主義的な愛を言っているのである。彼の読者に警告する。

おまえは美しい人たちを見つめ、ほっそりした体つきを目にする。
しかし私が見ているのは、創造主の見事な成果なのだ。

彼の一番美しい詩は、その霊廟の力強いドームの下部円筒部《タンブール》の周囲に書かれている（私はそれを、サッジャーダサーヒーブが見せてくれた写真でしか目にしてない）。

愛の酒杯に酔っていて
劫初の契約というワインに陶酔した人たちは、
ときには祈りの形で苦行に努め、
ときには偶像に仕え、ワインを飲む。
彼らが生存という食卓で見たものを、
彼らは消し去った——ただ恋人の姿だけは別だ。
彼らは神の玉座の彼方へ消え去り、
無在所という庵に座し、
受け取ることも拒むことも恥ずかしがった。

結びつきと別れはもう価値がなくなった――
生存という書の序言である彼らは、
永遠という題とびらになった。
「在れ！――そして生まれた。」から自由になって、彼らは真に生成した。
彼らは、彼ら独自の往き来である。

しかしゲースーダラーズは、愛に陶酔した詩人にとどまらない。彼にはイスラム法《シャリーア》に従うことが他よりも優先された、掟に忠実なムスリムでもあった。それにまた、北部のスーフィーズムの兄弟、例えば、キッチャウチャのアシュラフ・ジャハーンギールとの手紙のやり取りで、あの時期に亜大陸で広がり始めたイブン・アラビーの存在一性論の神秘主義に鋭く反対を表明していた。「冷静な」神秘主義の古典的な作品についての彼の注釈は、談話と箴言の集めたものである〈マルフーザート〉や、「集成された言葉」である〈ジャワーミ・アル・キラム〉と同じく残されている。いわゆる〈マルフーザート〉「箴言」というジャンルは、ニザームッディーン・アウリヤーの周囲ではやった。まもなく門弟たちには、敬愛する師のどんな言葉でも記録するのが最も重要な取り組みになった（今日ではビデオカメラがこの役目を引き受けている）。チラーギ・デリーの箴言があまり面白くないのに比べ、ゲースーダラーズの八十歳のときの作品であるテキストは、その周辺の日常生活について多彩な光景を提供している。彼は子供の教育、神学と法学の問題を論じ、改宗させたいと思っている若干のヒンドゥー教徒と討論し、夢や幻視について報告している。――そしてまた逸話にも欠けてはいない。この老賢者は明らかにユーモアにあふれた人だからである。彼は一四〇〇年六月二十一日に、聞き手に盲目的な模倣を戒めるために語る。

昔々、四人の旅人がいた。彼らの五番目は一匹の犬だった。その犬が小川に落ちて死んだ。彼らは言った。「このかわいそうなやつは我々の言うことをよく聞いてお供をしてくれた。彼をここに埋めて、しるしを置こう。また戻って来たら、ここが犬が死んだその場所だと思い出せるように。」彼らは少し土を盛り上げ、立ち去った。それからそこはちゃんとした墓のように見えた。さて今度は突然、隊商がそこへやって来た。この人たちは、これから先の道は大変危険だと聞いていた。そこに彼らは墓のような何かを見た。脇に木が立っていた。彼らは、それがたぶん偉大な師の墓に違いなく、水辺の木の下に埋葬されたと考えて、そこに埋葬された人に、旅する自分たちの財から十分の一を捧げることを堅く誓い、旅を無事元気で切り抜けられたら、それをこの偉大な師に持って来ることを約束した。さて、盗賊たちの間ではたまたま仲間割れになっていた。それで道は通過自由だった。そこは隊商は危険地帯を抜けて無事に行き着いた。彼らはあの場所に戻って来て、ドーム建築物、修道場と記念広場を建てた。そこは人々の間で知られるようになった。そこに繁栄する都市が誕生し、支配者がそこへ来た。

かなりの時が経ってから、あの四人の旅人がまた例の小川へとやって来て、繁栄している都市を見て、言った。「ここは人が住んでいなかったところではないか。一体どうして、町ができたんだ。」彼らは、ここに偉大な聖人が埋葬されているのを人々から聞いた。彼らは行って見回し、考えた。「それはたぶん我々の犬じゃないかな。あの木があるし、あの小川、あの思い出の場所じゃないかな……。」彼らは、この偉大な聖者は人ではなく自分たちの犬だということをよく知っていた。彼らの言葉は町で知られるようになった。一体彼らをどうしようか。「スコップをください。犬の骨が出てこなかったら、私たちを打ち殺してもいい。」それで彼らは掘り起こし、全くそのとおりに犬の骨が出てきた。そこで人々は彼らの言ったことを信じた。彼らは自分たちの経緯を語り、放免された。――こういうことが、普通の人々の信仰なんだよ。

そして、物語、戒め、思い出からなるこの多彩な絨毯は、私たちがしばしば発言の背景をもう知らないので、必ずしも簡単に理解できるものでなくても、〈ジャワーミ・アル・キラム〉は、依然として魅力的な書物である。

私たちは滞在の初日に、聖者墓から聖者墓へとさすらった後で、町で昼食を食べた。そのときに、私たちの皿には米粒とハエのどちらが多かったのか、はっきりしなかった。サッジャーダサーヒーブは、有り難いことに、彼のところで夕食にとどまるように私たちを招待してくれた。彼は見事な招待主だった。彼と同じく完璧な英語を話した妻は、彼らがした西側世界への旅について、モントリオールで勉強している息子についてさまざまなことを語ってくれた。神秘主義の有力な指導者が、自分の将来の後継者をカナダの大学に送り、イスラム学の学問的方法を研究させているという事実がもう、サッジャーダサーヒーブの開放性を証明していたとするならば、彼の新しい諸計画と企てはさらにそれ以上を証明している。彼は修道場の一部である広い所有地に、近辺からの少年たちのための最初の技術訓練所を設立して、堅実な知識を伝えている。

さらには、もっと革命的とでも言えることがあった。彼はそこにまた（もちろん適切な距離を置いて）女子実業補習学校を開設した。それは、その都市の広大な全交通圏からのムスリム系女子のための、その種の初めてのものである。若い女教師たちと、実に質素な状況下で活動していた当時八十七人の女子学生は、さらに訓練を受けることができるこのチャンスに限りなく感謝の念を抱いていた。彼に委ねられた共同体。それは神秘主義的沈潜の形で設立されたものであるが、この共同体にたいする実際的な配慮が、サッジャーダサーヒーブという人物において理想的に統合されているようだった。

スーフィーズムの音楽〈カッワーリー〉を私が大好きなおかげで、修道場で私たちはまた別の招待を受けた。私は、どんなに自分が〈ウルス〉の時に〈カッワーリー〉を喜んで聞いたかをちらりと述べておいた――私たちを迎えた主人が、午前に何人か楽士を呼んで、私たちのためにペルシャ語の詩を歌ってもらう、自分が長いことそれを聞いていないからだと突然言った。そうと決めたらすぐ実行だ。五、六人の男の小グループが携帯ハルモニウム、小太鼓、一、二本の弦楽器を持って、大きな応接室の隅にうずくまっていた。その集まりに来ていた二、三人の身内の人がジアと私の仲間に加わっていた。一時間また一時間と旋律が響き、ついにサッジャーダサーヒーブが午後三時頃、また何か食べる必要があるね、それに夕食後も音楽をさらに楽しめるじゃないか、と言った。彼の息子がこの演奏会で私のために録音してくれたテープは、私の最も貴重な音楽の宝物のひとつである――ルーミーとハーフィズ、アミール・ホスローや多くの無名詩人の歌が、織り込まれて歌われた。そのような機会には、同じ拍節の詩句を混ぜ合わせ、ペルシャ語からウルドゥー語へ、あるいは逆に移行するからである。熱中の度は高まった。

楽士たちに一曲ごとにお金を少し与えるのが習慣である。しかし、敬意を払われた人が――この場合、師匠自身である――居合わせているならば、この人が、うやうやしくお辞儀している聞き手から紙幣を受け取り、それから、彼の前にひざまずく音頭取りに渡す。私は、サッジャーダサーヒーブが寄進された金額を毎回二倍にしているのを観察した――それは、見事に振り付けされたバレエのようだった……歌い手は歌うことに、私たちは聞くことに倦むことがなかった。

私たちは翌朝さらにまだ進まなければいけなかった。もう一度私たちは、その墓廟の広い境内にある墓所を、それから、古くから残っている、聖者家族の一員が飼っていたペットのオウムのちっぽけな墓も訪れた。人々はそこに、話すのに障害がある子か聾唖《ろうあ》の子供たちを連れてくる。東洋では、オウムは「砂糖を噛む」言いかえると「甘く、つまり愛想よく話す」と考えられているからである――だから、なぜ〈バラカ〉、すなわちそこの聖者家族の子供に飼われていた小鳥の恩寵をもたらす力が、他の子供を助けないことがあろうか。

私たちはこのような印象を最後に抱いてグルバルガから別れた。そして後の訪問のどれひとつも、あの最初の日々の魅力に比べられるものはなかった。

## 3　ビージャプル

グルバルガからビージャプルへの道は南東へ向かい、砂糖キビ畑と小さな森の中を通って行く。木々の間では、灰黄色のほっそりしたラングールという猿が跳びはねている。これは顔が黒く、大変長い黒い尾があり、枝から枝へと本当に猿らしくすばしっこく跳びはねる。これはハヌマーンの手本となったあの不思議な忠実な猿――『ラーマーヤナ』〔紀元二世紀頃成立〕で力強い跳躍で大陸からスリランカへ飛び、そこで誘拐されたシーターを解放する——である。これはインドの細密画の画家がよく描いたテーマである（その際この愛らしい猿はいつもつつしみぶかく水泳パンツをはいている……）。一八二七年にビーダルでラングール保護の特別な財団が設立されたとジアは語った。私たちはしばらくの間日陰に腰を下ろして、ちょうど熟していたカスタード・アップル（ばんれいし）を食べた。アーティチョークのような感じを与える甘い果物の柔らかい果肉は、実においしかった。数えきれないほどの種を取り出す忍耐心があるとしての話だが。

私たちは南東へ四時間走行して、昼頃ビージャプルに着いた。後にアディルシャー〔一四八九〜一五一〇在位〕として知られた若いユースフは、ビーダルのマフムード・ガーワンのお気に入りの人で、オスマン・トルコのスルタン家系の出であると言われている。彼は——言い伝えによれば——スルタン・ムラード二世〔一四二一〜五一在位〕の息子であるという。この人は、兄弟である征服者メフメット〔一四五一〜八一在位〕が権力についたとき、身内によって国から密かに連れ出され、イランをへて南インドに達したという。ゴルコンダのクトゥブシャーヒー家もトゥルクメンの部族の出だった。両王朝ともその最盛期を同時に迎えていた。ビージャプルのイブラーヒーム二世アディルシャー〔一五八〇〜一六二六在位〕とともに一五八〇年から一六二七年に、ムハマド・クリー・クトゥブシャーの方は一五八〇年から一六一二年に。両君主も才能ある詩人で、音楽家や画家の後援者であり、熱狂的な建築主たちだった。北ではムガール人——アクバルとその息子ジャハーンギール——が自分らの大いに讃えられた王国をより美しくしていたのに対し、デカン地方の隣人も何らひけをとることはなかった。アクバルが、サンスクリット語作品をペルシャ語へ翻訳するという計画でヒンドゥー教徒とムスリム間の理解を強化しようと努めていたのだが、デカン高原の諸王国では数多くの南インドの伝統が融け込み、ずっと広範囲に入り混じった文化が展開されていた。

私たちがビージャプルに近づくと、もう相当遠くからずいぶん平たいドームを載せた巨大な建物を認めた。「あれがゴール・グンバズです」とジアが言った。「これは一六五六年に死んだムハンマド・アディルシャーの墓廟で、トルコの建築家によって建てられたということです。私たちは明日一度ドームまで登るでしょう。」だいたい千七百平方メートルの広さを覆っている、ほとんど飾りのない巨大な建物は奇妙なことに、大して印象深くはなかった。しかし四十三・九メートルの直径の、世界で三番目に大きいドームを目前にしているという感情は、それだけで感銘を与えるものだった。――ところでその君主は自分の妃ジャハーン・ベグムのために同じく大きい墓廟を建てさせる計画をした。

町の入り口ですぐに十七世紀の小綺麗な建物を見つけた。大通りの最初にある清潔なゲストハウスから巨大な廃墟が認められた。私は探索のドライブ開始をほとんど待てなかった。驚嘆しながら私たちは――いや私がと言った方がいいだろう、ジアはこれらを皆知っていたからである――力強いゴシック大聖堂の廃墟を思わせる建築物の前に立っていた。「ここでムハンマド・アディルシャーの息子アリー・アディルシャー〔在位一六五六～七二〕が、父の墓よりも大きくなるはずの、自分の霊廟を建てようとしました――しかしムガール人の圧迫が絶えず強まり、一六五六年にはアウラングゼーブがこの都市を包囲したのです。そこでその途方もないプロジェクトは決してやり終えられなかったのです」とジアが説明した。私たちは石製アーチの残骸の間をぶらぶらと通り過ぎた。大人でも土台石の高さまではほとんどとどかなかったろう。私は、マンハッタンに鎮座まします聖ヨハネ像がいつか廃墟になるとしたら、おそらく似たような光景になるだろうという、非現実的な感じを持った……。

ズフーリー〔ペルシャの詩人。一六一五没〕が、一六一〇年頃書いている表現によると、「その屋根と門が音楽を鳴り響かせている！」このビージャプルは、何という都市だろう。どの町角にもどの小路にも、いかにも十七世紀らしいスタイルの大小の住宅、井戸、門道があった。「第一級で重要な建物」の豊かさの点でビージャプルは、英国のJ・バートン‐ページが正当にも書いているように、全インド中でデリーにしかひけをとらない。まもなく優雅なパビリオンが見つかり、そこから突然女の子がヤギとにわとりに後をつけられて出てきた。この都市の多くの旧跡がそうであるように、このパビリオンはとっくに住宅に改造されていたのである。住民増加がほとんどコントロールできなかったからである。至るところで繊細なドームを目にした。それらは、根元が少し縛られていて、大きな蕾のように、たいていは石の花びらの花束からい出てきているように見える。どこにもやや大きいのや小さな塔があって、それらも花の蕾にそっくりな先端がかぶせてあった。市場で塔のように錫メッキの壷が高く盛り上げられているのも、同じような形式原理に従っているように見えた。けれども、私たちが通った場所すべての名前は、私の記憶の中でもつれていた。——ジアは、どこでだれそれの殺害の血痕が見られるとか、どこで古い図書館跡、井戸の名残りを見ることができるか、もちろん、知っていた——私はその都度、眺めを楽しむだけだった。そこの城砦はビーダルやグルバルガの大きな城砦ほど感銘を与えるものではなかったけれども、それでも、一五六五年頃に完成された市壁周囲の掘り割りがまだ残っていた。迷宮のような小さな通りや小路が、ゆっくりとときほぐれてきた。砂ぼこりがしずまって、そこから人間やヤギやにわとりや自転車がどっと出てきた——そして、沈みゆく午後の光を浴びて、私たちの前に突然イブラーヒーム・ラウザ〔ラウザはムスリムの墓所〕が横たわっていた。これは墓廟で、芸術性豊かなスルタン・イブラーヒーム二世が本来は妃のために建てたものである。今では彼自身もそこに横たわっている。墓廟建築物の向かいにある、小さなモスクの屋根のほっそりした、尖塔に似た形成物は、輝く空にくっきり輪郭を浮かび上がらせている、石でできたチューリップ園の感じを与えた。私たちは手入れされた芝生を渡り、後ろにモスクと墓廟がある門を抜けて、やっとこの小さな楽園から離れることができた。

一年後にイブラーヒーム・ラウザをカリーとエディスと一緒にもう一度訪れたとき、私たちはまた、日が沈んでゆくときの魔法にかけられたような時間の中で歩き回った。そして私が霊廟の壁に書かれた、技巧豊かで実に優雅なアラビア語の祈禱碑文を嘆賞していた間に、突然、壁の色豊かなほのかな光に気づいた。数秒間、そこの壁石が見せる灰茶色から幾何学模様や木々と花々が浮かび出てきた。それらの繊細な色彩は明らかに太陽光線の特定の入射角によって見えるものとなった。そのとき私たちは、ラウザはかつては色豊かに塗られていたという古い言い伝えを信じた。その魔法はほんの数分しか続かなかった。それから色、模様、花々が消え去り、夢の世界は再び閉じられていった。

たしかに――後に生まれた者には思える――イブラーヒーム二世の日々にビージャプルが生きていたのは夢の世界だった。彼の先祖たちはその地域をある程度強化した。そして八歳の少年が一五八〇年に王座に着いたとき、伯母であるアフマドナガールのチャーンド・ビービーがまず摂政を引き受けた。きわめて積極的で知性あふれた女性である彼女はこの若い王子を教育し、それから、デカン諸国家の一番北にあるアフマドナガールに戻った。そこではムガール軍勢の圧力が絶えず強まっていた。彼女は精力的に兵員を動かしてその都市を守り、自ら、防備施設のために土や石を運んだ。けれども、身内の将校グループのひとつが彼女に謀反を起こし、彼女を殺害させた。一六〇〇年にその都市はムガール人の手に落ちた。そして私たちが後に訪れたアフマドナガールにはムスリムの崇高な王妃を思わせるものは何ひとつない――ただわずかに、インドの作家や劇作家たちが彼女の運命によってひらめきを与えられ、作品にしている。

若いイブラーヒームはどうやら伯母ほどは精力的ではなかった。彼は音楽を愛し、作曲し、自分で絵を描いた。数多くの細密画がこの若い男の姿を見せてくれる。明るい肌の色、穏やかな顔立ち、手には弦楽器を持っている。「美の逃亡地というヨゼフの顔と同じような顔立ちである。たとえ名前はイブラーヒーム［アブラハム］であっても。」いずれにせよ彼のことを、宮廷詩人ズフーリーが、そのように『グルザーリ・イブラーヒーム』つまり〈イブラヒムのバラ園〉で歌っている。アブラヒムつまりイブラヒムは、コーランの描写によると、ニムロド〔創世記中の支配者で狩人〕によって火の中に投げ入れられた。その火は「彼には涼しく快適な」ものとなった（スーラ21の69）。そこから、詩人たちは、その火がバラの生け垣に変わったという考えを引き出した。

あの時代にビージャプルで成立した細密画は、同じように夢の世界によって霊感を与えられている。私たちは、もちろん、その君主自身の描いた絵を確認できない。ズフーリーは、「多彩な知性は、彼の絵の色彩に基礎として役立っている」、「彼が小夜鳴き鳥を描くと、そのときは小夜鳴き鳥の鳴き声を聞き、耳を澄ますがいい」と主張しているようだが。彼の時代の絵画では、波打つような衣装が見られる。空は、無数の色とりどりの絹の断片からできている蝶や蜂が周りで飛びかい、揺れる茎の上の幻想的な巨大な花。忘れてならないのは、イブラーヒームが大好きだった象である。さまざまな色の木々やきらめく山脈の前で巨大な、黒灰色の雲のようにゆっくり進んでいる不恰好な動物の上で、その君主はとてもちっぽけに見える。

イブラーヒームが、ウルドゥー語の初期変種である故郷のダッキニー語で書いた短詩は『ナウラス』という。それは、これまでは好き勝手にペルシャ語で「さわやかに成長している」とか、ウルドゥー語で「九種の風味」とか「九つの感覚の贈り物」とか説明できる名である――イブラーヒームは、トルコの伝承にもインドの伝承にも重要な、九という数字が大好きだったからである。それで、彼の時代にはあらゆる種類の九という数のグループが見つけられる。イブラーヒームの詩句は、大多数が短い祈りである。聖人ゲースーダラーズへの呼びかけが、芸術と歌のインドの女神であるサラスヴァティーへの敬意を表した詩句と並んでいる。彼のことをヒンドゥー教徒の臣下は〈ジャガト・グル〉「世界の師」と呼ばなかったか。

アフマドナガールでの宗教動乱の後ビージャプルへ来た叙情詩人ズフーリーは、この君主の音楽芸術を讃えている。「彼が楽器の弦の鼓動を感じると、そのときの彼は、すぐさま、不治の病人を癒すときのイエスと同じようです。」彼はまた、変わらぬ春の祭りと同じようなあの時代の魅力をその『サーキーナーマ』で歌った。

大気はやさしくバラの胸に身を寄せ、
風はバラのポケットのボタンを外した！
つぼみの子供があだっぽくたわむれ、眠りに向かう。
揺りかごを穏やかな風が、眠りなさいとゆする。
ひょっとして公園も酒場へ行こうとしてるのか。
公園の縁と若枝がジャスミンで満たされるように。

フィリシュタ〔一六二四後没〕として知られている歴史家もアフマドナガールを去り、ビージャプルに居を構えた。そこで彼は歴史上重要な作品『グルシャニ・イーブラヒーム』つまり〈イブラーヒームのバラ垣根〉を書いた。それは一七六八年に初めて英訳され、やっと後になって不正確であると知られたのであるけれども、長い間インド・ムスリム史ついてヨーロッパ人が知識を得る最も重要な源となるものだった。けれどもジアにとっては、この瞬間には、ズフーリーの詩句だけが重要に思われた。この詩人はイブラーヒームのビージャプルを讃える気持ちをこう表現した。

彼らが喜びと楽しさの秘薬を作るとき、
彼らはビージャプルの砂ぼこりしか使わないだろう！

そこで私たちは芝生を囲む枠に座り、石材使用のチューリップ園がゆっくり黄昏に消えてゆくのを見ていた。軽やかな微風が私たちに、まるでスルタン・イブラーヒームの絹のマントが触れるかのように吹き寄せた。

翌朝私たちは、またも全く心が和み、祝福したくなるほど感動した。早朝に私たちは、記念碑〈ガンジュル・イルム〉つまり「知の宝」と呼ばれたスーフィー行者の記念広場へ行った。彼は一三五〇年頃ビージャプルに居を構えた。小さな暗い建物前の大きく枝を広げた木の上にちっぽけなフクロウの雛が三羽いて、二人の訪問者を驚いた大きな目で見つめていた。聖域に仕えている人は、孔雀の羽で軽く私たちの髪に触った。私たちをそこの祝福に与らせるためにである。

ビージャプルはそんな場所がまだ多くあった。もう早い時期にここには、チシュティー教団やカーディリー教団神秘家が住み着いた。その際にカーディリー教団は孤独を好み、チシュティー教団はグループで暮らし、活動し、瞑想した。イスラムの教えを純朴な人々に民衆語で説き、誰もが分かる比喩を使って理解しやすいものにしている簡素な詩句が、ダッキニー・ウルドゥー語にあるのは彼らのおかげだった。

毎日大きなかたまりのパンを作るために穀物を碾かねばならない家庭の主婦なら、もし碾き臼の握りを、アラビア語では垂直の真っすぐな線と似ている〈アリーフ〉〔アラビア語の最初の文字〕の文字と比べるならば、分かるのではないだろうか。しかし〈アリーフ〉は、〈唯一の〉神アッラーのシンボルである。穀物を碾くために、いつも握りを両腕に抱くように、彼女は神の名にもしっかりつかまるべきである。そして彼女が糸を紡ぎ、その糸がますます長くなり、ますます繊細になるように、彼女は、自分の心も絶えず繊細なものにされるために、誦念〈ズィクル〉も行うべきである。そうすれば神が、彼女に楽園を開きながら、その心をよい値段で「買う」ことができるようになる（参照。スーラ9の111）。そうでなければ彼女は結婚式の日に――だから死亡の日に――裸で、名誉を奪われた姿でいるだろう……何世代も通して、ビージャプルのスーフィー修行者はこの伝統を展開し、さらに他の人たちに伝えた。特にミランジェー Miranjee 家に、とりわけアミーヌッディーン・アラー（一六七五没）に。私たちが訪れた、都市の北のシャープール・ヒロックにあるこの人の霊廟は――パビリオン風の小さな建物で、その戸は石に刻みつけた秘密めいた模様で覆われていた。ひとりの真面目な、暗い顔色の見張りがその前に立っていた。手には権威のしるしの鉾《ほこ》槍《やり》を持って。丘の裾には旧市街が広がっていた。そこはかつて繁栄していた時代には金細工師や宝石細工師の地区であり、今は一部崩壊している。

私たちは現在に活動している他の師たちも訪れ、ほとんどのモスクも省かなかった。いくつかは小さく小綺麗で、いくつかは大きな構えだった。一五七六年に建てられた大きなモスクは、高くそびえるゴシック様式のアーチを通しての眺めによって、ポルトガルのある種の修道院を思い出させた。それは不思議ではない。一五一〇年以来、ポルトガル人はゴアを所有し、そこはビージャプル国と隣り合っていたからである。ポルトガル人とイタリア人の芸術家が、アディルシャーヒー朝の首都でも活動していた。このモスクは――完成することはなかったが――静かで高貴な単純さをたたえていた。しかしなぜ、〈ミラーブ〉という祈り用壁龕には、巨大な布が掛けられてあったのか。それは、何と言ってもそういう風にせよという指示があったからだ、と私たちは教えられた。そこで私たちは、その布の後に何か普通でないものが隠れているに違いないと感じた。およそ六×七メートルの寸法の垂れ幕の下に左右に二つの壁龕が見えて、そこにはバロック様式の化粧しっくいによる覆いが見つかったからである。その中には化粧しっくいでできた実物どおりの書物が数冊あり、そういうことはモスクでは全く一般的ではなく、むしろ教会にふさわしかった。二度目の訪問をした際に、カリーがその覆い幕を上げさせることができたとき、私たちはそこに見つけた華麗さをほとんど信じることができなかった。ある将校によって一六三五年に寄進された、最大の、私にはもう知られていた祈り用の壁龕が、眼の前にあった。それは豊かな化粧しっくい、金メッキされた透かし彫り、かごめ細工の巨大な碑文で、私たちは見飽きることがなかった。

そのモスクの内庭の芝生は、手入れされ緑にあふれ、白とピンク色の花で囲まれていた。そこは瞑想に誘うような場所で、私たちは体験した驚きから立ち直ろうとしてみた。

他の驚きもまた私たちに迫っていた。私たちはアータール・マハルへ行った。それは、あのモスクから遠くないところにある、高くそびえている建物である。そこには、十七世紀からの絨毯と繊維製品、ポルトガルの影響を受けた壁絵があるということだからである。その由緒ある建物が、預言者の聖遺物〈アータール〉を所蔵していたからそういう名を付けられていたことは私たちには明らかだったが、「いや、女は預言者のいとも聖なる髪の近くに寄ってはならない！」と言って、すぐに番人がエディスと私を追い払ったのは、なぜかよく分からなかった。ジアが持ち前の雄弁さをすべて駆使して、私が本来女では全然なく、大学教授だということを彼に分からせようとしたが、それも無駄だった――番人は断固としてジアの言葉をさえぎった。「インディラ・ガンジーでもまだ一度も入れたことがない。」それでこの一件は落着した。

ビージャプルでの二回の短い滞在は、思い出の中で溶け合って、二度とないほど美しい、まばゆいばかりの楽しい体験になっていった。巨大なゴール・グンバズで、階を上へ上へと登り、ムハンマド・アディルシャーの空っぽの墓室を見た。そこの角にはナジャフとカルベラの聖なる場所〔どちらもイランにあるシーア派聖地〕から持って来た砂ぼこりがあった。父とは違い、シーア派だった故人にアリーとフサインの墓所からの祝福をもたらすためにである。

それからまた私たちはすぐ近くにある博物館を訪れた。そこには、アディルシャーの繁栄した時代の見事な碑文、いかにもデカン地方らしい、大きく弧を描いた蔓模様、見事な字体のコーランの文句——その中にはこの都市を一六八六年に自国に併合したムガール皇帝アウラングゼーブの手になるものも——があった。私が一九八五年にメトロポリタン・ミュージアムでの〔インド展〕で、一枚の石板にきわめて優雅なナスタリク体〔垂れている書体。イラン、インド・ムスリムで一般的なアラビア文字の変形〕のすばらしい碑文と再会したとき、私は思い出の中でこの輝かしい都市にもう一度沈み込んだ——アディルシャーヒー朝の終わりに、その輝きを、その文化上の役割を失った都市に。一七二四年にビージャプルは、ほとんど四十年間のムガール支配の後にハイダラーバードの初代ニザームによって引き継がれた。彼は本来ムガールの太守にすぎなかったが、今やそこの封土の上で独立したのだった。一七六〇年にこの都市はマラータ人に渡り、一八四八年には英国の東インド会社の管轄下に置かれた。ハイダラーバードがますます強力にデカン地方での政治、文化の中心地に発展したのにたいし、他の古い首都は忘却の薄暗がりに沈んだ。

## 4　クルダーバード

最初の旅の際に、道は私たちをまたゴルコンダ - ハイダラーバードへ連れ戻した。けれども二度目の旅では私たちはさらにもう一歩、デカン地方の過去へ向かった——それはまた、旧秩序が崩壊し、ビージャプルとハイダラーバードがムガール帝国へ併合された結果、さまざまな重点が全く新しく配分しなおされた時代への旅であった。

私はカリーとエディスと一緒に当時ボンベイからアウランガーバードへ飛行機で行ったが、例えばアジャンタとエローラの有名な石窟寺院を訪れなかった。そうしなかった。私たちは、何でも知っていて凌駕しがたいジアに伴われて、まずダウラターバード・クルダーバードへ行った。デーオギルは一二九四年にムスリムに征服されていた。それから、デリーのムスリムのエリート層が一三二七年にここへ追放されたとき、〈ダウラターバード〉「幸福の住むところ」と改名された。けれども、暗い色の石ででき、高くそびえ、真っ暗な通路、急な木製階段、ちっぽけな小部屋があるダウラターバードの城砦は、「不幸の住むところ」と呼ばれるべきだろう。ここに最初投獄された王子や貴族らのうめき声がまだ聞こえる気がした。でも私は三階のテラスにずっと座っていた。私にはそれ以上登るのがあまりに苦しく、危険に思えたからである。

そして私が、目の前に段状になった丘の連なりが広がっているはるかな風景を見やっている間に、ジアがクトゥブシャーヒー朝の最後の君主について語った。若いアブル・ハサン・ターナー・シャー（一六七二―八九在位。九九没）は、影響が大きかった聖人ラジュ・カッタール（十七世紀）によってハイダラーバードで育てられた。この聖人の高いドームの大きな聖域が、まだハイダラーバードで見学できる。最後にターナー・シャーは、クトゥブシャーヒー貴族の娘と結婚した。彼はその君主の死後――本当にいやいやながら――王位についた。数年後にはもうアウラングゼーブの軍勢が都市に迫っていた。彼を逮捕しに将校が来たとき、彼はまず将校らを自分と一緒に朝食をとるように招待した。世俗の権力は、スーフィー修行者である彼には大切ではなかった。続いて彼はダウラターバードへ連れて行かれ、そこで最後の年月を過ごし、嘆くことなく自分の運命を耐えた。

少し離れたところに、バルコニーが三つある高くてほっそりした尖塔があった。それは――一四五〇年に建てられ――南インドにムスリムがいることのしるしにしようとしたものであり、現にそうである。それはひょっとして初めから尖塔としてよりも、勝利の塔として構想された。中央アフガニスタンのゴールにある巨大な尖塔か、デリーのクトゥブ・ミナールに似ている。

息苦しく思わせる城塞の近くにクルダーバード、「永遠の場所」があった。それは、スーフィー修行者の廟がいくつか集まったところで、裏には広い、公園風の墓地が延びていた。私たちはブルハヌッディーン・ガリーブの廟を表敬訪問した。彼はチシュティー教団の熱狂的な神秘家だった。そして彼の魂はここで一三三七年に永遠のバラの園に飛び去った。彼は自分の仲間の誰よりも音楽と旋回舞踏に心酔した。私たちはここで〈カッワーリー〉を一曲聞くのがふさわしいと考えた。「そうです、お昼の祈りの後にすぐ準備できます」と廟の親切な管理人が言った。

ブルハーヌッディーンの名声はとても大きくて、十四世紀の終わり頃には崇拝者のひとりが、デカン地方北辺のタプティ川べりにある町を彼にちなんで名づけた――「ブルハンプル」である。そこは後に、南部諸王国にたいする不断の攻撃基地としてムガール人に役立つことになった。これは文化面で特別に活発な都市だったにちがいない。十六世紀半ば直前に、シンド地方のタッタから若干の織物業家族が、インダス川流域で広がっていた政治混乱のためにブルハンプルへ移住してきた。彼らは手工業の技能をもたらし、その町を繊維産業の中心地にしただけでなく、何人かの神秘思想の指導者も連れてきた。この人たちの行事では、私たちに知られている初めての神秘的な詩句がシンディー語で歌われた。さらにブルハンプルは、アクバルの、そして後にジャハーンギールの最高司令官ハーンハーナーン・アブドゥア・ラヒームがいたことで有名である。この人の図書館が数年の間ここにあった。彼が、ペルシャ文学の作品をそれにふさわしい形で保存するために百人の筆写生、金箔細工師、欄外装飾者に作業させた図書館である。彼がしばらくの間不遇にあい、それから名誉回復し、デリーで亡くなって四年後、一六三一年にブルハンプルで、シャー・ジャハーンの愛妃ムムターズ・マハルが十四人目の子の出産の際に亡くなった……。デカン地方王国が倒れた後、そしてムガール帝国没落後にはいよいよもって、ブルハンプルも戦略上宗教上の重要性を失った。だが今でもそこにはイスマーイール派の特別なセクトであるサトパンティスが見られる。

一瞬の間、時間と空間をはるかに越えてめぐらした私たちの思いは、すぐまた現在に戻って来た。私たちの前には、ブルハヌッディーンの友に捧げられた別の廟があった。それは多くの敬虔な人たちに敬われてきた、わりと冷静な人ザイヌッディーン〔一三六九没〕である。あっさりした大理石格子で囲まれた聖域の小さな隅には、生涯の最後の三十年をデカン地方征服に取り組み、今ここに最後の休息地をついに見つけた皇帝アウラングゼーブの墓があった。彼は先祖たち――フマーユーン、アクバル、ジャハーンギール、シャー・ジャハーン――のように霊廟でなく、単純な墓を望んだ。この王朝の創設者バーブルも、ご存じのように、カーブルで屋根も装飾もない墓に眠っている。指輪はつながった。私たちは感動して祈りを口にした。異教徒にたいして、スンニ派イスラム内の異端にたいして、恐ろしい政策のために非難されているこの支配者のためにである。彼は兄弟たちを処刑させ、自分の帝国のさまざまな力を過大評価して、国を可能性の限度まで拡大し、そのことで帝国の没落を導いたのである。彼が一七〇七年に、約五十年もの治世後ほとんど九十歳で死んだとき、一世紀半にわたって続く没落過程もすぐに始まり、ついには英国王室が、一八五七年のいわゆる〈ムティニー〉という兵士の反乱後にインドの権力を握った。いくつもの細密画は、若いアウラングゼーブが野性の象を打ち負かす姿を描いている。それらの絵は彼を狩人、戦士の姿で見せる。それらはまた、自分の兄弟たちの血のように赤いロザリオを手に持ち、腰がまがった老人の姿で見せる。彼は神に「ああ、すべてを許す方よ、一切に許しをくださる方よ」と呼びかけたろうか。

小さなモスクに通じる階段で、面白い格好の男の子が、花婿のようにめかしこんで座っていた。その子はピンク色の小さなプラスチック長靴をはき、銀糸が縫い込んである小さなターバンを被って、写真に撮られて喜んでいた。ジアが説明してくれた。「これがバスマラ・カー・ドラン、ビスミ・ラーという言い回しで表現される花婿です。彼は四歳、四カ月、四日の年齢になったので、これからコーランの知識に導かれます――彼は今日木板から〈ビスミラーヒ、ラマーニ、ラーヒム〉という字を舐めなければいけません。それは板の上に蜂蜜や他のいい味の液体で書かれています。私たちの聖なる書を暗記するのが彼に簡単にできるようにということなんです。」彼は付け加えた。「今ではこれは、そんなにたびたびは行われません。でも皇帝アクバルさえ小さな息子サリーム、後のジャハーンギールに〈バスマラ〉の行事に参加させたのです……神の恵みに与れるように……」

私たちはそこの後ろにある、延び広がっている、丘のような墓地に向かった。愛想よくほほ笑んでいるスーフィー修行者が、葉が秋らしく金色に変わっていた大木の下に座っていた。この公園ではデカン地方の文化史全体を見つけることができた（タッタ近郊にあり十二万五千人の聖人が埋葬されているという）マクリー・ヒルの途方もないほどの墓地跡でシンド地方の歴史が、あるいはカイロのカラーファで中東の宗教史が発見できるのに似ている）。ここにはハサン・スィジュジー（一三二八没）が眠っている。彼は師ニザームッディーン・アウリヤーとの対話を初めて書き留めた人で、友らとデリーからここの亡命へと追いはらわれ、高地の涼しく荒い風の中で一年後にはもう死んだ。その脇には、政治家と貴族、詩人、神学者や他の大勢の、名がほとんど知られていない人々が眠っている。

ここにはアザード・ビルグラーミー（一七八六没）も眠っている。アウランガーバードにあるその美しい家を私たちは翌日訪れることになっていた。博識家で詩人である彼は、インドのイスラム史とペルシャ文学史を書いただけでなく、イスラムとインドの文化の共通分母を見つけようと試みた。インドは預言された事柄の本来の故郷ではなかったか。アダムはその堕落後にまずサランディプ、つまりスリランカで暮らしたからである。そうだ、アザード・ビルグラーミーは彼のアラビア語の作品『スブハト・アルマリヤン』〈珊瑚でできたロザリオ〉で、古典アラビア語修辞法と古典的サンスクリット語修辞法を比較することさえ試みた。そしてこの多才な文学者は──（十八世紀のある同時代人が祈ったように）「神が、希望というカモシカであるガゼルたちを動かして、巧みに取り入って、自分に近づけ、保護の枝を自分の上に傾けてくれますように」──、預言者賛美の美しい音調のアラビア語頌歌を書いた。それらは彼にハッサーン・アル・ヒンドという名をもたらした（それは預言者が生きていた時代の、預言者を讃える頌歌詩人ハサーン・イブン・タービト（六五九頃没）の暗示である）。その一方で彼のペルシャ語詩句には、「インド様式の」比喩とイメージが特別に優雅に用いられている、忘れがたい詩行が見つけられる。しかしジアは、アザードの詩句の代わりに、アミール・ホスーローの嘆きを朗唱した。

私は墓地へ行った。あの友らを思って激しく泣くために。
今は消滅にとらえられている友らを。
私は尋ねた、「どこに彼らは行ったのか。」
　　　　　　　　　そして墓地は
私にこだまで返事を返した、「どこに彼らは行ったのか。」

無名の墓、暗い色の玄武岩でできたきらびやかな霊廟、ちっぽけな墓標、――それらはみな落葉で金色になった、丘のような敷地にあった。木々は輝いて、もっと輝いているトルコブルーの空に向かって立っていた。一番高い丘であるクーヒ・シーャミクにはちっぽけなモスクがあった。そこの下にはチラカーナ、つまり四十日の瞑想のために引きこもれる狭い洞があった。そのモスクからは風景が小さな段状になって広がるのが見えた。遠く背景には山脈が光っていた。

私たちは軽食後にブルハヌッディーン・ガリーブの廟へ戻った。もう歌い手と楽士たちが、境内で古い宗教歌を歌って喜ばせるために来ていた。私たちが感謝して別れようとすると、男性は贈り物にターバンを、私たち女性はオレンジ黄色の軽い被り布をもらった。それはいかにもチシュティー教団らしい布である。もちろん、それからグループ写真が欠けてはいけなかった。

私たちはアウランガーバードへ戻り、まだ美しい建物が残っている町を歩き回った。パンチャッキという水車地域が、大きなバンヤン樹に囲まれてあった。私たちは、地下に貯められた水の近くで、夏の暑さをいい具合に耐えることができる、すばらしく涼しい空間をどのように建設できるかに気づいた――、一六〇〇年頃に建設されたこの都市の給水施設は、いずれにしても驚嘆に値する。晩には旧市街で、アウランガーバードの貴重な布がまだ製造されている織物工場を訪れた。それはジャカール〔フランスの絹織工。一七五二～一八三四〕布で、今日ではたいてい木綿だが、古くはたびたび絹でできていた。腰が曲がった痩せた男が、二重の鎖がついている、がたがた鳴る織り台に向かい、薄暗いちっぽけなランプの光の下で織っていた。小さな男の子が織り台の後ろですばっしこい華奢な指先でちょうどいい糸を取り出していた。男と子供、これは悲惨そのものの光景だった。私たちはその織物の値段を知って、気の毒に思わずにはいられなかった――それは私たちの世界でならとっても小さい一枚のハンカチさえ買えないような値段だった。インドの伝統的な手工業には、このような形では生き延びる可能性はほとんどない。数百年も長く続いている工芸保存の政府支援策（例えばデリーのフォルクローレ博物館で）でさえ、わずかの師匠たちにしか役立っていない。

私たちは旧市街中心の近くでスーフィー修行者の古い廟を見つけた。明らかに精神錯乱している男が、しょっちゅうでんぐり返りと宙返りをしていた。彼の頭、四肢は堅い石畳に規則的なリズムで打ちつけられた。それは治療過程だったのか、全くの狂気の沙汰だったのか、私たちには分からない。周りに群がってきた子供たちは、痙攣し、跳びはね、倒れる男よりも少なくとも私たちの方を珍しがっていた……。

最後に翌朝、私たちはラビカ・ダウラーニー（一六五七没）に敬意を表しに行った。彼女はアウラングゼーブの妃だった。皇帝は彼女のために、タージ・マハルをまねた墓廟を作った。だが、タージ・マハルと、ムムターズ・マハルの息子の妻に捧げられた霊廟との比較ほど、ムガール帝国の没落をこれ以上よく記録するものはない。後者の押しつぶされたような丸屋根、胸廓の狭い造りと化粧しっくい装飾は、タージ・マハルの広大な大理石群の悲しいパロディーの印象を与える。けれども、二つの霊廟の完成の間にはほとんど三十年も経っていないのである……。

しかし今や道はとうとう、私たちをまたゴルコンダ‐ハイダラーバードへ導いた。

## 5　ゴルコンダ・ハイダラーバード

一度私はハイダラーバードからもっと北にあるワーランガルへ空の旅を企てた。そこにある寺院の廃墟から、ヒンドゥーの石工たちが見せる、本当に魔術的とも言うべき巧みさを知ることができる都市である。柱は――黒い玄武岩からできていて、まるで、堅いその岩石が柔らかい蠟であるかのようである。レースのカーテンを思わせる透かし彫りがある。そしていつも、想像上の実にグロテスクな動物がいて、それらの一部は、本来置かれていた位置から落ちて、今では私たちをじかに見つめ、にやりと笑ったり、嘲っているかのように見えた。灰色の空が、このような光景を一層信じがたく、一層不気味に出現させていた。

ヒンドゥーの建築家たちの技は、ヴィジャヤナガールの堂々とした寺院・城郭施設において一層はっきりした。この都市自体がもう、以前のデカン諸王国の南端にあって、まさしく、建築技術の驚嘆すべき傑作ともいうべきところである。いくつもの寺院があり、そこの柱一本一本は、叩いてみるとインド音楽の調子に響きが互いに調整されているのが分かる。広大な宮殿があり、バフマニー朝様式のうっとりさせるあずまや風のパビリオンがある。この地のいくつかの建築物では、インドとイスラムの建築が持つ最良の要素が、見かけるところ完全に融合しているようだ。いつも新しい眺めが開けてきて、私たちを夢中にしてくれたので、私も、おそらく十五世紀からずっと蜘蛛の巣が払われたことがない、そういう浴室があるゲストハウスのちっぽけな部屋で夜を耐えられたほどだ。しかし、夕べの沈む日光にますます暖められ、ますます輝いてきた石がある、堂々とした廃墟都市の眺めは、忘れがたい慰めとなる体験だった。朝に私たちはハンピにある高くそびえる寺院も訪れた。そこの境内では小さな象が儀式で引き回されていた。その一方で、数えきれないほどの小猿が建物の前に突き出た部分のどこにもいて、私たちを好奇心にあふれて見ていた。だが帰路は、突然に降り始めた雨と、予想に反して激しいトラックの通行量のために、約三五十キロの距離に十六時間かかった（女性にとっては、一度も「鼻におしろいを塗る」ことが可能でなかったことは当然である）。

そういうドライブ旅行のどれもが、ゴルコンダ - ハイダラーバードで始まり、そこで終わった。ゴルコンダはバフマニー朝王国の瓦礫からよみがえり、最初は、五つの新しい王国のひとつにすぎなかった。そこの太守のクトゥブムルクは、カラコユンル〈黒羊朝トルクメン〉氏族の出であり、一五一二年に独立し一五四三年まで支配した。それは、もう九十歳を越えていた彼が、王位を待ちきれなくなった息子によって生から追い出された年である。

その強大な王国は、先に述べたように、一六八七年にアウラングゼーブによって征服された。以前は首都だった他の都市がゆっくりと重要でない地方都市に衰退していったのに、ゴルコンダの方はアウラングゼーブの太守に行政府所在地として選ばれた。そして「ニザーム」と呼ばれたアサフ・ジャー **Asaf Jah**〔宰相の意の称号〕が、一七二四年にほぼ全く、デリーの無力なムガール支配者に左右されなくなった。イギリス人によって〈ヒズ・エクサルテド・ハイネス〉〔殿下〕という称号を授けられたこのニザームの地域は、まもなく、以前のデカンの諸王国ほぼ全部を包含していた。ニザームたちは巧妙な戦術を用い、十八世紀の政治緊張の際にはイギリス人の側についた。イギリス人は南インド（マドラスと隣接する地域）での彼らの所有地を、一六七一年以来ポンディシェリーに陣取っていたフランス人にたいして守ったのである（初代ニザームは、もちろんまだ全くフランス人の傭兵軍を使っていた）。

イギリス人とフランス人のライバル関係は、もう一度はっきり現れた。一七七〇年後に、自分のマイソール王国を拡大し、堅固にしようと試みたマスリパタムのティプー・スルタン〔一七九九イギリス軍相手に戦死〕がイギリス人と対立したときである（現在は大英博物館で見られる、このスルタンの宮殿から持って来たロボットの虎は、厭わしい機械音を立てて、イギリス兵の人形を噛み潰す）。

敬虔なムスリムのティプー・スルタンは、自分の立場をフランス革命の精神に習って「市民ティプー」と自称するまでに進めた。彼は、後に知られた種々の夢を書きつけたとき、ハイダラーバードのニザームを、戦い打ち負かす用意のある三人の「不信心者」のひとりと見た――他の二人とはイギリス人と、十七世紀の半ば以来インド地域のますます大きな部分を支配下におさめていたマラータ人だった。

デリーとインドの大部分が、一八五七年の反乱《ムティニー》後にイギリス王室に隷属させられたとき、親英の立場をとっていたニザームの領国は依然独立を失わず、多くの北インドの知識人の逃亡先になった。彼らは平和で繁栄したその王国でウルドゥー語文学を育成し、高等教育を支援した。

地理上、ゴルコンダ（テルグ語では「羊飼いの丘」の意）が重要な位置を占めたのはほとんど避けられないことに思える。東から西に通ずる南インドの通商路の真ん中に位置していたからである。古くから、集落地域を囲んでいる岩だらけの卓状高原は大変に高価で実に堅固な鋼の刀剣鍛造の技で有名だった。もう、前イスラムの、アラビアの文学が、刀身が大変に複雑な過程をへて特別に鍛えられる「インドの剣《サイフ・ヒンディ》」を讃えて歌っている。その地の岩石にはダイヤモンドも埋蔵されていた。ダイヤ研磨の技が知られるまでは、単純に研磨されたゴルコンダ産のダイヤは遠くまでその名が広まっていた。「光の山《コヒ・ノール》」という伝説に包まれたダイヤが一三〇〇年頃にゴルコンダ地域で見つけられたという。けれども興味深いことに、詩に現れた形像としては、オリエント文学ではルビーやエメラルドよりもずっと出番が少ない。ただダイヤモンドの粉末としてだけ、ペルシャとインド・ムスリムの詩人たちがそれを時折彼らの心臓や肝臓に擦りつける。そのためそこの裂かれた傷がますます苦痛なものとなる……恋に取り憑かれた者が愛する人を探して砂漠を急ぎぬけてゆくが虚しい結果になる、その砂漠の砂は、その詩人らにはダイヤモンドの破片からできているように思える……ゴルコンダの商人たちには、やや誇張されたそのような思いはきっと無縁だったろう。

ゴルコンダの地域は、一三六三年にワーランガルの支配者によってバフマニー朝へ割譲された。その時期以来、渓谷の上に百三十メートルの高さでそびえている巨大な城砦が築かれた。この城砦は空に向かって暗く突出している。それが、十七世紀のヨーロッパ人旅行者たちの報告によれば、輝くタイルですっかり覆われていて、目にまぶしかった――私たちがビーダルで見たタイルの残りに似ている――ということを思い描くには、きっと想像力豊かでなければならない。

数えきれないほどの壁龕がある城壁は、訪問者に、夜にどんな宴が開かれたか、そのときには小さなランプがあちこちのくぼみでちらちらと輝いていたかを夢見させる。インド神話から取られたさまざまな姿も入り口の門で見ることができる。そして、急傾斜の登りの間に時折、疲れ果てた旅人を一本の枝、一輪の花が慰めてくれる。彼の苦労はむろんその城砦の頂上から見える雄大な眺望によって報われる。

ムースィ川のかなたの右岸に、大都市ハイダラーバードが砦の町ゴルコンダからおよそ八キロ離れて建てられた。今ではもちろん、すべてが互いに大きくなり、ひとつになってしまっている。その城砦にさえ、住まいを求める貧しい人たちが住みついていた。それは、カイロの死者の町カラーファの墓地と同じ具合である。

ムハマド・クリー・クトゥブシャーは、一五九一年にハイダラーバードを築いた。それはイスラム暦の二千年目が始まった年である。彼の大臣ミール・ムーミン〔一六二五没〕は、その新しい都市を第二のイスファハン〔イランの都市〕にしようとした。イランではちょうどシャー・アッバース大王〔一五八七～一六二九在位〕が、首都を、マイダン・イ・シャー〔「王の広場」イスラム革命以前の呼び方。現在はマイダン・イ・イマーム〕の周りに据えられた、今日でも驚嘆に値する建物で飾ったからである。この競争する気持ちはよく分かることである。ゴルコンダでは大多数がシーア派であるが、彼らはイランのシーア派と密接なつながりを持っていたからである――それは、ムガールの支配者たちがそこを疑心を持って見ていた理由でもある。

その新首都はシーア派の最初のイマームであるアリー・ハイダール、「神の獅子」の名において建設された。それは知力による都市計画の手本である。そして、古い建築物の多くがもう存在しない今日でさえ、以前の美しさを想像させる。都市の真ん中には、堂々とした「四つの尖塔《チャール・ミナール》」があり、そこから街路が四方へ延びている。そこでは古い時代には、宮殿や住居や市場地区や、よく整えられた都市に必要なものすべてがあった。私たちは一度ならず、五十六メートルの高さのチャール・ミナールによじ登った。それは三〇×三〇メートルの土地に広がっている。そこの巨大な支え柱は、繊細な化粧しっくい——たいていは開花している花の絡み合い——で覆われている。その絡み合いは奇妙なことに、ごつごつした建築物と対照的である。そのことはいつもインドのムスリム建築で私の目についていた。表面はきわめて繊細な飾り模様——幾何学、植物あるいは飾り文字の形——で、レースの布地でのように覆われている。そしてムガールの建築が持つ窓の透かし彫りである〈ジャーリー〉で、白や灰色の大理石、暖かく色調の赤っぽい砂岩が本当に手編みレースに変えられているとするならば、大理石やカラーのタイルへの色彩豊かな象眼細工、それに、正面と内部空間でのピエトラ・ドゥラ〔大理石に似た非常に硬い石〕を使った作品も同じような効果があり、そのしばしば法外な大きさの建築物を繊細なものにし高貴にしている。

私は化粧しっくいに描かれた蔓を見るたびに楽しみ、建物の最初の展望台に達したときもうれしかった。そこには、いくつかの学校があった。二番目の展望台には小さなモスクがあって、そこの五カ所の開口箇所は、祈りの部屋へ通ずるアーケードになっていて、パンジュタン〔五人の人物の意〕を思わせようとしたのだった。それは、預言者ムハンマドとその家族のことである——娘ファーティマ、その夫（ムハンマドのいとこ）アリーとその夫婦の息子たちハサン〔長男〕とフサイン〔次男〕である。

チャール・ミナールを訪れた後に、広い通りをさらに進み、すぐにメッカ・モスクに入ることができた。そこの百平方メートル以上もある大きな前庭は、座り心地がとても良かった。そして人間、自動車、雌牛、力車、自転車やその他、そもそも動けるもの一切が出す絶え間ない騒音雑踏を観察できた。

最後から二番目のクトゥブシャーヒー朝の君主が、その寺院の建築を始めた。けれどもアウラングゼーブがハイダラーバードに入って後やっと完成させた。遠くから、金細工師や銀細工師が貴金属を、吹けば飛ぶような薄片に打ちのばすハンマーの音がかすかに聞こえた（それはクリスマスのナッツを金色にするために使う模造金箔に似ている）。そして私は、小さく切ってある銀箔を念入りに何枚もの古新聞や書類の間に挟んで売られている、あの小さな包みに抵抗できたためしが一度もない。人々はそれらの小さな包みを、食べ物、特に甘いお菓子を綺麗に飾るために使う。

それはヨーロッパでなら、簡単なデザートをもっと豪華にするものとして客をうっとりさせるか、ギョッとさせることがあるかもしれない。「えっー、何ですって、銀を食べるのですか」と驚いた叫びが上がる。「もちろんですとも、だって銀は、ティブ・ユーナーミー〔古代ギリシャ・アラブの同種療法〕の、あるいはアーユルヴェーダ〔インド古来の医術書〕の治療薬では、重要な成分です。」そう言うと客は受け入れる。

「一度あの真珠を見たいです」と私は言った。ショーウィンドーの覗き歩きの際のような、めったにない「気軽な」暇つぶしのときに付き合ってくれる知り合いを何度も見つけた。そうだ、チャール・ミナールの周りにはぐるりと真珠商人がいる。そこには多くのちっぽけな店やいくつもの大きな店もあった。それらの店はあらゆるサイズと種類の真珠でいっぱいで、大変に重い香りのインド香水の入った小瓶もついでによく売られている。ヨーロッパだったら、ほとんど手が届かないほど費用がかかる修理が、数ルピーであっという間にできた。「引きちぎれた鎖を修理するんですか。何の問題もありません。」その修理屋は道端の傘の下に腰を下ろしていて、車やヤギや人間に邪魔されずにいた。そして、そのとても小さなトルコ真珠を見つめ、少し魔法の仕草をしたようだった。すると、見るがいい、私の鎖は直ちに、彼が自分の足指に巻いていた極細の糸でつながれた。あるときは私たちをひとりの商人が、美しい古い自宅へ連れて行き、お茶をすすめてくれた間に、私たちは彼のお宝に感心していた。また別のときには、引き込まれずにはいられないようないい香りのする横丁に入ったことがある。そこで私たちは大変急な木造階段をよじ登ると、上の階に何人もの優雅なご婦人を見つけた。その人たちは専門知識を大変に駆使し雄弁を一層奮って、結婚式のための装身具を買っていた。私はまるでアラジンの宝の洞窟に入っているような気がした……私は、自分の懐具合にふさわしい品物を少なくとも一個買い求めないで、どうしてそこから出て来ることができただろう。

別の横丁では、無数の色とりどりのガラス製腕輪が下がっていた。小さな本屋がアラビア語の宗教冊子、ペルシャ語の詩歌、ウルドゥー語の刊行物、宗教関係のものや世俗のものを提供していた。運よく──抜け目ない書店主に助けられて──貴重な古版本を見つけることができた。特に挙げるべきは、ラクナウのナワル・キショール出版社が一世紀以上の間出してきた、ペルシャ語とウルドゥー語作品の値をつけられないほどの石版画である。

ハイダラーバートは、ご存じのように、数百年にわたって文学の都市でもあった。例えばマアーニーという詩人名を持つムハンマド・クリー・クトゥブシャーは、故郷のダッキニー・ウルドゥー語の優れた詩人だった。

陶酔の王国で私は世界を築く者だ。
美しい人たちを見つめる際に——そのとき私はムスリムだ。

マアーニは愛人たちのために詩をいろいろ書き、ムスリムやヒンドゥーの祭りを色彩豊かな形像で描いた。生涯にわたり、宮廷でも民衆の中でも、技巧豊かであるが気取らない言葉で歌いあげた。その際はっきりと彼のシーア派の考え方が出てくる。ビービー・ファーティマは預言者の娘であり、イマームのハサンとフサインの母であるが、彼の詩句で讃えられている。「悠久の昔から選ばれていた」人である彼女が。そういうことで、彼とその後継者の下でダッキニー文学が大いに栄えたのは驚くことではない。ロマンチックな叙事詩や神秘主義の叙情詩（後者はむろんわりと稀であるが）が、ゴルコンダ——その地域全体がこう呼ばれている——で著された。

「感覚による感受すべて」あるいは「雰囲気と風味」という意の『サブ・ラス』という作品でモラー・ワジーヒ（ゴルコンダの作家。一六二五頃没）は、ダッキニー語での押韻散文で初めて偉大な作品を書いた。その作品は十五世紀のペルシャの手本に基づいて、「心」「知性」「美」の、「姿」「巻き毛」そしてその他多くの寓意の形姿によっての冒険——東に住む王「愛」と西で支配する王「知性」の間で行われる冒険——を語っている。

ガッワーシー（ゴルコンダの作家。一六五〇後没）も忘れてはいけない。折衷主義の政策が厳格なムスリムである彼には気に入らず、そこの王国を去る前に、彼はサイフル・ムルクとバディーウル・ジャマール（メールヘンに出てくる王子と妖精の名）の昔のメールヘンをダッキニー語の詩句に流し込んだ。

デカン地方の本来の二つの首都、ゴルコンダとビージャプルは、文学領域でも絵画の領域でと同じように競い合った。音楽についての重要な作品もやはり両王国で書かれた。その際にゴルコンダの宮廷はアラビアの詩人を招待するという古いデカン地方の伝統に従った。かくしてここでは十七世紀の後半にかなりのアラビアの頌歌風の詩が書かれ、年代記や文学史が著述された。そのときにはまた、アラビア半島南部地域であるハドラマウトからインドへ移住してきたアイダルース家のメンバーが重要な役目を果たした。この学識あるメンバーは、約一六〇〇年以来グジャラートで神学教師として活躍した。忘れてならないのは、〈マルスィヤ〉〔ウルドゥー語文学ジャンルのひとつ〕の芸術に打ち込んだ詩人たちである。それは、カルバラの戦いで六八〇年の回教暦でのムッハラム月十日に殺された預言者の孫フサインとその家族を悼む歌である。もうムハマド・クリー自身がこのジャンルで試していて、後の詩人たちもさまざまなやり方でその悲しい出来事を歌った——最も感銘を与える〈マルスィヤ〉は、あの不幸な日々に起こったどんな細部をも描きつくし、戦士の渇きを、武器を、それどころか女性たちの髪飾りさえ細密な言葉による画法で描写しているあの長い詩ではないだろう。もっと感動的であり、もっと直接に心を揺り動かすのは、流れ矢によって殺された幼い乳飲み子アリー・アスガールを思う母の悲嘆を歌っているあの詩である。

おまえの血塗られた経帷子、アスガール、
おまえの乾いた小さな口、アスガール、
血でまっかだ、おまえのバラ色の体は、アスガール、
おまえはまだこんなに幼いのに、アスガール、

ああ、これから誰の揺りかごを揺すればいいのか、
誰のために子守歌を歌えばいいのか、
誰を腕に抱けばいいのか、

フサインに敬意を表してのシーア派祝典の中心地である古いアスラハーナは、有名なクトゥブシャーヒー朝の病院である〔ダルル・シファ Dar ul-Shifa〕のそばにあった。

「ああ、西洋から来た博士《サビバ》さん、ムハッラムはすばらしいよ。あなたはここに残ったらいいのに」と、これらの旧跡見学で私について来てくれていた若い友人ターリブが顔を輝かして言った。私は一度ムルターンで、ムハッラムの準備を体験していたし、また、ムハッラムのこの有名な悲しみの行列をラホール旧市街で家の窓から観察していたので、「ムハッラム」という言葉で必ずしもうれしいことを思い描くことはできなかった。小さな鋭いナイフで自分の体を傷つけること、流れる血、参加者の恍惚とした叫び声。これらをきちんと評価するのは、見物人には大変に難しい。その列に加わった人々の多くは錦模様の傘を上に広げた白馬の、ヘンナ染料で染められた脚に触ろうとしていた。その馬は、隠れた宗教指導者《イマーム》の、待望された出現のために用意されたのである。参加者はイマームのフサインの苦しみを儀式の形で我が身に体験しようとし、そのことによって、たしかに歴史上のことではあるが神秘的に高められた出来事の再発見という形でカタルシスを体験し、一瞬の間死と救済のドラマに自分を組み入れ、調和させる。その際の真剣さは、たとえ讃えられることがあっても、これらすべては不気味に見える。

「どうしてムハッラムはそんなにすばらしいの、ターリブ」と私は尋ねた。「ああ、ご存じでしょう。この行列はとても色彩豪華だし、それにそこには小さな男の子たちがいる。あの子たちは〈フサインの道化〉というんです。跳びはねるんです。彼らの両親が誓いをたて、それを今果たすからです。それから、火渡りがある。」「えー、火渡りですって」と私は驚いて聞いた。「そうですよ」とターリブは目を輝かせて私を見つめた。「裸足で燃えさかる炭の上を走って渡るんです。それでいて何も起こらない。まだ誰も火傷した人はいません。あれは本当に見事だ。あなたも一度やってみるといい。」とんでもない。ハイダラーバードの若者のとてもチャーミングな微笑だって私をその気にさせることはできなかっただろう。「それに昔は、そう、あのときはもっと見事だったんです。あれは本当のカーニバルでした。熊踊りがあり、仮装した人物が出てきて、たくさんの香が焚かれ、また騒がしい音がしていました。」私はそのとき、十八世紀の細密画で、実際、葬列よりもカーニバルを思わせる場面を見たことを思い出す。「それにマウラーリを見なければいけません」とターリブが付け加えた。

マウラーリは――これはマウラ・アリー、「アリー様」のことだ――町の少し外にある。それは滑らかに磨かれた巨大な岩場である。後にそれはどんなに良質の建築資材であるかが知られたが、昔、ハイダラーバード周辺地域が全くそうであったような岩場である――何百年もの間、風雨で洗われて滑らかになった岩が前に高くそびえ立っていた。広い階段が聖域へ通じていた。耳が黒いヤギが私たちに道を教えようとしているようだった。「五百五段あります」と、一緒に歩いている人のひとりが言った。そして私たちは小さな聖域で最後に、一杯のコーヒーをふるまわれたことに感謝した。高くほっそりした塔からのハイダラーバードと周辺の眺めは、息を呑むほど美しかった。この町をますます強く挟みつけている工業地域の増加を、ここから観察しなければならないとしても。フセイン湖という大きな人造湖の向こう側には、シクンダラーバードが見えた。そこはやや近代的な居住地である。私たちはその小さな聖域の内部へ入ることが許された。そこには、ハズラート・アリー（偉大なアリー様）を描いた自然主義風の絵が掛かっていた。それは、特にイランで過去数十年の間に一般に好かれるようになった絵である（西洋からの訪問者にはキリスト頭部を、バロック様式かナザレ派の聖人画を思わせる）。「ここに」と言って監視人が重たいカーテンを引き上げた。「ここにあります……あなただけが見られるのです……ハズラート・アリーの祝福された足跡です。」彼はひとつの石を指した。それは、およそ五〇×五〇センチの大きさで、その上に大きな足跡がいっぱいに残っていた（あるいは信仰が篤い人ならそう思うことができた）。それから、彼は貴重な聖遺物に触り、両手で自分の体を撫でた。体全体がその祝福に与れるようにするためにである。巡礼者たちの何人かは、下りていく際にマウラ・アリーに捧げられた多くの宗教歌のひとつを口ずさんでいた。それは、すべてのカッワーリーでくり返され、聞く人をゆっくりとトランス状態に導きいれるメロディーである。

ハイダラーバードを訪れるオリエント学者は、本来ならば、ぎっしり詰め込まれたプログラムの間で時間が許すたびに、色彩はなばなしく騒然としたバザールの中に飛び込むのではなく、彼の時間をサラール・ジャング博物館とその大きな図書館で過ごすべきである。サーラール・ジャング **Salar Jung**〔一八八三没〕はハイダラーバード史の重要な人物のひとりで、一八六九年に、当時三歳のニザーム〔六代目〕マフブーブ・アリーのために摂政を引き受け、多くの建物と城を築かせた。彼の名が付けられている博物館は、普通には見られない写本の宝を所蔵している。スルタン・ムハンマド・クリー・クトゥブシャーの詩歌集の豪華写本がそこで見つかるだけではなくて、その他に、スーフィーズムや文学、コーラン解釈の歴史のための数多くのペルシャ語やアラビア語の原稿がある。けれども人がそこで、一、二回あるいは三回の講演を行うときでさえ――、写本を写真に撮ったりマイクロフィルムに収めることは大変に難しい問題である。その図書館で一日ずっと過ごすときだけ、何かを書き写せる可能性がある。だが私は、幸せなことに、少なくとも私には名前しか知られていない宝物のいくつかにじかに触り、注意深く開くことができ、それらからこれまでにない印象を受けた。

別のいくつもの場所で、写本やカリグラフィーへの私の憧れは十分に満たされた。温かい心の友人たちがとても素朴な感じを与える住宅の壁の中で秘密の引き出しを開け、宝物であるカリグラフィーを見せてくれて、それから他の家々へと案内してくれた。ある優雅な豪邸で贈り物として現代のカリグラフィー作家の作品を手に入れたし、また別のところでは半官半民の図書館での見学が準備された。彼らみんなが、現在ゆっくり忘れられてきている彼らの伝統に私が興味を示したことに感謝の気持ちを向けてくれた。

けれども、最も豊かな財宝を――それはカリグラフィーの類のものだけではないが――私はヒンドゥー教徒であるジャグディッシュ・ミッタル氏の家で見つけた。この人は、収集家で芸術を扱う商人として国際的な名声を博している。私はよく何度も彼の応接間に座っていた。彼の妻のカマラが私たちに強い紅茶を持って来てくれて、彼は私に新しい芸術作品を見せてくれた。この人はアラビア語やペルシャ語を知らないので、その銘を解読できないでいたのである。さまざまな彫刻模様や文字が刻まれた指輪が、銘のあるブロンズの容器や細密画が、あの時期に何と多く私の手中を通過していったか分からない。私はこの〈仕事〉を大変に楽しんだ。私は毎回新しい芸術を知り、それらの貴重なものを撫でることが許され、繊細な線や彫られた模様や文字の魅力に屈して堪能できたからである。時々私たちは全く新しいことや思いがけないことを発見した。例えば、クールーにあるラージプート宮廷の十九世紀のものである細密画である。その図像学は、そのヒンドゥー教徒所有者には全然理解できなかった。私は歓声を上げた——私たちは目の前に〈月が割れる〉絵を持っていた。それは南インドの王様をイスラムに改宗させたという、あの奇跡の絵である。こちらには預言者とその従者たち、あちらには陰鬱な目つきのメッカの人たちがいる。月は二つの半円の形の部分になって、メッカ近くにあるクバイシュ山の左右に美しく見られる。後に私たちは、メトロポリタン・ミュージアムで〔大インド展〕を開いたとき、ジャグディッシュ氏の収集から最も美しい物品のいくつかも陳列した。私がカリグラフィーの一枚一枚を見てどれも「盗みたく」なるたびに、それはビージャプルのアリー・アディルシャーの詩集からの一枚だった。その一枚に記された八行の間に（インドのナスタリック体で通常の大きさで書かれている）きわめて繊細な風景、極度に細かな人物、馬、車、山々がたったの一センチの隙間に描かれていた。その同じ君主が自分のために建設させようとした、非常に大きな墓廟建設とは何と対照的なことか。

私は描写技巧のこのすばらしい作品にすっかり魅了されて眺め、そのたびに、やはりほとんど比類ないほどの繊細さを有している贈り物をもらった。私はハイダラーバードのイクバール・アカデミーで二回の講演後、二粒の米粒をもらった。そのひとつには、コーランの112章がちっぽけな字で書かれてあった。もう一粒には私の名が住所とともにラテン文字で書かれてあった。

私が初めてハイダラーバードへ来たとき、そこの旧市街には枝を大きく張った古い木々があった。家々の多く——大豪邸や小さな（少なくともそう感じる）邸宅——は、庭に取り囲まれていた。推測するよりもずっと多くの部屋がある美しい古い住宅の多くは、後に醜いコンクリート建築物に変わった。ゆっくりとこの都市の由緒ある中核部分は多少とも消えていった。ハイダラーバードは多言語使用のムスリム国の首都だったのが、一九五六年に、テルグ語圏のアーンドラプラデシュの一部となったからである。特に周辺地域から流入するアーンドラ・ヒンドゥーの人々は、洗練されたムスリム文化とは何も内的関係を持っていない。そういうことで年々ますます、いかにもハイダラーバードに特有の、巨大な岩石ブロックの多くが粉砕され、建材として使われた。古い湖であるフセイン湖に沿ってある、城砦近くの、昔は実に色彩豊かに輝き、いい香りを放っていたいくつもの庭園は消えた。かつて由緒ある邸宅があったところにはすぐに映画館が、できるだけ明るい緑やボンボンのようなバラ色に塗られて建った。わりと大きな建築物は、結婚式場とか似たたぐいの公的建物に変えられた。以前の住民はこのような環境に何と合わないことだろう。あの広壮な宮殿は、天井の化粧しっくいの残りから、壁から剥げ落ちる色からまだ想像できるように、かつては見事に美しかったに違いない、あの広壮な宮殿は、ひょっとしたら心を引きむしられるような光景を呈していたろう。今では大部分が空っぽで、グレー一色だ。そして私には途方もなく大きく見えるホールでは、あの老いた君主が簡単なベッド架台に横になっていた。椅子とテレビが唯一の調度品だった。詩人ベーディルはどのように言っていたか。

希望のないことが、この生の織機だ――
ため息の糸が明日の衣裳を織る。

くり返し人々は、消え去った足跡を、絶えず移動する砂丘を思った。それについては十八世紀の詩人たちが歌っていた――この宮殿がちょうど築かれた時期である。砂時計の中で流れ去る砂、枯れてゆくバラ。それはデカン地方のムスリム貴族の今日の生を表す適切な比喩でなかったか。彼らが広く国際的に張りめぐらした結びつきさえその価値を失った――ハドラマウトのかつてのスルタン、我らの友人ムジェーブの甥は今、紅海にあるサウジアラビアの港ジッダで亡命生活をしていた……アザード・ビルグラーミーは、実に適切に言った。

最後にはすべての支配は貧になる――
つぼみ形の王冠は乞食の皿になる。

幸いなことに、旧市街には他の、もっと生き生きした場所もあった。ジアがそこへ私を連れて行った。ユスファインの聖域はまさにそのひとつである。そしてその周りぐるりに人間の雑踏があった。ユスフという名の二人の聖になった男たちが、ムガール軍によるハイダラーバード征服の時期に、重要な役割を果たしたという。私たちは、ちょうどその二人の記念祝日に到着した。中では美しく着飾った子供たち、色豊かな子供服の小さな女の子たちが、髪にきらめく肩掛けをはおっている。一番いい上着を着た男の子たち――そのようにして、彼らはそこで祝い、祈り、色とりどりの紙の大きなこしらえ物を持って来ていた。それは、聖者に敬意を表してしばらくの間境内に吊るされることになっていた。立派なサリーをまとった誇らしい母親たちは、霊廟に隣接する墓地を訪れた。そこにはその場所の祝福に与れるように、敬虔な人たちが好んで埋葬されていた。ジアは私をある素朴な墓へ導いた。ヤギがその上を走り、乏しい草を少しずつかじっていた。「ここにダーグ〔ウルドゥーの詩人。一八三一～一九〇五〕が眠っています」と彼は言い、時折走ってくるヤギを見て、この詩人の詩句を朗唱した。

愛の道におまえが足を置くのであれば、
どのようにおまえはこれから下り坂と登り坂を知るのか。

私は笑った。本来ならミルザー・ダーグには、たしかにこのヤギよりももっと上品な訪問者が望ましかったことだろう。最後になってだが、彼はムガール王家とは縁戚のつながりがあって、その王朝没落後はニザームの安全な地域へ引っ込んだ。そこで彼のウルドゥー語詩作品は大いに讃えられた。多くの若い詩人が、その中にはイクバールもいて、作詩法と修辞法の問題をかかえたとき彼に助言を求めた。ダーグの詩句は、彼のやや軽率な生き方――甘やかされた貴族の行状――をたびたび反映していても、ウルドゥー文学は、数世紀の間インド・ムスリム世界の真の中心だった都市であるデリー、一八五八年のデリーの破壊にたいする最も感動的な詩を彼のおかげで得ている。

人間と霊たちにとって心であったのは、この都市である、
　すべての権力者の心であったのは、この都市である、
　　インドの実際の心であったのは、この都市である、
全人類にとってひとつの心であったのは、この都市である、
　　　それは煉瓦と石の形で築かれたのではない、
それはおそらく、楽園の比喩であろうとして築かれたのである。

私たちはミルザ・ダーグの運命に心を動かされつつ、ユスファインから別れた。彼はある点ではハイダラーバードでインド・ムスリムの知識人の、ある一世代全体を代表している。ニザームは、一八五七年の反乱に続く数十年が経つうちに若干の近代的な思想家たちを引きつけることに成功したからである。この思想家たちは、サー・サイイド・アフマド・ハーンの理念をもたらし、さらに発展させようと努めた。彼らの一人がチラーグ・アリー〔一八四四～九四〕である。この人は主に大蔵大臣であったが、預言者の言行録である「ハディース」に取り組み、預言者をめぐる伝承にたいする辛辣な批判を書いた。それは、ヨーロッパでイグナーツ・ゴルトツィーヤー〔ヨーロッパのイスラム学者。一九二一没〕が「ハディース」批判を基礎づける前のほんの数年もしない時である。伝統に縛られたムスリムが驚いたことには、チラーグ・アリーはこう書いた。

伝統の滔々たる流れは、すぐに混沌とした海になった。真理と誤謬、事実と寓話が混じり合って区別できなくなった。［……］ムハンマドの名は乱用され、あらゆる類の嘘と不合理を裏づけるためとか、情熱、気紛れ、専制君主の恣意を満足させるためにであった。その際にテクストの規範化は全く無視された……

太守《ナワーブ》のムフシヌル・ムルク（ニザームの宮廷で活躍した近代化主義者。一八三七〜一九〇七）もこの改革グループに入っていた。彼の主目標は、むろん、教育の改善だった。どのようにして現代の教育と宗教を、特に急速に発展してゆく自然科学をムスリムの世界像に包含すべきか。ムフシヌル・ムルクは、ムハンマド・アブドゥー（一九〇五没）の周囲のエジプト人改革者たちとつながりがあった。彼はこの人の二年後、一九〇七年に死んだ。彼のような男たちは、ニザームの国でのイスラムにたいし、後に一九二七年からハイダラーバードで出た雑誌『イスラミック・カルチャー』にも現れたような、近代的立場をとる可能性を与えた。

ジアと私はユスファイン聖廟から近くにある通りに向かい、高い門を抜け、何台かの梯子枠付き荷車や他の用具などの脇をすり抜け、広い境内に入った。その端には、輝くほど白い小さな霊廟が見られた。「これはシャー・カームーシュ（一八七一頃没）です」とジアが言った。ここに葬られている聖者は、その名の意「黙っている、静かな」を裏切らず、名声を高めていた。にぎやかな通りやあまり遠く離れていない鉄道（一八七四年のイギリス人によって敷設された）の物音、それら世界の音は、彼が最後の休息を見つけたこの小さな空間に侵入してこないようだった。

「行きましょう。私たちはクトゥブ・ミーアンも訪れましょう」とジアが言った。境内を渡り、木製ヴェランダのあるつつましい小さな家へと私を連れて行った。そこには、その聖域の現在の管理責任者である中年の人が――善良な丸顔で、チシュティー教団の肉桂色の修行僧服をまとって立っていた。私たちに一本しか残ってない歯を見せながら心をこめて微笑んだ。私たちはふさわしい畏敬の気持ちを彼に示した。それから、よくあるように相互の消息について問答のやりとりが始まり、「そう、有り難いことにすべては順調にいっています、元気です。有り難いことに。」……そして私はトルコでのスーフィー修行者との数多い出会いからとても親しいものとなっていた雰囲気を楽しんだ。一杯のお茶が出た。会話はゆっくりともっと真剣なテーマ、神の愛と掟に向かった。マウラナ・サイイド・クトゥブッディーン・アル・フサイニ〔一九八四没〕は、愛情をこめて、クトゥブ・ミアーンと呼ばれているが、ニーザミーヤ・カレッジの学長でもあった。それは一八七五年に設立された神学大学である。そこの学生たちは八年の課程で神学の全専門分野で、だから、コーラン解釈や預言者にまつわる伝承や法学などの分野で教育を受けた。そのカレッジは三百五十人の学生用のすばらしい図書館と部屋があって、彼らはそこに住み、勉学できた。私たちはそこを一度訪れ、若い人たちの優れたアラビア語の知識について確信を持つことができた——しかし彼らは今、世俗化されたインドで、骨の折れる勉学後にどこで働き場所を見つけるべきだろうか。学生たちと教師たちはチシュティー教団の古い原則——日々のパン、地上の生を生き延びることをめぐる心配は重要でないという原則——に与していた。神を信頼することが、彼らを、神が彼らにその念を授けたところへと運んで行ってくれるだろうというわけである。

私たちは別の日にその親切な人を改めて訪問した。そのとき、彼は私たちに、〈イフサーン〉という考えについて語った。それは善行、善いことをするの意で、イスラム教徒によって期待されたいろいろな態度のうちの三番目のものとして讃えられている。〈イスラーム〉とは神にたいする献身である。〈イーマーン〉とは信仰で、まず、言葉だけで受け入れられたイスラームをすべてに浸透する精神力に実際ならしめる内的態度のことである。そして「〈イフサーン〉は、おまえができるかぎり見事にすべてをなす、という意味である」とクトゥブ・ミアーンは説明していた。「忘れないようにしなさい。神がおまえをどの瞬間にも見ていることを。努めなさい、何をするにしても、それを愛情こめてするように。おまえができるだけ早く片付けようとするつらい義務としてではなく、おまえがそれで神を喜ばすものとして——たとえ、単なる課題を果たすことにすぎないとしても、おまえが神に見事な、愛情あふれてお供えした贈り物を差し出すかのように……。」そういう風にして彼は私たちに、調子のいい長い文章で説明した。彼のウルドゥー語はお手本であるかのようにすばらしかった。そして彼自身がとっても多くの美を放っていたので、私たちは、日が傾き、彼には夕べの祈りを行う時間になったとき、小さな木製バルコニーからうれしい気持ちで立ち去った。もう一度私は知人たちのところで彼と出会った。そこでは彼ともうひとりのスーフィーの師が宗教音楽に耳を傾け、ちょうど陶酔しているところだった——その二人の老人は私にペルシャの細密画を思わせた。そこでは、うっとりとなって輪舞をしているスーフィー修行者たちが、心地よい微笑を浮かべている一方で、彼らの修道服の長袖がリズミカルに拍子をとって風に揺れているようだった。

ハイダラーバードの旧市街では、新しい高級住宅地でのように多くの戸が開いた。高級住宅地とは、富裕な人たちが豪壮な邸宅をバンジャラ・ヒルズに建てていたところとか、岩場地帯にある小さな森林部分の真ん中に大規模な住宅が見つけられたところとか、あるいは、垣をめぐらした地所が庭園やモダンな邸宅を隠しているところで、その都市の南部である。

私がいつ滞在しても一層快適にするためにとてもいろいろ世話してくれるムジェーブは、私たちを祖父が建てた宮殿〈ファラクヌマー〉へも連れて行ってくれた。それは「空を見せる」という意味である。丘の上に高く立ち、大地を見渡している宮殿である。ドーリア式円柱とルイ十四世風応接間が訪問者に、世紀末直後のハイダラーバードでさまざまに混じった文化理想の印象を与える宮殿である。その巨大な建築物は美しい庭によってフランス風に囲まれていた。そこからは大地の雄大な眺めが見渡せた、あるいは、本来なら見渡せるはずだった。工業都市ハイダラーバードの靄が、湿っぽい灰色の十月のその日には、不健康なベールのように風景の上に掛かっていた。しかし、その曇った秋の日でさえも、人々はいくらか、デカン地方中央のしぶい美しさの、押し寄せるように連なっている丘の、数百年の間に磨かれ丸くなった巨大な岩石の何かをおぼろげながら分かった……。そして私たちは、かつてこの帝国の貴人らが宴を開き、異国の名士が迎えられた様を偲んでみた。だから、そのとき砂利道に降る雨のしずくの立てる音は、おそらく貴婦人たちの足音の響きだったのである。

その客人は別の家で「ブルダ」の朗唱を体験できた。――それは十三世紀遅くにエジプトでブーシーリー〔エジプト詩人。一二九六没〕よって著述され、全イスラム世界では保護をもたらすお守りとして崇敬されている、預言者の栄誉を讃える有り難い詩である。南インドでも、その長詩の数多い変形や潤色が知られている。知人の家では、その朗唱は、例えばカイロとは全く違っていた。常に新しい祈り、コーランの詩句、他の宗教詩からの断片で満たされていた音楽は、本来のテキストをほとんど認識させなかった。しかし、印象深い朗唱は、デカン地方のムスリムの信心生活への新たな洞察を開いてくれた。

この客人たちはまた別の広大な邸宅で、たっぷり昼食を取った後、甘いお菓子すべての中でも最もすばらしいもので大変な贅沢をさせられた。それは、意味深いことに、〈ギリ・ビヒシュト〉つまり「天国の土壌」という名であり、生クリームが沢山、カルダモン、サフランや他の好ましいスパイスの入った、ひょっとして一種の超ザバイオーネ〔イタリア語。卵黄、砂糖、マルサーラ酒、香料を煮詰めたクリームをアイスクリームの上に掛ける〕（むろんアルコール抜き）と呼べるかもしれない。「あらら」とインド女性のひとりが言った、「まあ、ちょと考えてください、天国が実際そんな土で覆われているなら、私たちはお互いに足をなめ合うことになるでしょう。」

そうだ、ハイダラーバードの料理がある……「一度ちょっと料理を教えてくれませんか」と私はジア・シャケーブの奥さんに頼んだ。「もちろん喜んで」と彼女は答えて、摩訶不思議な調理法を書き留めた。こういうのである。

シカムプール（挽肉の袋詰め）

（a）脂身・骨なしの羊肉（できるだけ脚肉）半キロを洗う。

（b）50グラムのヒラ豆を水にちょっと入れて柔らかくする。

（c）中の大きさの玉葱2個を刻んでおく。

（d）ひまわり油少々。
（e）生姜とにんにくをつぶしておく。それぞれ大さじ半分。
（f）2個のカルダモン。粉にしたもの。
（g）2個のカルダモン。まるごと。
（h）中の大きさの棒シナモン2本。粉にしておく。
（i）小さじ半分のキャラウェーの実。
（j）3本の緑のチリ唐辛子。新鮮なコリアンダーと新鮮なハッカの葉数枚。むいたアーモンド5個。小さじ1杯のけしの実と一緒にキツネ色になるまで炒める。好みに応じて塩。
（a）から（j）までの材料を紅茶茶わん1杯の水で煮立て、10分ほどごくとろ火で煮る。塩を入れ、水が全部吸われるまでとろ火で煮る。鍋を火から取り、約20分間冷ます。コリアンダーとハッカを加え、すべてをつぶすようにかき混ぜる。乾きすぎているならヨーグルトをせいぜい大さじ1杯加える。水は加えない。アーモンドとけしを加え、よく混ぜる。

詰める。
1　中の大きさの玉葱。みじん切り。
2　緑のチリ、何枚かの新鮮なハッカとコリアンダーの葉。水気を切っておく。新鮮なヨーグルト75グラム。それらから生地を作る。

焼く。

ホイップした卵白2個分。ひまわり油200グラム。生地から約12個の同じ大きさの団子を作る。それぞれ団子を薄く延ばす。その真ん中に詰め物を置き、包む。そのとき真ん中を強く押さないこと。ホイップした卵白にくぐらせて、油で揚げる。

あるいは、味のいいナス料理はいかが。

とても小さなナス10個。切り込みを4本入れる。碾いて粉にしたコリアンダー小さじ2杯。胡麻と碾いて粉にしたウイキョウ、それぞれ小さじ2杯。乾かしたココナツ小さじ2杯。カラシ（粒）と小さじ1杯。生姜小さじ1杯。ターメリック小さじ半分。食用油約280グラム。つぶした新鮮なにんにく小さじ1杯。粉のチリ小さじ1杯半。水たっぷり半リットル。ゴマ小さじ1杯。タマリンドのパスタ、小さじ1杯。中の大きさの玉葱3個。煎った落花生10～15個。煎ったアーモンド5個。

約140グラムの油。玉葱とカラシ（粒）の混ぜたものを小さじ1杯。ウイキョウ小さじ1杯。乾かした赤いチリ4本。コリアンダーの葉10枚。緑のチリ唐辛子2、3本。

コリアンダー、ウイキョウ、ココナッツ、ゴマ、カラシ（粒）を一緒に煎る。ミキサーでつぶす。油をフライパンで熱し、玉葱をキツネ色になるまで炒める。炎を小さくして生姜、にんにく、ターメリック、チリの粉末、塩を加える。火から取って冷ます。ミキサーで混ぜてペースト状になるまで捏ねる。ミキサーから取り出し、煎ったスパイスを加える。ナスに詰め、脇に置く。

別のフライパンでその油を熱し、カラシ（粒）、乾燥したチリ4本分を炒める。火を小さくする。そこへ詰めたナスを入れ、注意深く混ぜ、タマリンドのパスタを加える。水を入れ、中火で15～20分。それから新鮮なコリアンダーと緑のチリを加える。冷やして出すのがおいしい。

私はこれらの料理をまだ試していない。いくつものスパイスが、ここドイツではほとんど見つけられないし——また私には、アラビアの諺に言う「喜びへの鍵」という特性である必要な忍耐心がさらに少ないからである。これは客人に歓喜してもらって感じる喜びと同じく、舌の喜びの前提でもある。

政治史に（あるいは真珠とか料理法とかに）それほど興味のないオリエント学者には、ハイダラーバードの名はオスマニア大学のことである。これは一九一八年に設立されて、そこの――英語からウルドゥー語への――翻訳局は、数十年の長い間インドのムスリムたちに、求められた役目を十分に果たせる明確なウルドゥー語での学術作品を供給してきた。そこの教育語はウルドゥー語だった。ヒンディー語とその地のテルグ語（ドラヴィダ語系である）と同じように、学校で教えられているのは今では英語である（その際にヒンディーにたいするデカン地方住民の反感は注目に値する）。オスマニア大学は文学史の数多い刊行物を援助し、古典文学のダッキニー語による美しい出版の補助をし、重要なアラビア語テキストを印刷した。考古学研究は、デカン地方の中世史と建築調査と同じように彼らの基本方針に上がっていた。

もちろん私は、町のかなり手前にあるオスマニア大学で講演しなければならなかった。それは私がいつ訪問しても確実なことだった。私はそのような講演に伴う、いつも新たな挑戦を楽しんだ。デカン地方でのキリスト教存在の中心となっているヘンリー・マルティン・イスティテュートでも、女子カレッジ、ハイスクール、詩人との出会いの際にでも、そしてまた何度もマックス・ミュラー・バヴァンにおいてでも――そこの所長たちや共同研究者たちと、私はまもなく心からの友情を結ぶことになった。

その際に運転手バシェールを忘れてはならない。彼は〈サイイド〉、つまり預言者の子孫だった。その多くの子供たちに英語、ヒンドゥー語、テルグ語の授業を受けさせただけでなく、自分でアラビア語を覚え、ムスリムの義務に忠実に従うように目を向けていた人である。その忠実なバシェールが私にグルバルガへの小旅行から持って来てくれた――幸運にあえるように――銅製の入れ物を私は長いこと保存している。

ハイダラーバード‐ゴルコンダで最も美しいものは何か。色とりどりに織られた印象の織物からは、ひょっとして最もはっきりとクトゥブシャヒー朝墓廟訪問が浮かんでくる。それは砦の北西にあり、七人の王のはかない廃墟をドームで覆っている。

イクバールは一九〇九年にハイダラーバードを訪れた際に、〈グーリスターニシーャヒー〉つまり『王侯の墓地』というウルドゥー語の長詩を書いた。私はそれを一度イクバール・アカデミーで解釈した。その際に起こったことは、私には非常に典型的なことに思える。私の方が、全くメランコリーに満ちている場合でも、それでも希望の息吹を感じさせ、世界にたいするイクバールの後の積極的な姿勢を予感させるこの長詩に盛られた伝統的なイスラムのモチーフを、ペルシャとウルドゥー文学での中心的主題の受け入れを強調したのにたいし、インドの同僚たちは、はるかに強くトマス・グレイ〔一七一六〜七一〕の『墓畔の哀歌』〔一七五一〕の影響に重点を置いた。そこで西と東が反対の出発点から出て来て、ここで出合った。そして明らかになったのは、若いムスリムにとってはイギリスの文学語の方が、自己のイスラムの伝統の言葉よりもずっと身近で親しいものだったことである……。

イクバールの時代には、七人の王侯の霊廟は手入れされずにいた。そこはジャングルのような地帯にあって、ほとんど行けなかった——本当に、古い銅版画で時々見られるような光景である。今では周辺は樹木が切り払われ、一種の公園が、さまざまな大きさだけれども、全部同じ手本に従って建てられたその見事なドーム建築を取り囲んでいる。それらは、立方体の建物が立ち、暗い色にモルタル塗装された灰色のみかげ石製の正方形をした土台の上にある。その立方体の丸天井のホールには、豪華な石棺が置いてあった。それらのドームは、私たちがいつも古い都市で見つけた形をしていた。ヒモで下をやや結ばれたような堂々たる石でできたつぼみで、このつぼみは花びらから育ってきているように見えた。花が咲いている茂みが、よく保存された遺体洗浄用建物へ通ずる道の脇を飾っていた。いくらか離れたところには、ここに埋葬された人たちみんなが生涯の大部分を過ごした宮廷城砦がそびえていた。私たちは、暖められた石に好んで座り、ゴルコンダとハイダラーバードの名声豊かな歴史を私たちの脇で通過させ、詩句を吟じ、ダイヤモンドを積み、澄みきった秋の日の朝を通り抜けてゆく隊商を夢見た……。

私がハイダラーバードから初めて去ったとき、友人たちが私との別れをムハマド・クリー・クトゥブシャーの霊廟での盛大な祭りとともに祝ってくれた——あの支配者が彼の生き生きとした詩作品で描いたあらゆる要素でもって。

そこには、〈カハーブ〉と〈シャラーブ〉があった。ペルシャの詩ではいつも見事に韻が踏まれる、ローストした肉とワインである。三番目の韻の合う語〈ラハーブ〉も欠けてはいなかった。それは、今日まで特にアフガニスタンで人気のある弦楽器である、古典的な〈ラハーブ〉ではなかったけれども、それでも、やはりシタールと他の楽器二、三もあった。歌い手が叙情詩ガザルを朗読した――ハーフィズの詩は何と似合っていたことか。

昨夜、私は酒場へ行った
　眠りに汚れて戸口に立っていた
修行服の縁は酒で湿っぽくなり、祈りのマットも
　酒ですっかり湿っていた
気の毒がって、若い酌人、
　可愛い酒つぎの名人が言う
「目を覚ましてください、旅の方、目を覚まして
　まだ眠りに汚れているけれども！」
…………………………………………
恋の道を知っている人たちは
　この恋という深い海に
すっかり溺れているが、
　それでもその水で汚れてはない。

外では秋の最初の嵐が荒れ回っていた。稲妻が重い雨粒をゴルコンダのダイヤモンドに変えているように思えた。その一方で私たちは一晩、政治の緊張から遠く、この世から遠く離れて幸せに過ごした……。そして私は、墓廟にいるあの王が私たちの祝いに微笑を浮かべて付き合ってくれたことを確信している。ひょっとしたら彼はあちらの世界

でも詩を朗唱していた。なぜなら王が雨期を思って書いた詩は数多いのだから。

私が翌日にデリーへ飛び立つとき、若い友人のひとりが来て、私の上腕にリボンを付けてくれた。そこには一枚の硬貨が結わえつけてあった。「これは、イマーム・ザーミン・カー・ルーピア」（保護してくれるイマームのルピー貨）です」と彼は言い、私の手にキスした。「これが旅人の道中を守ってくれることはもう明らかになっています！」

その硬貨もやはりそうしてくれた。

# 年表

七一一～一二　ムハンマド・イブン・アル・カーシムによるシンド地方の征服。
一〇〇〇～二六　亜大陸でのガズニ朝のマフムードによる征服。
一〇二六　ラホールがガズニ朝のインド州の首都。
一〇七二頃　ラホールで神秘主義作家フジュウィーリー（ダーター・ガンジ・バフシュ）死去。
一〇七二後　バダクシャーンでイスマーイール派の詩人哲学者ナーシリ・ホスロー死去。
一一三一　ラホールでペルシャの詩人マスード・イブン・サディ・サルマン死去。
一一八一　北西インドへゴール軍侵入。
一一九七　ムスリムによるアジュメール（ラージャスタン）征服。
一二〇二　ベンガルで最初のムスリムの支配者たち。
一二〇六　デリーが最初の「奴隷王」イルトゥトゥミシュにより首都に選ばれる。
一二二一　インダス川にチンギス・ハーンが来る。
一二三四　バグダッドでシハーブッディーン・スフラワルディー死去。
一二三五　メフラウリ（デリー）でチシュティー教団聖者バフティヤール・カーキー死去。
一二三六　アジュメールでチシュティー教団聖者ムイーヌッディーン・チシュティー死去。
一二三六～四〇　デリーの女王ラズィヤ・スルターナ在位。

一二六五　パークパタンでチシュティー教団神秘家ファリードゥッディーン・ガンジ・シャカル死去。
一二六七　ムルターンでスフラワルディー教団聖者バハーウッディーン・ザカリヤー死去。この頃セフワンでラール・シャバーズ・カランダル死去。
一二七三　コニヤ（アナトリア）でマウラーナー・ジャラールッディーン・ルーミー死去。
一二八九　ダマスクスで神秘主義詩人ファクルッディーン・イラーキー死去。
一二九一　パークパタンでチシュティー教団神秘家アリー・サービル死去。
一二九四　デカン地方でアラーウッディン・ハルジーの最初の征服遠征。
一三二〇頃　カシミールのイスラム化の始まり。
一三二五〜五一　デリーのスルタン、ムハンマド・トゥグルク在位。
一三二五　チシュティー教団神秘家、デリーのニザームッディーン・アウリヤー死去。その弟子、詩人アミール・ホスロー死去。
一三二七　ムハンマド・トゥグルクがデリー上層の人々の多くを北部デカンのデーオギル／ダウラターバードへ送る。
一三二八　ダウラターバードでチシュティー教団作家ハサン・スィジュジー死去。
一三三五　ムルターンでスフラワルディー教団の師ルクヌッディーン死去。
一三三七　ダウラターバードでチシュティー教団神秘家ブルハヌッディーン・ガリーブ死去。
一三四七　デカン地方グルバルガでバフマニー王国築かれる。
一三六七　グルバルガの大モスク建立。
一三八一　ビハールで聖者シャラフッディーン・マネーリー死去。
一三八五　ウッチでスフラワルディー教団指導者、マフドゥーム・ジャハーニヤーン死去。スワートで神秘家サイイド・アリー・ハマダーニー死去。
一三九八　デリーにチムールの軍勢侵攻。
一四一四〜五一　デリーでサイイド朝。
一四二〇〜七〇　カシミールでザイナル・アービディーン・バドシャーの支配。
一四二二　グルバルガでチシュティー教団聖者ゲースーダラーズ死去。グルバルガからビーダルへ、スルタン・アフマド・シャー・ワリーによってバフマニー王朝の首都移る。
ビージャプルでカーディリー教団の最初の神秘家たち現れる。
一四二五（一七？）キッチャウチャでサイイド・アシュラフ・ジャハーンギール死去。
一四三一　ビーダルでペルシャ系のニーマトゥラーヒ教団の最初の出現。
一四三八　チシュティ‐サビリの師、ルダウリのアブドゥル・ハック死去。
一四五一～一五二六　デリーでローディー朝。
一四八一　ビーダルでペルシャ系摂政、マフムード・ガーワンの殺害。
一四八二　ウッチで最初のカーディリー教団スーフィーたち現れる。
一四八九　ユースフ・アディル・シャーがビージャプルでアディルシャーヒー王国築く。
一四九〇頃　ビーダルでバリードシャヒー朝。アフマドナガールでニザームシャーヒー朝。
一四九八　インド西海岸にポルトガル人最初の定着。
一五一二　ゴルコンダのクトゥブシャヒーが独立する。
一五二〇　シンドでアルグン朝。
一五二六　バーブル、パーニパットでローディー朝軍を倒し、ムガール朝を開く。
一五三〇　バーブル死去。息子フマーユーンが王位継承。
一五三九　ジャウンプルのシェール・シャーがフマーユーンを倒す。
一五四二　フマーユーンの息子アクバルがシンド地方のオマルコート要塞で生まれる。
一五四五　シェール・シャー・スーリー死去。
一五五一　シンディー語の神秘主義詩人、セフワンのカーディー・カーダン死去。
一五五五　フマーユーン、イランからデリーへ戻る。
一五五六　フマーユーン死去。アクバル王位継承。
一五六二　神秘家ムハンマド・ガウト・グワリオリ死去。
一五六九　アクバルの息子ジャハーンギール生まれる。

一五七一　シァイフ・サリーム・チシュティー死去。ファテープル・スィクリ築く。
一五七九　アクバル「マフザール」を出す。いわゆる「無誤謬の勅令」。
一五八〇　アーグラとファテープル・スィクリでイエズス会使節団。
一五八〇～一六一二　ゴルコンダのムハンマド・クリー・クトゥブシャー在位。
一五八〇～一六二六　ビージャプルのイブラーヒーム二世アディルシャー在位。
一五八五　アクバル、ラホールへ移る。ラウシャニヤ派との戦い。
一五八九　カシミール、ムガールの手に落ちる。
一五九一　ラホールでペルシャの詩人ウルフィー死去。
　　　　アクバルの将軍で芸術保護者のハーンハーナーン・アブドゥア・ラヒムによってシンドが征服される。
　　　　デカン地方の都市ハイダラーバード築かれる。
一五九三　最初の有名なパンジャービ語詩人マドー・ラール・フサイン、ラホールで死去。
一六〇〇　デカン、アフマドナガールの王妃チャーンド・ビービー殺される。
一六〇五　アクバル死去。息子ジャハーンギール王位継承。
一六〇六　ジャハーンギールによるシィク教の導師アルジュンの処刑。
一六一五　ビージャプルで詩人ズフーリー死去。
一六二四　ナクシュバンディー教団の改革者アフマド・スィルヒンディー死去。
一六二七　皇帝ジャハーンギール死去。
一六二八　ジャハーンギールの息子シャー・ジャハーン即位。
一六三一　ブルハンプルでシャー・ジャハーンの妃ムターズ・マハル死去。
一六三二～四八　アーグラでタージ・マハルの建設。
一六四五　ジャハーンギールの未亡人、皇帝妃ヌール・ジャハーン死去。
一六五一　ペルシャの詩人カリーム死去。
一六五八　王子アラムギール・アウラングゼーブ、皇太子ダーラー・シコーを破り、父シャー・ジャハーンから覇権を奪う。

一六五九　皇太子ダーラー・シコー、異端のかどで処刑される。
一六六一　ペルシャの詩人サルマド、デリーで処刑される。
一六六六　シャー・ジャハーン死去。
一六八〇　マラータ族を率いる指導者シヴァージー死去。その信奉者はインドで影響を増していた。
一六八六　ビージャプル王国、アウラングゼーブ軍に滅ぼされる。
一六八七　ゴルコンダ王国、アウラングゼーブ軍に滅ぼされる。
一六九二　パンジャーブのジャング郡でカーディリー教団スーフィーズムの詩人スルタン・バフー死去。
一七〇七　アウラングゼーブ、デカンで死去。
一七一八　シンディー語のスーフィーズムの詩人、ジョークのシャー・イナーヤト処刑される。
一七一九　何度も王位変更後、ムハンマド・シャー・ランゲーラー、デリーでムガールの支配者となる。
一七二一　インド・ペルシャ系の詩人ミルザー・ベーディル死去。
一七二三　シーア派の太守サーダト・ハーン、アワドで広範囲に独立。
一七二四　ニザームルムルク・アサフ・ジャー、デカンで広範囲に独立〔アワド藩王国成立〕。
一七三九　イランのナーディル・シャー、デリーを侵略。
一七四八　ムハンマド・シャー・ランゲーラー死去。
一七五〇　ナクシュバンディー教団の師、タッタのマフドゥーム・ムハンマド・ハーシム死去。
一七五二　神秘主義のシンディー語詩人、ビットのシャー・アブドゥル・ラティーフ死去。
一七五七　プラッシー（ベンガル）の戦い。イギリスがインドで最初の重要な拠点を得る
一七五八　神秘主義のパンジャーブ語詩人、カスールのブルへー・シャー死去。
一七六一　パーニパットの戦い。アフガン人たち（アフマド・シャー・ドルラーニー）がマラータ族を討ち、デリーを荒らす。
一七六二　改革主義者、デリーのシャー・ワリウラー死去。
一七七四　ローヒラ・パタナの君主ハーフィズ・ラフマト・ハーンがイギリスの支援を得たアワド王国の太守によって討たれる。
一七八五　ナクシュバンディー教団神秘思想家詩人ハージャ・ミール・ダルド、デリーで死去。

一七八六　博学家で詩人アザード・ビルグラーミー、アウランガーバードで死去。
一七八七　一七五九年来影の政府を指導し、一七七一年にデリーに戻ったムガールの支配者シャー・アーラム二世・アーフタープがローヒラのグラム・カディールに目をつぶされる。
一七九七～一八六九　ミルザー・アサドゥッラー・ガーリブ、十九世紀最大のウルドゥー語詩人。
一七九八　ランジート・シング、パンジャーブの支配者（一八〇一シィク王国）になる。
一七九九　セリンガパタムでティプー・スルタンがイギリス相手に戦死。
一八〇六　シャー・アーラム二世死去。
一八三一　「ムジャーヒッディーン」、「タリーカ・ムハマディィヤ」つまり「ムハンマドの道」の信仰の戦士たち、パンジャーブのシィク教徒と戦う。パターン族地域で彼らの指導者たちの死去。
一八三九　アガ・ハーンがイランからインドへ来る。
一八四三　イギリス人シンド併合。
一八四九　イギリス人パンジャーブ併合。カシミールがヒンドゥーのドグラ家支配者に売られる。
一八五六　ラクナウがイギリス人の手に落ちる（アワド併合）。
一八五七　いわゆるムティニー、イギリス人にたいする兵士の反乱（セポイの反乱）。
一八五八　英国王、インドの大部分を支配。藩王国は例外。
一八六二　ムガール最後の王バハドゥア・シャー・ザファル、ラングーン亡命中に死去。
一八七五　サー・サイイド・アフマド・ハーンによる、アリーガルのアングロ・ムスリム・カレッジ設立。
一八七七～一九三八　ムハンド・イクバール、詩人、哲学者でパキスタンの精神的父。
一八八〇　デオバンド神学大学設立。
一八八五　インド国民会議（後の国民会議派）設立。
一八九四　ラクナウにナドワト・アルラーマ・カレッジ設立。
一八九八　改革主義者サー・サイイド・アフマド・ハーン死去。
一九〇三　チシュティー教団の師、デーワ・シャリーフのワーリス・シャー死去。

一九〇五　カーゾン総督によるベンガルの分割令（一九一一年に撤回）。
ハイダラーバードでウルドゥー語の詩人ミルザー・ダーグ死去。
預言者頌歌詩人ムフシン・カコーラウィ死去。
一九一二　改革派作家デピュティ・ナジール・アフマド死去。
一九一四　改革派詩人アルターフ・フサイン・ハーリー死去。
歴史家シブリー・ヌマーニー死去。
一九一八　ハイダラーバード（デカン）にオスマニア大学設立。
一九二〇　ジャミア・ミリア、アリーガル（後にデリー）に設立。
一九二一　風刺作家アクバル・アラーハバーディー死去。
一九二〇〜二二　カリフ制擁護（キラファト）運動。
一九三〇　イクバールの「パキスタン演説」、アラハーバードでの全インド・ムスリム連盟〔第二十一回〕大会で。
一九三五　シンドがボンベイから分かれる。
一九四〇　（三月二十三日）ラホールでパキスタン決議案採択。
一九四七　亜大陸の分割〔インド連邦とパキスタンが分離独立〕。
一九四八　デカンのハイダラーバード〔ニザームの藩王国〕、インドによって併合。ケイ・ド・アザム〔正義に尽くす人〕、パキスタンの建国の父M・A・ジンナー死去。
一九五〇　彼の後継者リヤーカト・アリー・ハーン殺される。
一九五八　パキスタンでアユーブ・カーンの軍事政権。
一九六七　ヤヒヤ・カーン政権。
一九六九　インドの大統領ザキル・フサイン死去。
一九七〇〜七一　東パキスタン、激しい戦闘の後バングラデシュとして独立。
一九七一　Z・A・ブットー、パキスタン大統領就任。
一九七七　ブットー権力剥奪される。将軍ジア・ウル・ハックの軍事政権。

一九七九　ブットー処刑される。
一九八四　インディラ・ガンジー暗殺される。
　　　　　ウルドゥー語の詩人ファイズ・アフマド・ファイズ死去。
一九八八　ジア・ウル・ハック、不可思議な飛行機墜落事故で死去。
一九八九　ベナジル・ブットー首相。
一九九一　パキスタンでナワーズ・シャリフ首相。
一九九三　ベナジル・ブットー再度首相。

# あとがき

使用テクスト　Annemarie Schimmel, Berge, Wüsten, Heiligtümer. Meine Reisen in Pakistan und Indien. dtv. 1997

1 原題『山々、砂漠、聖地――パキスタンとインドへの私の旅――』を、より内容に近づけるために変えた。

2 平明な訳を心がけた。固有名詞、地名、宗教関係語彙の表記では各種文献に統一性がほとんどない。各種研究書を参考にして日本語で不自然でない表現をしたかったが、ペルシャ語、ウルドゥー語のアルファベット表記からしてすでに問題をはらみ、統一性を持たせるのは不可能であった。例えば「パーキスターン」「カラーチー」「ビージャープール」などの表記は一般的でないので採用しなかった。

3 原文でイタリックは〈 〉、“ ”は「 」、‘ ’は「 」、書名は『 』、理解しやすく、意味を明瞭にするため訳者による補充は｛ ｝、訳者の強調は〔 〕で示した。

4 明らかに著者の誤解や記憶違いと思われる箇所が若干あり、それらは断らずに修正して訳した。巻末年表と索引で年数の不一致がままあり、それらは適宜処理した。

5原書で付録として特殊専門語の説明、参考文献紹介があったが、事情により省かざるをえなかった。

アンネマリー・シンメルは、一九二二年にドイツのエアフルトに生まれた。彼女は高校卒業資格試験以前にアラビア語を学んでいた。レオポルト・ルカース賞、リュッカート賞、黄金ハンマー・プルグストール・メダル、レヴィ・デラ・ヴィダ・メダル、ドイツ文芸アカデミー翻訳賞、ドイツ書籍平和賞受賞。アンカラで宗教史を教えた後、六〇年代にはボンとハーバードで教授。ラホールの通りには彼女の名が付けられ、イギリスには彼女の名を冠した奨学金制度がある。パキスタン最高勲章 Hilal-i imtiazを授与された。彼女の数多い著作から、「古典的スーフィズム――神秘思想とその象徴的表現」が邦訳されている（岩波講座・東洋思想第4巻。イスラム思想2。小田淑子訳。一九八八）。

一般に彼女の名が知られるようになったのは、サルマン・ラシュディがその著『悪魔の詩』がもとで、イランのホメイニによる「死刑判決」を下されたときである。それは一九八九年二月だった。このときシンメルのイラン体制側にたったかのような発言がドイツでは驚きとともに受けとめられた。その当否はここでは扱わない。私たちは、シンメルの文章から、行間から、彼女の深い学識と、研究の年月の間に深まったインド・イスラムの歴史と社会への愛情にあふれた異文化理解を読み取ればいいのである。

彼女が行った数々の旅の特色は、まず第一に、常に現地に詳しい案内人に導かれ、きちんとした計画の下に行われていることである。当てもなくさまよい、ときには危険や不愉快な出来事を体験するとか、さまざまな人間と出くわし交流する一人旅とはまるで違う。それでもそこには、偶然の出会いがあり、予期せぬ情のこもった交流が生まれている。

彼女が現地の人々との出会い、その人々が囲まれている大自然、歴史的条件が、その地の現在と歴史的回想とないまぜになって生まれてくる。これは、イスラム学者である彼女の独壇場であろう。

この書を読み終えての感じは、インド、パキスタンがきわめて清らかに見える。そして、彼女と同じ地を旅した人々の旅行体験記を並べると、私たちには、彼女が何を見なかったかが、あるいは見ても取り上げなかったことが実に興味深く浮かび上がる。各地の部族と政府の緊張関係、保守的な人間関係の軋轢で苦しむ若者、支配し搾取する地主層と人間扱いされない不可触民の対立、政治権力者の腐敗、男女関係の問題をコーランに依って裁く宗教関係者、経済や政治の現実……そういう現実の生臭い人間の動きである。

しかし、彼女の目に亜大陸のそういう現実が写らなかったはずはないが、序で述べられているように、彼女の旅記録は、現在のインド、パキスタンを生み出した歴史をたどる時間旅行記なのである。だから、この書は旅行ガイドとしては直接は役立たない。しかし、急激に対立の度を増しているあの二つの国の人々の心に潜み、依然として変わらない精神的側面を理解するには、シンメルのこの案内書は有用であろう。

時々引用されている叙情詩について少し。ガザル（定型叙情詩）では、しばしば恋愛、それも片思いを主題とする。そのとき、バラの園は世界の象徴であり、バラは恋人で、そこに棲むブルブル（夜鴬、シンメルの翻訳では小夜鳴き鳥）は求愛者を表す。蠟燭がともされた宴も世界の象徴である。蠟燭は恋人、そこに飛び込み焼かれて死ぬ蛾は求愛者を表す。そしてまた、神はガザルでは恋人――それも男性の麗しい恋人――として表される。イスラム神秘主義の影響を受けて、ガザルで恋する男は貧しい托鉢僧であり、神を思い慕う狂人である。ときには大酒飲みで、酒に酔い、同時に神への愛に酔っている。そしてまたそこでは、形式主義的教条的な正統派への抗議が、現世の無常や清貧の重要さの形で説かれていることが多い。

訳者らは英語語法の影響が見られる独文テクストを一緒に読み、理解を深めた。その後大澤が全文を訳し、平井がテクストと対照して誤りなどを数度チェックした。したがって両者の文字どおりの共同訳である。最後になるが、訳者らの質問に丁寧に答えてくださった静岡県立大学尾崎亨教授、トルコのイスパルタにあるデミレル大学、**Ekrem Sarikçioglu** 教授に感謝する。

二〇〇〇年十月十一日

付記　訳者の質問にたいし十一月の校正の段階で著者からポートレートと共に返事が届いた。それによって原文の誤植などの箇所を訂正した。

## 資料　ムガール王朝系統図

バーブル（一五二六～一五三〇在位）

グルバダン

カームラーン

ヒンダール

フマーユーン（一五三〇～一五五六在位。中断あり）∞（一五四二）ハミーダ・バーヌー・ベグム

アクバル（一五五六～一六〇五在位）∞マルヤム・ザマニ

イティマード・ウッダウラー

ヌール・ジャハーン∞サリーム・ジャハーンギール（一六〇五～一六二七在位）

ムムターズ・マハル∞シャー・ジャハーン（一六二八～一六五八在位）

ジャハーナーラー（一六一四～一六八一）

ダーラー・シコー（一六一五～一六五九）

アウラングゼーブ（一六五八～一七〇七在位）

ナーディラ・ベグム∞ダーラー・シコー

ムアッザム・シャー（一七〇七～一七一二在位）

ゼーブ・ウンニサー

ジーナト・ウンニサー

ムハンマド・シャー・ランゲーラー（一七一九～一七四八在位）

シャー・アラム二世アーフタープ（一七七一～一八〇三在位）

バハドゥア・シャー・ザファル（一八三七～一八五七在位）

（注）本文に出てくる人物のみ挙げてある。〇〇は結婚を意味する。

## ■著者紹介

アンネマリー・シンメル

1922年、ドイツのエアフルト生まれ。

オリエント学と宗教学で学位を取る。ボン大学、ハーバード大学でインド・ムスリム文化研究部門の元教授。イスラム学を扱ったほぼ100の研究・翻訳書がある。さまざまな賞の他にパキスタンの最高勲章を受章し、名誉教授称号もいくつか与えられている。

## ■訳者略歴

大澤　隆幸（おおさわ　たかゆき）

静岡県立大学国際関係学部教員

主な著訳書

『文学の構造 ― 物語・詩・劇はどう現象するか ― 』1997、西田書店

パリー『ドイツ文化史入門 ― 人間・作品・時代 ― 』訳書、1996、リーベル出版

カルトハウス『トーマス・マンの文学世界』訳書、1999、リーベル出版

平井　旭（ひらい　あさひ）

明治大学工学部卒業後

1972～1989の間にインド（カルカッタ、ボンベイ、アウランガーバード）、イギリス、ドイツに滞在

1997　静岡県立大学大学院国際関係学研究科終了

現在　インド研究に従事


アンネマリー・シンメルの

**パキスタン・インド歴史紀行**

2001年2月20日　初版第1刷発行

■著　者――アンネマリー・シンメル

■訳　者――大澤隆幸・平井旭

■発行者――佐藤　正男

■発行所――株式会社 大学教育出版

〒700-0951　岡山市田中124-101

電話 (086) 244-1268　FAX (086) 246-0294

■印刷所――日産印刷工業㈱

■製本所――日宝綜合製本㈱

■装　丁――ティー・ボーンデザイン事務所





ISBN4-99730-417-X